FABLES
DE
LA FONTAINE
ILLUSTRÉES
PAR KARL GIRARDET

105 VIGNETTES ET UN FRONTISPICE

NOUVELLE ÉDITION

DANS LAQUELLE ON APERÇOIT D'UN COUP D'ŒIL LA MORALITÉ
DE LA FABLE

TOURS
ALFRED MAME ET FILS, ÉDITEURS

FABLES
DE
LA FONTAINE

FABLES

DE

LA FONTAINE

PRÉCÉDÉES DE LA VIE D'ÉSOPE

ACCOMPAGNÉES DE NOTES NOUVELLES

PAR D. S.

NOUVELLE ÉDITION

DANS LAQUELLE ON APERÇOIT D'UN COUP D'ŒIL LA MORALITÉ
DE LA FABLE

ILLUSTRATIONS PAR K. GIRARDET

TOURS

ALFRED MAME ET FILS, ÉDITEURS

1876

PROPRIÉTÉ DES ÉDITEURS

PRÉFACE

Le plus français de nos poëtes, celui qui berce notre enfance, et dont, pour lui emprunter son expression, nous suçons en quelque sorte les fables avec le lait, la Fontaine, est peut-être de tous les écrivains du XVIIe siècle le plus difficile à comprendre. La libre allure de son style, les tours vieillis qu'il rajeunit, les termes techniques qu'il emprunte aux différents arts et aux différentes professions, les allusions qu'il fait à l'histoire, à la mythologie, aux usages populaires, etc., nécessitent à chaque instant des explications. Nous avons essayé, dans les notes que nous joignons à cette édition, de lever à cet égard toutes les difficultés qui pourraient arrêter les jeunes lecteurs.

Nous avons profité des travaux des principaux commentateurs, dont nous avons, pour ainsi dire, exprimé la fleur ; nous y avons joint quelques observations destinées à compléter et quelquefois à réformer certains jugements. Nous ne nous dissimulons pas qu'il resterait encore à faire ; mais nous osons croire que cette édition, telle qu'elle est, satisfait à toutes les exigences d'une édition classique, sans avoir aucun des inconvénients que l'on reproche justement à beaucoup d'autres qui ont eu cours jusqu'ici dans les écoles.

A MONSEIGNEUR

LE DAUPHIN

Monseigneur,

S'il y a quelque chose d'ingénieux dans la république des lettres, on peut dire que c'est la manière dont Ésope a débité sa morale. Il serait véritablement à souhaiter que d'autres mains que les miennes y eussent ajouté les ornements de la poésie, puisque le plus sage des anciens a jugé qu'ils n'y étaient pas inutiles. J'ose, Monseigneur, vous en présenter quelques essais. C'est un entretien convenable à vos premières années. Vous êtes en un âge où l'amusement et les jeux sont permis aux princes; mais en même temps vous devez donner quelques-unes de vos pensées à des réflexions sérieuses. Tout cela se rencontre aux fables que nous devons à Ésope. L'apparence en est puérile, je le confesse; mais ces puérilités servent d'enveloppe à des vérités importantes.

Je ne doute point, Monseigneur, que vous ne regardiez favorablement des inventions si utiles et tout ensemble si agréables; car que peut-on souhaiter davantage que ces deux points? Ce sont eux qui ont introduit les sciences parmi les hommes. Ésope a trouvé un art singulier de les joindre l'un avec l'autre; la lecture de son ouvrage répand insensiblement dans une âme les semences de la vertu, et lui apprend à se connaître, sans qu'elle s'aperçoive de cette étude, et tandis qu'elle croit faire tout autre chose. C'est une adresse dont s'est servi très-heureusement celui sur lequel Sa Majesté a jeté les yeux pour vous donner des instructions. Il fait en sorte que vous appreniez sans peine, ou, pour mieux parler, avec plaisir, tout ce qu'il est nécessaire qu'un prince sache. Nous espérons beaucoup de cette conduite. Mais, à dire la vérité, il y a des choses dont nous espérons infiniment davantage : ce sont, Monseigneur, les qualités que notre invincible Monarque vous a données avec la naissance, c'est l'exemple que tous les jours il vous donne. Quand vous le voyez former de si grands desseins ; quand vous le considérez qui regarde sans s'étonner l'agitation de l'Europe et les machines qu'elle remue pour le détourner de son entreprise ; quand il pénètre dès sa première démarche jusque dans le cœur d'une province où l'on trouve à chaque pas des barrières insurmontables, et qu'il en subjugue une autre en huit jours, pendant la saison la plus ennemie de la guerre, lorsque le repos et les plaisirs règnent dans les cours des autres princes ; quand, non content de dompter les hommes, il veut triompher aussi des éléments ; et quand, au retour de cette expédition où il a vaincu comme un Alexandre, vous le voyez gouverner ses peuples comme un Auguste, avouez le vrai, Monseigneur, vous soupirez pour la gloire aussi bien que lui, malgré l'impuissance de vos années ; vous attendez avec impatience le temps où vous pourrez vous déclarer son rival dans l'amour de cette divine maîtresse. Vous ne l'attendez pas, Monseigneur ; vous le prévenez. Je n'en veux pour témoignage que ces nobles inquiétudes, cette vivacité, cette ardeur, ces marques d'esprit, de courage et de grandeur d'âme, que vous faites paraître à tous les moments. Certainement c'est une joie bien sensible à notre Monarque, mais c'est un spectacle bien agréable pour l'univers, que de voir ainsi croître une jeune plante qui couvrira un jour de son ombre tant de peuples et de nations.

Je devrais m'étendre sur ce sujet; mais, comme le dessein que j'ai de vous divertir est plus proportionné à mes forces que celui de vous louer, je me hâte de venir aux fables, et n'ajouterai aux vérités que je vous ai dites que celle-ci : c'est, Monseigneur, que je suis avec un zèle respectueux,

Votre très-humble, très-obéissant
et très-fidèle serviteur,

De la Fontaine.

PRÉFACE

DE

LA FONTAINE

L'indulgence que l'on a eue pour quelques-unes de mes fables me donne lieu d'espérer la même grâce pour ce recueil. Ce n'est pas qu'un des maîtres (1) de notre éloquence n'ait désapprouvé le dessein de les mettre en vers : il a cru que leur principal ornement est de n'en avoir aucun ; que d'ailleurs la contrainte de la poésie, jointe à la sévérité de notre langue, m'embarrasserait en beaucoup d'endroits, et bannirait de la plupart de ces récits la brièveté, qu'on peut fort bien appeler l'âme du conte, puisque sans elle il faut nécessairement qu'il languisse. Cette opinion ne saurait partir que d'un homme d'excellent goût ; je demanderais seulement qu'il en relâchât quelque peu, et qu'il crût que les grâces lacédémoniennes ne sont pas tellement ennemies des muses françaises, que l'on ne puisse souvent les faire marcher de compagnie.

Après tout, je n'ai entrepris la chose que sur l'exemple, je ne veux pas dire des anciens, qui ne

(1) Patru, célèbre avocat au parlement de Paris, et membre de

tire point à conséquence pour moi, mais sur celui des modernes. C'est de tout temps, et chez tous les peuples qui font profession de poésie, que le Parnasse a jugé ceci de son apanage. A peine les fables que l'on attribue à Ésope virent le jour, que Socrate trouva à propos de les habiller des livrées des muses. Ce que Platon en rapporte est si agréable, que je ne puis m'empêcher d'en faire un des ornements de cette préface. Il dit que Socrate étant condamné au dernier supplice, l'on remit l'exécution de l'arrêt à cause de certaines fêtes. Cébès l'alla voir le jour de sa mort. Socrate lui dit que les dieux l'avaient averti plusieurs fois, pendant son sommeil, qu'il devait s'appliquer à la musique avant qu'il mourût. Il n'avait pas entendu d'abord ce que ce songe signifiait; car, comme la musique ne rend pas l'homme meilleur, à quoi bon s'y attacher? Il fallait qu'il y eût du mystère là-dessous, d'autant plus que les dieux ne se lassaient pas de lui envoyer la même inspiration. Elle lui était encore venue une de ces fêtes. Si bien qu'en songeant aux choses que le Ciel pouvait exiger de lui, il s'était avisé que la musique et la poésie ont tant de rapport, que possible était-ce de la dernière qu'il s'agissait. Il n'y a point de bonne poésie sans harmonie; mais il n'y en a point non plus sans fictions, et Socrate ne savait que dire la vérité. Enfin il avait trouvé un tempérament : c'était de choisir des fables qui continssent quelque chose de véritable, telles que sont celles d'Ésope. Il employa donc à les mettre en vers les derniers moments de sa vie.

Socrate n'est pas le seul qui ait considéré comme sœurs la poésie et nos fables. Phèdre a témoigné qu'il était de ce sentiment; et par l'excellence de son ouvrage nous pouvons juger de celui du prince des philosophes. Après Phèdre, Avienus a traité le même sujet. Enfin les modernes les ont suivis : nous en avons des exemples non-seulement chez les étrangers, mais chez nous. Il est vrai que, lorsque nos gens y ont travaillé, la langue était si différente de ce qu'elle est, qu'on ne doit les considérer que comme étrangers. Cela ne m'a point détourné de mon entreprise; au contraire, je me suis flatté de l'espérance que, si je ne courais dans cette carrière avec succès, on me donnerait au moins la gloire de l'avoir ouverte.

Il arrivera possible que mon travail fera naître à d'autres personnes l'envie de porter la chose plus loin. Tant s'en faut que cette matière soit épuisée, qu'il reste encore plus de fables à mettre en vers que je n'en ai mis. J'ai choisi véritablement les meilleures, c'est-à-dire celles qui m'ont semblé telles; mais, outre que je puis m'être trompé dans mon choix, il ne sera pas bien difficile de donner un autre tour à celles-là mêmes que j'ai choisies; et, si ce tour est moins long, il sera sans doute plus approuvé. Quoi qu'il en arrive, on m'aura toujours obligation, soit que ma témérité ait été heureuse, et que je ne me sois point trop écarté du chemin qu'il fallait tenir, soit que j'aie seulement excité les autres à mieux faire.

Je pense avoir justifié suffisamment mon dessein; quant à l'exécution, le public en sera juge. On ne trouvera pas ici l'élégance et l'extrême brièveté qui rendent Phèdre recommandable; ce sont qualités au-dessus de ma portée. Comme il m'était impossible de l'imiter en cela, j'ai cru qu'il fallait en récompense égayer l'ouvrage plus qu'il n'a fait. Non que je le blâme d'en être demeuré dans ces termes : la langue latine n'en demandait pas davantage ; et, si l'on y veut prendre garde, on reconnaîtra dans cet auteur le vrai caractère et le vrai génie de Térence. La simplicité est magnifique chez ces grands hommes : moi, qui n'ai pas les perfections du langage comme ils les ont eues, je ne la puis élever à un si haut point. Il a donc fallu se compenser d'ailleurs : et c'est ce que j'ai fait avec d'autant plus de hardiesse, que Quintilien dit qu'on ne saurait trop égayer les narrations. Il ne s'agit pas ici d'en apporter une raison : c'est assez que Quintilien l'ait dit. J'ai pourtant considéré que, ces fables étant sues de tout le monde, je ne ferais rien si je ne les rendais nouvelles par quelques traits qui en relevassent le goût. C'est ce qu'on demande aujourd'hui : on veut de la nouveauté et de la gaieté. Je n'appelle pas gaieté ce qui excite le rire ; mais un certain charme, un air agréable qu'on peut donner à toutes sortes de sujets, même les plus sérieux.

Mais ce n'est pas tant par la forme que j'ai donnée à cet ouvrage qu'on en doit mesurer le prix, que par son utilité et par sa matière ; car qu'y a-t-il de recommandable dans les productions de l'esprit qui ne se rencontre dans l'apologue ? C'est quelque chose de si divin, que plusieurs personnages de l'antiquité ont attribué la plus grande partie de ces fables à Socrate, choisissant, pour leur servir de père, celui des mortels qui avait le plus de communication avec les dieux. Je ne sais comment ils n'ont point fait descendre du ciel ces mêmes fables et comment ils ne leur ont point assigné un dieu qui en eût la direction, ainsi qu'à la poésie et à l'éloquence. Ce que je dis n'est pas tout à fait sans fondement, puisque, s'il m'est permis de mêler ce que nous avons de plus sacré parmi les erreurs du paganisme, nous voyons que la Vérité a parlé aux hommes par paraboles; et la parabole est-elle autre chose que l'apologue, c'est-à-dire un exemple fabuleux, et qui s'insinue avec d'autant plus de facilité et d'effet qu'il est plus commun et plus familier? Qui ne nous proposerait à imiter que les maîtres de la sagesse nous fournirait un sujet d'excuse : il n'y en a point quand des abeilles et des fourmis sont capables de cela même qu'on nous demande.

C'est pour ces raisons que Platon, ayant banni Homère de sa *République*, y a donné à Ésope une place très-honorable. Il souhaite que ses enfants sucent ses fables avec le lait; il recommande aux nourrices de les leur apprendre; car on ne saurait s'accoutumer de trop bonne heure à la sagesse et à la vertu. Plutôt que d'être réduit à corriger nos habitudes, il faut travailler à les rendre bonnes pendant qu'elles sont encore indifférentes au bien ou au mal. Or quelle méthode y peut contribuer plus utilement que ces fables? Dites à un enfant que Crassus, allant contre les Parthes, s'engagea dans leur pays sans considérer comme il en sortirait; que cela le fit périr, lui et son armée, quelque effort qu'il fît pour se retirer. Dites au même enfant que le renard et le bouc descendirent au fond d'un puits pour y éteindre leur soif; que le renard en sortit, s'étant servi des épaules et des cornes de son camarade comme d'une échelle : au contraire, le bouc y demeura pour n'avoir pas eu tant de prévoyance; et par conséquent il faut considérer en toute chose la fin; je demande lequel de ces deux exemples fera le plus d'impression sur cet enfant. Ne s'arrêtera-t-il pas au dernier, comme plus conforme et moins disproportionné que l'autre à la petitesse de son esprit.

Il ne faut point m'alléguer que les pensées de l'enfance sont d'elles-mêmes assez enfantines, sans y joindre encore de nouvelles badineries. Ces badineries ne sont telles qu'en apparence, car dans le fond elles portent un sens très-solide. Et comme par la définition du point, de la ligne, de la surface, et par d'autres principes très-familiers, nous parvenons à des connaissances qui mesurent enfin le ciel et la terre; de même aussi, par les raisonnements et conséquences que l'on peut tirer de ces fables, on se forme et le jugement et les mœurs, on se rend capable de grandes choses.

Elles ne sont pas seulement morales, elles donnent encore d'autres connaissances : les propriétés des animaux et leurs divers caractères y sont exprimés : par conséquent les nôtres aussi, puisque nous sommes l'abrégé de ce qu'il y a de bon et de mauvais dans les créatures irraisonnables. Quand Prométhée voulut former l'homme, il prit la qualité dominante de chaque bête : de ces pièces si différentes il composa notre espèce; il fit cet ouvrage qu'on appelle le Petit Monde. Ainsi ses fables sont un tableau où chacun de nous se trouve dépeint. Ce qu'elles nous représentent confirme les personnes d'âge avancé dans les connaissances que l'usage leur a données, et apprend aux enfants ce qu'il faut qu'ils sachent. Comme ces derniers sont nouveaux venus dans le monde, ils n'en connaissent pas encore les habitants, ils ne se connaissent pas eux-mêmes : on ne les doit laisser dans cette ignorance que le moins qu'on peut : il faut apprendre ce que c'est qu'un lion, un renard, ainsi du reste, et pourquoi l'on compare quelquefois un homme à ce renard ou à ce lion. C'est à quoi les fables travaillent; les premières notions de ces choses proviennent d'elles.

L'apologue est composé de deux parties, dont on peut appeler l'une le corps, l'autre l'âme. Le corps est la fable ; l'âme est la moralité. Aristote n'admet dans la fable que les animaux ; il en exclut les hommes et les plantes. Cette règle est moins de nécessité que de bienséance, puisque ni Ésope, ni Phèdre, ni aucun des fabulistes ne l'a gardée ; tout au contraire de la moralité, dont aucun ne se dispense. Que s'il m'est arrivé de le faire, ce n'a été que dans les endroits où elle n'a pu entrer avec grâce, et où il a été aisé au lecteur de la suppléer. On ne considère en France que ce qui plaît : c'est la grande règle, et, pour ainsi dire, la seule. Je n'ai donc pas cru que ce fût un crime de passer par-dessus les anciennes coutumes, lorsque je ne pouvais les mettre en usage sans leur faire tort. Du temps d'Ésope la fable était contée simplement, la moralité séparée, et toujours ensuite. Phèdre est venu, qui ne s'est pas assujetti à cet ordre : il embellit la narration, et transporte quelquefois la moralité de la fin au commencement. Quand il serait nécessaire de lui trouver place, je ne manque à ce précepte que pour en observer un qui n'est pas moins important ; c'est Horace qui nous le donne. Cet auteur ne veut pas qu'un écrivain s'opiniâtre contre l'incapacité de son esprit, ni contre celle de sa matière. Jamais, à ce qu'il prétend, un homme qui veut réussir n'en vient jusque-là ; il abandonne les choses dont il voit qu'il ne saurait rien faire de bon :

. . . . Et quæ
Desperat tractata nitescere posse relinquit.

C'est ce que j'ai fait à l'égard de quelques moralités du succès desquelles je n'ai pas espéré.

Il ne reste plus qu'à parler de la vie d'Ésope. Je ne vois presque personne qui ne tienne pour fabuleuse celle que Planude nous a laissée. On s'imagine que cet auteur a voulu donner à son héros un caractère et des aventures qui répondissent à ses fables. Cela m'a paru d'abord spécieux ; mais j'ai trouvé à la fin peu de certitude en cette critique. Elle est en partie fondée sur ce qui se passe entre Xantus et Ésope : on y trouve trop de niaiseries. Eh! qui est le sage à qui de pareilles choses n'arrivent point? Toute la vie de Socrate n'a pas été sérieuse. Ce qui me confirme en mon sentiment, c'est que le caractère que Planude donne à Ésope est semblable à celui que Plutarque lui a donné dans son *Banquet des sept Sages*, c'est-à-dire d'un homme subtil, qui ne laisse rien passer. On me dira que le *Banquet des sept Sages* est aussi une invention. Il est aisé de douter de tout : quant à moi, je ne vois pas bien pourquoi Plutarque aurait voulu imposer à la postérité dans ce traité-là, lui qui fait profession d'être véritable partout ailleurs et de conserver à chacun son caractère. Quand cela serait, je ne saurais que mentir sur la foi d'autrui ; me croira-t-on moins que si je m'arrête à la mienne? Car ce que je puis est de composer un tissu de mes conjectures, lequel j'intitulerai Vie d'Ésope. Quelque vraisemblable que je le rende, on ne s'y assurera pas ; et, fable pour fable, le lecteur préférera toujours celle de Planude à la mienne.

VIE D'ÉSOPE

LE PHRYGIEN

Nous n'avons rien d'assuré touchant la naissance d'Homère et d'Esope : à peine même sait-on ce qui leur est arrivé de plus remarquable. C'est de quoi il y a lieu de s'étonner, vu que l'histoire ne rejette pas des choses moins agréables et moins nécessaires que celle-là. Tant de destructeurs de nations, tant de princes sans mérite, ont trouvé des gens qui nous ont appris jusqu'aux moindres particularités de leur vie, et nous ignorons les plus importantes de celles d'Esope et d'Homère, c'est-à-dire des deux personnages qui ont le mieux mérité des siècles suivants ! Car Homère n'est pas seulement le père des dieux, c'est aussi celui des bons poëtes. Quant à Esope, il me semble qu'on le devrait mettre au nombre des sages dont la Grèce s'est tant vantée, lui qui enseignait la véritable sagesse, et qui l'enseignait avec bien plus d'art que ceux qui en donnent des définitions et des règles. On a véritablement recueilli les vies de ces deux grands hommes, mais la plupart des savants les tiennent toutes deux fabuleuses, particulièrement celle que Planude a écrite. Pour moi, je n'ai pas voulu m'engager dans cette critique. Comme Planude vivait dans un siècle où la mémoire des choses arrivées à Esope ne devait pas encore être éteinte, j'ai cru qu'il savait par tradition ce qu'il a laissé. Dans cette croyance, je l'ai suivi sans retrancher de ce qu'il a dit d'Esope que ce qui m'a semblé trop puéril, ou qui s'écartait en quelque façon de la bienséance.

Esope était Phrygien, d'un bourg appelé Amorium. Il naquit vers la cinquante-septième olympiade, quelque deux cents ans après la fondation de Rome. On ne saurait dire s'il eut sujet de remercier la nature, ou bien de se plaindre d'elle ; car, en le douant d'un très-bel esprit, elle le fit naître difforme et laid de visage, ayant à peine la figure d'homme, jusqu'à lui refuser presque entièrement l'usage de la parole. Avec ces défauts, quand il n'aurait pas été de condition à être esclave, il ne pouvait manquer de le devenir. Au reste, son âme se maintint toujours libre et indépendante de la fortune.

Le premier maître qu'il eut l'envoya aux champs labourer la terre, soit qu'il le jugeât incapable de toute autre chose, soit pour s'ôter de devant les yeux un objet si désagréable. Or il arriva que ce maître étant allé voir sa maison des champs, un paysan lui donna des figues : il les trouva belles, et les fit serrer fort soigneusement, donnant ordre à son sommelier, appelé Agathopus, de les lui apporter au sortir du bain. Le hasard voulut qu'Esope eût affaire dans le logis. Aussitôt qu'il y fut entré, Agathopus se servit de l'occasion, et mangea les figues avec quelques-uns de ses camarades; puis ils rejetèrent cette friponnerie sur Esope, ne croyant pas qu'il se pût jamais justifier, tant il était bègue et paraissait idiot. Les châtiments dont les anciens usaient envers leurs esclaves étaient fort cruels, et cette faute très-punissable. Le pauvre Esope se jeta aux pieds de son maître; et, se faisant entendre le mieux qu'il put, il témoigna qu'il demandait pour toute grâce qu'on sursît de quelques moments à sa punition. Cette grâce lui ayant été accordée, il alla querir de l'eau tiède, la but en présence de son seigneur, se mit les doigts dans la bouche, et ce qui s'ensuit, sans rendre autre chose que cette eau seule. Après s'être ainsi justifié, il fit signe qu'on obligeât les autres d'en faire autant. Chacun demeura surpris : on n'aurait pas cru qu'une telle invention pût partir d'Esope. Agathopus et ses camarades ne parurent point étonnés. Ils burent de l'eau comme le Phrygien avait fait, et se mirent les doigts dans la bouche, mais ils se gardèrent bien de les enfoncer trop avant. L'eau ne laissa pas d'agir et de mettre en évidence les figues toutes crues encore et toutes vermeilles. Par ce moyen Esope se garantit; ses accusateurs furent punis doublement, pour leur gourmandise et pour leur méchanceté.

Le lendemain, après que leur maître fut parti, et le Phrygien étant à son travail ordinaire, quelques voyageurs égarés (aucuns disent que c'étaient des prêtres de Diane) le prièrent, au nom de Jupiter hospitalier, qu'il leur enseignât le chemin qui conduisait à la ville. Esope les obligea premièrement de se reposer à l'ombre; puis leur ayant présenté une légère collation, il voulut être leur guide, et ne les quitta qu'après qu'il les eut remis dans leur chemin. Les bonnes gens levèrent les mains au ciel, et prièrent Jupiter de ne pas laisser cette action sans récompense. A peine Ésope les eut quittés, que le chaud et la lassitude le contraignirent de s'endormir. Pendant son sommeil il s'imagina que la Fortune était debout devant lui, qui lui déliait la langue, et par même moyen lui faisait présent de cet art dont on peut dire qu'il est l'auteur. Réjoui de cette aventure, il s'éveilla en sursaut, et en s'éveillant : « Qu'est ceci ? dit-il; ma voix est devenue libre; je prononce bien un râteau, une charrue, tout ce que je veux. » Cette merveille fut cause qu'il changea de maître; car comme un certain Zénas, qui était là en qualité d'économe et qui avait l'œil sur les esclaves, en eut battu un outrageusement pour une faute qui ne le méritait pas, Ésope ne put s'empêcher de le reprendre, et le menaça que ces mauvais traitements seraient sus. Zénas, pour le prévenir et pour se venger de lui, alla dire au maître qu'il était arrivé un prodige dans sa maison, que le Phrygien avait recouvré la parole, mais que le méchant ne s'en servait qu'à blasphémer et à médire de leur seigneur. Le maître le crut, et passa bien plus avant; car il lui donna Ésope, avec liberté d'en faire ce qu'il voudrait. Zénas de retour aux champs, un marchand l'alla trouver et lui demanda si pour de l'argent il le voulait accommoder de quelque bête de somme. « Non pas cela, dit Zénas, je n'en ai pas le pouvoir, mais je te vendrai, si tu veux, un de nos esclaves. » Là-dessus ayant fait venir Ésope, le marchand dit : « Est-ce afin de te moquer que tu me proposes l'achat de ce personnage ? on le prendrait pour une outre. » Dès que le marchand eut ainsi parlé, il prit congé d'eux, partie murmurant, partie riant de ce bel objet. Ésope le rappela, et lui dit : « Achète-moi hardiment, et je ne te serai pas inutile. Si tu as des enfants qui crient et qui soient méchants, ma mine les fera taire : on les menacera de moi comme de la bête. » Cette raillerie plut au marchand. Il acheta notre Phrygien trois oboles, et dit en riant : « Les dieux soient loués ! je n'ai pas fait grande acquisition, à la vérité, aussi n'ai-je pas déboursé grand argent. »

Entre autres denrées, ce marchand trafiquait d'esclaves; si bien qu'allant à Éphèse pour se défaire de ceux qu'il avait, ce que chacun d'eux devait porter pour la commodité du voyage fut réparti suivant leur emploi et selon leurs forces. Esope pria qu'on eût égard à sa taille; qu'il était nouveau venu, et devait être traité doucement. « Tu ne porteras rien, si tu veux, » lui repartirent ses camarades. Ésope se piqua d'honneur, et voulut avoir sa charge comme les autres. On le laissa donc choisir. Il prit le panier au pain : c'était le fardeau le plus pesant. Chacun crut qu'il l'avait fait par bêtise; mais dès la dînée le panier fut entamé, et le Phrygien déchargé d'autant; ainsi le soir, et de même le lendemain, de façon qu'au bout de deux jours il marchait à vide. Le bon sens et le raisonnement du personnage furent admirés.

Quant au marchand, il se défit de tous ses esclaves, à la réserve d'un grammairien, d'un chantre et d'Esope, lesquels il alla exposer en vente à Samos. Avant que de les mener sur la place, il fit habiller les deux premiers le plus proprement qu'il put, comme chacun farde sa marchandise : Esope, au contraire, ne fut revêtu que d'un sac, et placé entre ses deux compagnons, afin de leur donner lustre. Quelques acheteurs se présentèrent, entre autres un philosophe appelé Xantus. Il demanda au grammairien et au chantre ce qu'ils savaient faire. « Tout, » reprirent-ils. Cela fit rire le Phrygien : on peut s'imaginer de quel air. Planude rapporte qu'il s'en fallut peu qu'on ne prît la fuite, tant il fit une effroyable grimace. Le marchand fit son chantre mille oboles, son grammairien trois mille; et, en cas qu'on achetât l'un des deux, il devait donner Esope par-dessus le marché. La cherté du grammairien et du chantre dégoûta Xantus. Mais, pour ne pas retourner chez soi sans avoir fait quelque emplette, ses disciples lui conseillèrent d'acheter ce petit bout d'homme qui avait ri d'aussi bonne grâce; on en ferait un épouvantail, il divertirait les gens par sa mine. Xantus se laissa persuader, et fit le prix d'Esope à soixante oboles. Il lui demanda, avant que de l'acheter, à quoi il lui serait propre, comme il l'avait demandé à ses camarades. Esope répondit : « A rien, » puisque les deux autres avaient tout retenu pour eux. Les commis de la douane remirent généreusement à Xantus le sou par livre, et lui en donnèrent quittance sans rien payer.

Xantus avait une femme d'un goût assez délicat, et à qui toutes sortes de gens ne plaisaient pas : si bien que de lui aller présenter sérieusement son nouvel esclave, il n'y avait pas d'apparence, à moins qu'il ne la voulût mettre en colère et se faire moquer de lui. Il jugea plus à propos d'en faire un sujet de plaisanterie, et alla dire au logis qu'il venait d'acheter un jeune esclave le plus beau du monde et le mieux fait. Sur cette nouvelle, les filles qui servaient sa femme se pensèrent battre à qui le verrait la première ; mais elles furent bien étonnées quand le personnage parut. L'une se mit la main devant les yeux, l'autre s'enfuit, l'autre fit un cri. La maîtresse du logis dit que c'était pour la chasser qu'on lui amenait un tel monstre ; qu'il y avait longtemps que le philosophe se lassait d'elle. De parole en parole le différend s'échauffa jusqu'à tel point, que la femme demanda son bien et voulut se retirer chez ses parents. Xantus fit tant par sa patience, et Esope par son esprit, que les choses s'accommodèrent. On ne parla plus de s'en aller, et peut-être que l'accoutumance effaça à la fin une partie de la laideur du nouvel esclave.

Je laisserai beaucoup de petites choses où il fit paraître la vivacité de son esprit ; car, quoiqu'on puisse juger par là de son caractère, elles sont de trop peu de conséquence pour en informer la postérité. Voici seulement un échantillon de son bon sens et de l'ignorance de son maître. Celui-ci alla chez un jardinier se choisir lui-même une salade. Les herbes cueillies, le jardinier le pria de lui satisfaire l'esprit sur une difficulté qui regardait la philosophie aussi bien que le jardinage : c'est que les herbes qu'il plantait et qu'il cultivait avec un grand soin ne profitaient point, tout au contraire de celles que la terre produisait d'elle-même sans culture ni amendement. Xantus rapporta le tout à la Providence, comme on a coutume de faire quand on est court. Esope se mit à rire ; et ayant tiré son maître à part, il lui conseilla de dire à ce jardinier qu'il lui avait fait une réponse aussi générale parce que la question n'était pas digne de lui : il le laissait donc avec son garçon, qui assurément le satisferait. Xantus s'étant allé promener d'un autre côté du jardin, Esope compara la terre à une femme qui, ayant des enfants d'un premier mari, en épouserait un second qui aurait aussi des enfants d'une autre femme : sa nouvelle épouse ne manquerait pas de concevoir de l'aversion pour ceux-ci ; et leur ôterait la nourriture afin que les siens en profitassent. Il en était ainsi de la terre, qui n'adoptait qu'avec peine les productions du travail et de la culture, et qui réservait toute sa tendresse et tous ses bienfaits pour les siennes seules : elle était marâtre des unes et mère passionnée des autres. Le jardinier parut si content de cette raison, qu'il offrit à Ésope tout ce qui était dans son jardin.

Il arriva quelque temps après un grand différend entre le philosophe et sa femme. Le philosophe, étant de festin, mit à part quelques friandises, et dit à Ésope : « Va porter ceci à ma bonne amie. » Ésope l'alla donner à une petite chienne qui était les délices de son maître. Xantus, de retour, ne manqua pas de demander des nouvelles de son présent; et si on l'avait trouvé bon. Sa femme ne comprenait rien à ce langage; on fit venir Ésope pour l'éclaircir. Xantus, qui ne cherchait qu'un prétexte pour le faire battre, lui demanda s'il ne lui avait pas dit expressément : « Va-t'en porter de ma part ces friandises à ma bonne amie. » Ésope répondit là-dessus que la bonne amie n'était pas la femme, qui, pour la moindre parole, menaçait de faire divorce; c'était la chienne, qui endurait tout, et qui revenait faire des caresses après qu'on l'avait battue. Le philosophe demeura court : mais sa femme entra dans une telle colère, qu'elle se retira d'avec lui. Il n'y eut parent ni ami par qui Xantus ne lui fît parler, sans que les raisons ni les prières y gagnassent rien. Ésope s'avisa d'un stratagème : il acheta force gibier, comme pour une noce considérable, et fit tant qu'il fut rencontré par un des domestiques de sa maîtresse. Celui-ci lui demanda pourquoi tant d'apprêts. Ésope lui dit que son maître, ne pouvant obliger sa femme de revenir, en allait épouser une autre. Aussitôt que la dame sut cette nouvelle, elle retourna chez son mari, par esprit de contradiction ou par jalousie. Ce ne fut pas sans la garder bonne à Ésope, qui tous les jours faisait de nouvelles pièces à son maître, et tous les jours se sauvait du châtiment par quelque trait de subtilité. Il n'était pas possible au philosophe de le confondre.

Un certain jour de marché, Xantus, qui avait dessein de régaler quelques-uns de ses amis, lui commanda d'acheter ce qu'il y avait de meilleur, et rien autre chose. « Je t'apprendrai, dit en soi-même le Phrygien, à spécifier ce que tu souhaites, sans t'en remettre à la discrétion d'un esclave. » Il n'acheta donc que des langues, lesquelles il fit accommoder à toutes les sauces : l'entrée, le second, l'entremets, tout ne fut que langues. Les conviés louèrent d'abord le choix de ce mets ; à la fin ils s'en dégoûtèrent. « Ne t'avais-je pas commandé, dit Xantus, d'acheter ce qu'il y aurait de meilleur ? — Et qu'y a-t-il de meilleur que la langue ? reprit Esope. C'est le lien de la vie civile, la clef des sciences, l'organe de la vérité et de la raison : par elle on bâtit les villes et on les police ; on instruit, on persuade ; on règne dans les assemblées ; on s'acquitte du premier de tous les devoirs, qui est de louer les dieux.— Eh bien, dit Xantus, qui prétendait l'attraper, achète-moi demain ce qui est de pire ; ces mêmes personnes viendront chez moi, et je veux diversifier. »

Le lendemain, Esope ne fit encore servir que le même mets, disant que la langue est la pire chose qui soit au monde : c'est la mère de tous les débats, la nourrice des procès, la source des divisions et des guerres. Si on dit qu'elle est l'organe de la vérité, c'est aussi celui de l'erreur, et, qui pis est, de la calomnie. Par elle on détruit les villes, on persuade de méchantes choses. Si d'un côté elle loue les dieux, de l'autre elle profère des blasphèmes contre leur puissance. Quelqu'un de la compagnie dit à Xantus que véritablement ce valet lui était fort nécessaire ; car il savait le mieux du monde exercer la patience d'un philosophe. « De quoi vous mettez-vous en peine ? reprit Esope. — Eh ! trouve-moi, dit Xantus, un homme qui ne se mette en peine de rien. »

Esope alla le lendemain sur la place ; et voyant un paysan qui regardait toutes choses avec la froideur et l'indifférence d'une statue, il amena ce paysan au logis. « Voilà, dit-il à Xantus, l'homme sans soucis que vous demandez. » Xantus commanda à sa femme de faire chauffer de l'eau, de la mettre dans un bassin, puis de laver elle-même les pieds de son nouvel hôte. Le paysan la laissa faire, quoiqu'il sût fort bien qu'il ne méritait pas cet honneur ; mais il se disait en lui-même : « C'est peut-être la coutume d'en user ainsi. » On le fit asseoir au haut bout ; il prit sa place sans cérémonie. Pendant le repas, Xantus ne fit autre chose que blâmer son cuisinier ; rien ne lui plaisait ; ce qui était doux, il le trouvait trop salé ; et ce qui était trop salé, il le trouvait doux. L'homme sans soucis le laissait dire, et mangeait de toutes ses dents. Au dessert on mit sur la table un gâteau que la femme du philosophe avait fait : Xantus le trouva mauvais, quoiqu'il fût très-bon. « Voilà, dit-il, la pâtisserie la plus méchante que j'aie jamais mangée ; il faut brûler l'ouvrière, car elle ne fera de sa vie rien qui vaille : qu'on apporte des fagots. — Attendez, dit le paysan ; je m'en vais quérir ma femme ; on ne fera qu'un bûcher pour toutes les deux. » Ce dernier trait désarçonna le philosophe, et lui ôta l'espérance de jamais attraper le Phrygien.

Or ce n'était pas seulement avec son maître qu'Ésope trouvait occasion de rire et de dire de bons mots. Xantus l'avait envoyé en certain endroit : il rencontra en chemin le magistrat, qui lui demanda où il allait. Soit qu'Ésope fût distrait, ou pour une autre raison, il répondit qu'il n'en savait rien. Le magistrat, tenant à mépris et irrévérence cette réponse, le fit mener en prison. Comme les huissiers le conduisaient : « Ne voyez-vous pas, dit-il, que j'ai très-bien répondu ? Savais-je qu'on me ferait aller où je vas ? » Le magistrat le fit relâcher, et trouva Xantus heureux d'avoir un esclave si plein d'esprit.

Xantus, de sa part, voyait par là de quelle importance il lui était de ne point affranchir Ésope, et combien la possession d'un tel esclave lui faisait d'honneur. Même un jour, faisant la débauche avec ses disciples, Ésope, qui les servait, vit que les fumées leur échauffaient déjà la cervelle, aussi bien au maître qu'aux écoliers. « La débauche de vin, leur dit-il, a trois degrés : le premier, de volupté ; le second, d'ivrognerie ; le troisième, de fureur. » On se moqua de son observation, et on continua de vider les pots. Xantus s'en donna jusqu'à perdre la raison et à se vanter qu'il boirait la mer. Cela fit rire la compagnie. Xantus soutint ce qu'il avait dit, gagea sa maison qu'il boirait la mer tout entière ; et, pour assurance de la gageure, il déposa l'anneau qu'il avait au doigt.

Le jour suivant, que les vapeurs de Bacchus furent dissipées, Xantus fut extrêmement surpris de ne plus retrouver son anneau, lequel il tenait fort cher. Ésope lui dit qu'il était perdu, et que sa maison l'était aussi par la gageure qu'il avait faite. Voilà le philosophe bien alarmé : il pria Ésope de lui enseigner une défaite. Ésope s'avisa de celle-ci :

Quand le jour qu'on avait pris pour l'exécution de la gageure fut arrivé, tout le peuple de Samos accourut au rivage de la mer pour être témoin de la honte du philosophe. Celui de ses disciples qui avait gagé contre lui triomphait déjà. Xantus dit à l'assemblée : « Messieurs, j'ai gagé véritablement que je boirais toute la mer, mais non pas les fleuves qui entrent dedans ; c'est pourquoi, que celui qui a gagé contre moi détourne leurs cours, et puis je ferai ce que je me suis vanté de faire. » Chacun admira l'expédient que Xantus avait trouvé pour sortir à son honneur d'un si mauvais pas. Le disciple confessa qu'il était vaincu, et demanda pardon à son maître. Xantus fut reconduit jusqu'en son logis avec acclamations.

Pour récompense, Ésope lui demanda la liberté. Xantus la lui refusa, et dit que le temps de l'affranchir n'était pas encore venu ; si toutefois les dieux l'ordonnaient ainsi, il y consentait : partant qu'il prît garde au premier présage qu'il aurait étant sorti du logis ; s'il était heureux, et que, par exemple, deux corneilles se présentassent à sa vue, la liberté lui serait donnée ; s'il n'en voyait qu'une, qu'il ne se lassât point d'être esclave. Ésope sortit aussitôt. Son maître était logé à l'écart, et apparemment vers un lieu couvert de grands arbres. A peine notre Phrygien fut hors, qu'il aperçut deux corneilles qui s'abattirent sur le plus haut. Il en alla avertir son maître, qui voulut voir lui-même s'il disait vrai. Tandis que Xantus venait, l'une des corneilles s'envola. « Me tromperas-tu toujours ? dit-il à Ésope. Qu'on lui donne les étrivières. » L'ordre fut exécuté. Pendant le supplice du pauvre Ésope, on vint inviter Xantus à un repas : il promit qu'il s'y trouverait. « Hélas ! s'écria Ésope, les présages sont bien menteurs ! moi, qui ai vu deux corneilles, je suis battu ; mon maître, qui n'en a vu qu'une, est prié de noce. » Ce mot plut tellement à Xantus, qu'il commanda qu'on cessât de fouetter Ésope ; mais quant à la liberté, il ne pouvait se résoudre à la lui donner, encore qu'il la lui promît en diverses occasions.

Un jour ils se promenaient tous deux parmi de vieux monuments, considérant avec beaucoup de plaisir les inscriptions qu'on y avait mises. Xantus en aperçut une qu'il ne put entendre, quoiqu'il demeurât longtemps à en chercher l'explication. Elle était composée des premières lettres de certains mots. Le philosophe avoua ingénument que cela passait son esprit. « Si je vous fais trouver un trésor par le moyen de ces lettres, lui dit Esope, quelle récompense aurai-je? » Xantus lui promit la liberté et la moitié du trésor. « Elles signifient, poursuivit Esope, qu'à quatre pas de cette colonne nous en rencontrerons un. » En effet, ils le trouvèrent après avoir creusé quelque peu dans la terre. Le philosophe fut sommé de tenir parole; mais il reculait toujours. « Les dieux me gardent de t'affranchir, dit-il à Esope, que tu ne m'aies donné avant cela l'intelligence de ces lettres ! ce me sera un autre trésor plus précieux que celui que nous avons trouvé. — On les a ici gravées, poursuivit Esope, comme étant les premières lettres de ces mots : *Apobas, Bêmata, etc.*, c'est-à-dire : Si vous reculez quatre pas, et que vous creusiez, vous trouverez un trésor. — Puisque tu es si subtil, reprit Xantus, j'aurais tort de me défaire de toi : n'espère donc pas que je t'affranchisse. — Et moi, répliqua Esope, je vous dénoncerai au roi Denys; car c'est à lui que ce trésor appartient; et ces mêmes lettres commencent d'autres mots qui le signifient. » Le philosophe, intimidé, dit au Phrygien qu'il prît sa part de l'argent, et qu'il n'en dît mot. De quoi Esope déclara ne lui avoir aucune obligation, ces lettres ayant été choisies de telle manière qu'elles enfermaient un triple sens, et signifiaient encore : « En vous en allant, vous partagerez le trésor que vous aurez rencontré. » Dès qu'ils furent de retour, Xantus commanda qu'on enfermât le Phrygien, et qu'on lui mît les fers aux pieds, de crainte qu'il n'allât publier cette aventure. « Hélas ! s'écria Esope, est-ce ainsi que les philosophes s'acquittent de leurs promesses? Mais faites ce que vous voudrez, il faudra que vous m'affranchissiez malgré vous. »

La prédiction se trouva vraie. Il arriva un prodige qui mit fort en peine des Samiens. Un aigle enleva l'anneau public (c'était apparemment quelque sceau qu'on apposait aux délibérations du conseil), et le fit tomber au sein d'un esclave. Le philosophe fut consulté là-dessus, et comme étant philosophe, et comme étant un des premiers de la république. Il demanda du temps, et eut recours à son oracle ordinaire : c'était Esope. Celui-ci lui conseilla de le produire en public, parce que, s'il rencontrait bien, l'honneur en serait toujours à son maître; sinon, il n'y aurait que l'esclave de blâmé. Xantus approuva la chose, et le fit monter à la tribune aux harangues. Dès qu'on le vit, chacun s'éclata de rire : personne ne s'imagina qu'il pût rien partir de raisonnable d'un homme fait de cette manière. Esope leur dit qu'il ne fallait pas considérer la forme du vase, mais la liqueur qui y était renfermée. Les Samiens lui crièrent qu'il dît donc sans crainte ce qu'il jugeait de ce prodige. Esope s'en excusa sur ce qu'il n'osait le faire. « La Fortune, disait-il, avait mis un débat de gloire entre le maître et l'esclave : si l'esclave disait mal, il serait battu ; s'il disait mieux que le maître, il serait battu encore. » Aussitôt on pressa Xantus de l'affranchir. Le philosophe résista longtemps. A la fin le prévôt de la ville le menaça de le faire de son office, et en vertu du pouvoir qu'il en avait comme magistrat : de facon que le philosophe fut obligé de donner les mains. Cela fait, Esope dit que les Samiens étaient menacés de servitude par ce prodige, et que l'aigle enlevant leur sceau ne signifiait autre chose qu'un roi puissant qui voulait les assujettir.

Peu de temps après, Crésus, roi des Lydiens, fit dénoncer à ceux de Samos qu'ils eussent à se rendre ses tributaires : sinon qu'il les y forcerait par les armes. La plupart étaient d'avis qu'on lui obéît. Esope leur dit que la Fortune présentait deux chemins aux hommes : l'un de liberté, rude et épineux au commencement, mais dans la suite très-agréable ; l'autre d'esclavage, dont les commencements étaient plus aisés, mais la suite laborieuse. C'était conseiller assez intelligiblement aux Samiens de défendre leur liberté. Ils renvoyèrent l'ambassadeur de Crésus avec peu de satisfaction.

Crésus se mit en état de les attaquer. L'ambassadeur lui dit que tant qu'ils auraient Esope avec eux, il aurait peine à les réduire à ses volontés, vu la confiance qu'ils avaient au bon sens du personnage. Crésus le leur envoya demander, avec la promesse de leur laisser la liberté s'ils le lui livraient. Les principaux de la ville trouvèrent ces conditions avantageuses, et ne crurent pas que leur repos leur coûtât trop cher quand ils l'achèteraient aux dépens d'Esope. Le Phrygien leur fit changer de sentiment en leur contant que, les loups et les brebis ayant fait un traité de paix, celles-ci donnèrent leurs chiens pour otages. Quand elles n'eurent plus de défenseurs, les loups les étranglèrent avec moins de peine qu'ils ne faisaient. Cet apologue fit son effet : les Samiens prirent une délibération toute contraire à celle qu'ils avaient prise. Esope voulut toutefois aller vers Crésus, et dit qu'il les servirait plus utilement étant près du roi que s'il demeurait à Samos.

Quand Crésus le vit, il s'étonna qu'une si chétive créature lui eût été d'un si grand obstacle. « Quoi ! voilà celui qui fait qu'on s'oppose à mes volontés ! » s'écria-t-il. Esope se prosterna à ses pieds. « Un homme prenait des sauterelles, dit-il ; une cigale lui tomba sous la main. Il s'en allait la tuer comme il avait fait des sauterelles. « Que vous ai-je fait ? dit-elle à cet homme : je ne ronge point vos blés ; je ne vous procure aucun dommage ; vous ne trouverez en moi que la voix, dont je me sers fort innocemment. » Grand roi, je ressemble à cette cigale : je n'ai que la voix, et je ne m'en suis point servi pour vous offenser. » Crésus, touché d'admiration et de pitié, non-seulement lui pardonna, mais il laissa en repos les Samiens à sa considération.

En ce temps-là le Phrygien composa ses fables, lesquelles il laissa au roi de Lydie, et fut envoyé par lui vers les Samiens, qui donnèrent à Esope de grands honneurs. Il lui prit aussi envie de voyager et d'aller par le monde, s'entretenant de diverses choses avec ceux qu'on appelait philosophes. Enfin il se mit en grand crédit près de Lycérus, roi de Babylone. Les rois d'alors s'envoyaient les uns aux autres des problèmes à résoudre sur toute sorte de matières, à condition de se payer une espèce de tribut ou d'amende, selon qu'ils répondraient bien ou mal aux questions proposées ; en quoi Lycérus, assisté d'Esope, avait toujours l'avantage, et se rendait illustre parmi les autres, soit à résoudre, soit à proposer.

Cependant notre Phrygien se maria, et, ne pouvant avoir d'enfant, il adopta un jeune homme d'extraction noble, appelé Ennus. Celui-ci le paya d'ingratitude, et fut si méchant que d'oser souiller le lit de son bienfaiteur. Cela étant venu à la connaissance d'Esope, il le chassa. L'autre, afin de s'en venger, contrefit des lettres par lesquelles il semblait qu'Esope eût intelligence avec les rois qui étaient émules de Lycérus. Lycérus, persuadé par le cachet et par la signature de ces lettres, commanda à un de ses officiers nommé Hermippus que, sans chercher de plus grandes preuves, il fit mourir promptement le traître Esope. Cet Hermippus, étant ami du Phrygien, lui sauva la vie, et, à l'insu de tout le monde, le nourrit longtemps dans un sépulcre, jusqu'à ce que Necténabo, roi d'Egypte, sur le bruit de la mort d'Esope, crut à l'avenir rendre Lycérus son tributaire. Il osa le provoquer, et le défia de lui envoyer des architectes qui sussent bâtir une tour en l'air, et, par même moyen, un homme prêt à répondre à toutes sortes de questions. Lycérus ayant lu les lettres et les ayant communiquées aux plus habiles de son Etat, chacun d'eux demeura court, ce qui fit que le roi regretta Esope. Quand Hermippus lui dit qu'il n'était pas mort, il le fit venir. Le Phrygien fut très-bien reçu, se justifia et pardonna à Ennus. Quant à la lettre du roi d'Egypte, il n'en fit que rire, et manda qu'il enverrait au printemps les architectes et le répondant à toute sorte de questions. Lycérus remit Esope en possession de tous ses biens, et lui fit livrer Ennus pour en faire ce qu'il voudrait. Esope le reçut comme son enfant, et, pour toute punition, lui recommanda d'honorer les dieux et son prince, se rendre terrible à ses ennemis, facile et commode aux autres; bien traiter sa femme, sans pourtant lui confier son secret; parler peu, et chasser de chez soi les babillards; ne se point laisser abattre au malheur, avoir soin du lendemain, car il vaut mieux enrichir ses ennemis par sa mort que d'être importun à ses amis pendant son vivant; surtout n'être point envieux du bonheur ni de la vertu d'autrui, d'autant que c'est se faire du mal à soi-même. Ennus, touché de ces avertissements et de la bonté d'Esope, comme d'un trait qui lui aurait pénétré le cœur, mourut peu de temps après.

Pour revenir au défi de Necténabo, Esope choisit des aiglons, et les fit instruire (chose difficile à croire); il les fit, dis-je, instruire à porter en l'air chacun un panier dans lequel était un jeune enfant. Le printemps venu, il s'en alla en Egypte avec tout cet équipage, non sans tenir en grande admiration et en attente de son dessein les peuples chez qui il passait. Necténabo, qui, sur le bruit de sa mort, avait envoyé l'énigme, fut extrêmement surpris de son arrivée. Il ne s'y attendait pas, et ne se fût jamais engagé dans un tel défi contre Lycérus, s'il eût cru Esope vivant. Il lui demanda s'il avait amené les architectes et le répondant. Esope dit que le répondant était lui-même, et qu'il ferait voir les architectes quand il serait sur le lieu. On sortit en pleine campagne, où les aigles enlevèrent les paniers avec les petits enfants, qui criaient qu'on leur donnât du mortier, des pierres et du bois. « Vous voyez, dit Esope à Necténabo, je vous ai trouvé des ouvriers; fournissez-leur des matériaux. » Necténabo avoua que Lycérus était vainqueur. Il proposa toutefois ceci à Esope : « J'ai des cavales en Egypte qui entendent le hennissement des chevaux qui sont devers Babylone. Qu'avez-vous à répondre là-dessus? » Le Phrygien remit sa réponse au lendemain; et, retourné qu'il fut au logis, il commanda à des enfants de prendre un chat et de le mener fouettant par les rues. Les Egyptiens, qui adorent cet animal, se trouvèrent extrêmement scandalisés du traitement qu'on lui faisait. Ils l'arrachèrent des mains des enfants, et allèrent se plaindre au roi. On fit venir en sa présence le Phrygien. « Ne savez-vous pas, lui dit le roi, que cet animal est un de nos dieux? Pourquoi donc le faites-vous traiter de la sorte? — C'est pour l'offense qu'il a commise envers Lycérus, reprit Esope; car la nuit dernière il a étranglé un coq extrêmement courageux, et qui chantait à toutes les heures. — Vous êtes un menteur, repartit le roi : comment serait-il possible que ce chat eût fait en si peu de temps un si long voyage? — Et comment est-il possible, reprit Esope, que vos juments entendent de si loin nos chevaux hennir? »

En suite de cela, le roi fit venir d'Héliopolis certains personnages d'esprit subtil, et savants en questions énigmatiques. Il leur fit un grand régal, où le Phrygien fut invité. Pendant le repas, ils proposèrent à Esope diverses choses, celle-ci entre autres : Il y a un grand temple qui est appuyé sur une colonne entourée de douze villes, chacune desquelles a trente arcs-boutants, et autour de ces arcs-boutants se promènent, l'une après l'autre, deux femmes, l'une blanche, l'autre noire. « Il faut renvoyer, dit Esope, cette question aux petits enfants de notre pays. Le temple est le monde; la colonne, l'an; les villes, ce sont les mois, et les arcs-boutants, les jours, autour desquels se promènent alternativement le jour et la nuit. »

Le lendemain, Necténabo assembla tous ses amis. « Souffrirez-vous, leur dit-il, qu'une moitié d'homme, qu'un avorton, soit la cause que Lycérus remporte le prix, et que j'aie la confusion pour mon partage ? » Un d'eux s'avisa de demander à Esope qu'il leur fît des questions de choses dont ils n'eussent jamais entendu parler. Esope écrivit une cédule par laquelle Necténabo confessait devoir deux mille talents à Lycérus. La cédule fut mise entre les mains de Necténabo toute cachetée. Avant qu'on l'ouvrît, les amis du prince soutinrent que la chose contenue dans cet écrit était de leur connaissance. Quand on l'eut ouverte, Necténabo s'écria : « Voilà la plus grande fausseté du monde, je vous en prends à témoin tous tant que vous êtes. — Il est vrai, repartirent-ils, que nous n'en avons jamais entendu parler. — J'ai donc satisfait à votre demande, » reprit Esope. Necténabo le renvoya comblé de présents, tant pour lui que pour son maître.

Le séjour qu'il fit en Egypte est peut être cause que quelques-uns ont écrit qu'il fut esclave avec Rhodopé, celle-là qui fit élever une des trois pyramides qui subsistent encore, et qu'on voit avec admiration : c'est la plus petite, mais celle qui est bâtie avec le plus d'art.

Esope, à son retour dans Babylone, fut reçu de Lycérus avec de grandes démonstrations de joie et de bienveillance : ce roi lui fit ériger une statue. L'envie de voir et d'apprendre le fit renoncer à tous ces honneurs. Il quitta la cour de Lycérus, où il avait tous les avantages qu'on peut souhaiter, et prit congé de ce prince pour voir la Grèce encore une fois. Lycérus ne le laissa point partir sans embrassements et sans larmes, et sans lui faire promettre sur les autels qu'il reviendrait achever ses jours auprès de lui.

Entre les villes où il s'arrêta, Delphes fut une des principales. Les Delphiens l'écoutèrent fort volontiers, mais ils ne lui rendirent point d'honneurs. Esope, piqué de ce mépris, les compara aux bâtons qui flottent sur l'onde : on s'imagine de loin que c'est quelque chose de considérable, de près on trouve que ce n'est rien. La comparaison lui coûta cher. Les Delphiens en conçurent une telle haine et un si violent désir de vengeance (outre qu'ils craignaient d'être décriés par lui), qu'ils résolurent de l'ôter du monde. Pour y parvenir, ils cachèrent parmi ses hardes un de leurs vases sacrés, prétendant que par ce moyen ils convaincraient Esope de vol et de sacrilège, et qu'ils le condamneraient à la mort.

Comme il fut sorti de Delphes et qu'il eut pris le chemin de la Phocide, les Delphiens accoururent comme gens qui étaient en peine. Ils l'accusèrent d'avoir dérobé leur vase. Esope le nia avec des serments ; on chercha dans son équipage, et il fut trouvé. Tout ce qu'Esope put dire n'empêcha point qu'on ne le traitât comme un criminel infâme. Il fut ramené à Delphes chargé de fers, mis dans les cachots, puis condamné à être précipité. Rien ne lui servit de se défendre avec ses armes ordinaires, et de raconter des apologues : les Delphiens s'en moquèrent.

« La grenouille, leur dit-il, avait invité le rat à la venir voir. Afin de lui faire traverser l'onde, elle l'attacha à son pied. Dès qu'il fut sur l'eau, elle voulut le tirer au fond, dans le dessein de le noyer, et d'en faire ensuite un repas. Le malheureux rat résista quelque peu de temps. Pendant qu'il se débattait sur l'eau, un oiseau de proie l'aperçut, fondit sur lui, et l'ayant enlevé avec la grenouille, qui ne put se détacher, il se reput de l'un et de l'autre. C'est ainsi, Delphiens abominables, qu'un plus puissant que vous me vengera ; je périrai, mais vous périrez aussi. »

Comme on le conduisait au supplice, il trouva moyen de s'échapper, et entra dans une petite chapelle dédiée à Apollon. Les Delphiens l'en arrachèrent. « Vous violez cet asile, leur dit-il, parce que ce n'est qu'une petite chapelle ; mais un jour viendra que votre méchanceté ne trouvera point de retraite sûre, non pas même dans les temples. Il vous arrivera la même chose qu'à l'aigle, laquelle, nonobstant les prières de l'escarbot, enleva un lièvre qui s'était réfugié chez lui : la génération de l'aigle en fut punie jusque dans le giron de Jupiter. » Les Delphiens, peu touchés de tous ces exemples, le précipitèrent.

Peu de temps après sa mort, une peste très-violente exerça sur eux ses ravages. Ils demandèrent à l'oracle par quels moyens ils pourraient apaiser le courroux des dieux. L'oracle leur répondit qu'il n'y en avait point d'autre que d'expier leur forfait, et satisfaire aux mânes d'Esope. Aussitôt une pyramide fut élevée. Les dieux ne témoignèrent pas seuls combien ce crime leur déplaisait : les hommes vengèrent aussi la mort de leur sage. La Grèce envoya des commissaires pour en informer, et en fit une punition rigoureuse.

FABLES

A MONSEIGNEUR

LE DAUPHIN

Je chante les héros dont Ésope est le père,
Troupe de qui l'histoire, encor que mensongère,
Contient des vérités qui servent de leçons.
Tout parle en mon ouvrage, et même les poissons ;
Ce qu'ils disent s'adresse à tous tant que nous sommes :
Je me sers d'animaux pour instruire les hommes.
Illustre rejeton d'un prince aimé des cieux,
Sur qui le monde entier a maintenant les yeux,

Et qui, faisant fléchir les plus superbes têtes,
Comptera désormais ses jours par des conquêtes,
Quelque autre te dira d'une plus forte voix
Les faits de tes aïeux et les vertus des rois.
Je vais t'entretenir de moindres aventures,
Te tracer en ces vers de légères peintures;
Et si de t'agréer je n'emporte le prix,
J'aurai du moins l'honneur de l'avoir entrepris.

LIVRE PREMIER

I

La Cigale et la Fourmi (1).

La cigale ayant chanté
　　Tout l'été,
Se trouva fort dépourvue
Quand la bise (2) fut venue :
Pas un seul petit morceau
De mouche ou de vermisseau (3) :

(1) Cette fable est imitée d'Ésope ; avant la Fontaine, Baïf avait dit :
　　Tout l'esté chanta la cigale
　　Et l'hyver elle eut la faim vale (fort) ;
　　Demande à manger au fourmi :
　　Que fais-tu donc l'esté ? — Je chante. —
　　Il est hyver ; danse, fainéante.
　　Appren des bestes, mon ami.
　　　　　　　　(*Mœurs et Enseignements.*)
(2) Vent du nord, mis ici pour la saison d'hiver.
(3) Phrase elliptique pour : *elle* n'avait pas, etc.

Elle alla crier famine
Chez la fourmi, sa voisine,
La priant de lui prêter
Quelque grain pour subsister
Jusqu'à la saison nouvelle. —
Je vous paierai, lui dit-elle,
Avant l'oût (1), foi d'animal,
Intérêt et principal.
La fourmi n'est pas prêteuse,
C'est là son moindre défaut (2). —
Que faisiez-vous au temps chaud?
Dit-elle à cette emprunteuse. —
Nuit et jour à tout venant
Je chantais, ne vous déplaise. —
Vous chantiez, j'en suis fort aise !
Eh bien, dansez maintenant (3).

(1) Temps de la moisson, ainsi appelé du mois d'août, qui est celui de la récolte.

(2) C'est-à-dire que le défaut d'être prêteuse est celui qu'elle a le moins. La phrase est ironique, et dire que la fourmi n'a pas ce *défaut*, revient à dire qu'elle n'a pas cette *qualité*.

(3) La réponse de la fourmi est dure, et ne doit pas être prise pour modèle ; mais la cigale mérite ce qui lui arrive ; et c'est là toute la moralité de cette fable. La Fontaine veut nous prémunir contre la paresse et l'imprévoyance en nous montrant quelles en sont les suites funestes.

Le Corbeau et le Renard (1).

Maître (2) corbeau, sur un arbre perché
 Tenait en son bec un fromage.
Maître renard, par l'odeur alléché,
 Lui tint à peu près ce langage :
 Hé ! bonjour, monsieur du corbeau (3),
Que vous êtes joli ! que vous me semblez beau !
 Sans mentir, si votre ramage
 Se rapporte à votre plumage,
Vous êtes le phénix (4) des hôtes de ces bois.
A ces mots le corbeau ne se sent pas de joie ;

(1) Ce sujet a été plusieurs fois traité dans l'antiquité et dans le moyen âge.
(2) Titre qui se donne aux avocats, aux procureurs et aux notaires, et plaisamment appliqué ici au corbeau.
(3) *Monsieur le Corbeau* ne serait que poli ; monsieur *du Corbeau* est flatteur et fait croire à l'oiseau qu'il est un personnage important.
(4) Oiseau fabuleux, unique en son espèce ; on disait qu'il vivait plusieurs siècles, et qu'il renaissait de ses cendres. — Pris au figuré, le mot phénix se dit de quelqu'un qu'on prétend être unique ou rare en son espèce.

40 FABLES

Et, pour montrer sa belle voix,
Il ouvre un large bec, laisse tomber sa proie (1).
Le renard s'en saisit, et dit : *Mon bon Monsieur,*
Apprenez que tout flatteur (2)
Vit aux dépens de celui qui l'écoute :
Cette leçon vaut bien un fromage, sans doute (3).
Le corbeau, honteux et confus,
Jura, mais un peu tard, qu'on ne l'y prendrait plus (

III

La Grenouille qui veut se faire aussi grosse que le Bœuf.

Une grenouille vit un bœuf
Qui lui sembla de belle taille.

(1) « Ce vers est admirable ; l'harmonie seule en fait image. Je vois un grand vilain bec ouvert, j'entends tomber le fromage à travers les branches. » (J.-J. Rousseau.)
(2) *Flatteur* ne rime pas avec *monsieur*. La rime, se composant de deux *sons* semblables, s'adresse avant tout à l'oreille. La rime qui n'est que pour les yeux n'est pas une rime.
(3) « Il est plaisant de mettre la morale dans la bouche de celui qui profite de la sottise. » (Chamfort.)
(4) « La conséquence qu'on peut tirer de cette fable n'est pas plus dangereuse que celle de la précédente ; car tout le monde rit du corbeau qui se laisse tromper, sans faire plus de cas du renard. » (Ch. Nodier.)

Elle, qui n'était pas grosse en tout comme un œuf,
Envieuse, s'étend, et s'enfle, et se travaille (1)
　　　Pour égaler l'animal en grosseur ;
　　　Disant : Regardez bien, ma sœur ;
Est-ce assez ? dites-moi ; n'y suis-je point encore ? —
Nenni. — M'y voici donc ? — Point du tout. M'y voilà (2) ?
— Vous n'en approchez point. La chétive pécore
　　　S'enfla si bien qu'elle creva.

Le monde est plein de gens qui ne sont pas plus sages,
Tout bourgeois veut bâtir comme les grands seigneurs ;
　　Tout petit prince a des ambassadeurs ,
　　Tout marquis veut avoir des pages.

IV

Les deux Mulets.

Deux mulets cheminaient, l'un d'avoine chargé,
　　L'autre portant l'argent de la gabelle (3).
Celui-ci, glorieux d'une charge si belle,
N'eût voulu pour beaucoup en être soulagé.
　　　Il marchait d'un pas relevé,
　　　Et faisait sonner sa sonnette (4) ;
　　　Quand l'ennemi se présentant,
　　　Comme il en voulait à l'argent,
Sur le mulet du fisc (5) une troupe se jette,
　　　Le saisit au frein et l'arrête.
　　　Le mulet, en se défendant,
Se sent percer de coups ; il gémit, il soupire.
Est-ce donc là, dit-il, ce qu'on m'avait promis ?
Ce mulet qui me suit du danger se retire,

---

(1) Remarquez la gradation pittoresque de ce vers.
(2) C'est à Horace que la Fontaine doit ce dialogue plein de naturel et de vivacité.
(3) Mot par lequel on désignait autrefois l'impôt sur le sel.
(4) Vers heureux d'harmonie imitative.
(5) Proprement le trésor du prince, et par suite le trésor public.

Et moi j'y tombe et je péris !
Ami, lui dit son camarade,

Il n'est pas toujours bon d'avoir un haut emploi
Si tu n'avais servi qu'un meunier comme moi,
Tu ne serais pas si malade.

V

Le Loup et le Chien.

Un loup n'avait que les os et la peau,
    Tant les chiens faisaient bonne garde.
Ce loup rencontre un dogue aussi puissant que beau,
Gras, poli (1), qui s'était fourvoyé (2) par mégarde.
    L'attaquer, le mettre en quartiers,
        Sire loup l'eût fait volontiers ;
        Mais il fallait livrer bataille,
        Et le mâtin était de taille
        A se défendre hardiment.
        Le loup donc l'aborde humblement,
Entre en propos, et lui fait compliment
        Sur son embonpoint, qu'il admire.
        Il ne tiendra qu'à vous, beau sire,

(1) *Poli* est pris ici dans le sens propre, et veut dire : qui a le poil lisse, *qui est luisant de graisse.*
(2) Egaré.

D'être aussi gras que moi, lui repartit le chien.
        Quittez les bois, vous ferez bien :
        Vos pareils y sont misérables,
        Cancrés, hères (1) et pauvres diables,
Dont la condition est de mourir de faim.
Car, quoi! rien d'assuré! point de franche lippée (2)!
        Tout à la pointe de l'épée (3)!
Suivez-moi, vous aurez un bien meilleur destin.
        Le loup reprit : Que me faudra-t-il faire?
Presque rien, dit le chien : donner la chasse aux gens
        Portants (4) bâtons, et mendiants;
Flatter ceux du logis, à son maître complaire :
        Moyennant quoi votre salaire
Sera force reliefs (5) de toutes les façons,
        Os de poulets, os de pigeons,
        Sans parler de mainte caresse.
Le loup déjà se forge une félicité
        Qui le fait pleurer de tendresse.
Chemin faisant il vit le cou du chien pelé.
Qu'est-ce là? lui dit-il. —Rien. —Quoi! rien! —Peu de chose.
— Mais encor? — Le collier dont je suis attaché
De ce que vous voyez (6) est peut-être (7) la cause. —

  (1) *Cancre.* « Terme de mépris ou de compassion, dont on se sert pour désigner un homme sans fortune, et qui ne peut faire ni bien ni mal à personne. Ce sens est peu usité. » (Acad.) *Hère* se dit par dérision d'un homme sans mérite, sans considération, sans fortune. On ne l'emploie guère que dans la locution : *pauvre hère, c'est un pauvre hère* (Ibid.) Selon les uns, ce mot vient du latin *herrus,* maître; selon d'autres, de l'allemand *herr,* seigneur. C'est par antiphrase qu'en passant d'une langue dans une autre il a pris cette acception injurieuse.
  (2) *Lippée,* mot formé de notre vieux mot *lippe,* qui signifie lèvre, comme *bouchée* est formé de bouche.
  (3) *Tout à la pointe de l'épée!* c'est-à-dire tout est incertain.
  (4) *Portants bâtons* serait maintenant une faute. Le participe présent n'est variable qu'autant qu'il marque un état, c'est-à-dire qu'autant que de verbe il devient adjectif. Quand il marque une action, il est invariable. Cette règle ne faisait pas encore loi du temps de La Fontaine.
  (5) *Reliefs,* restes d'un repas.
  (6) *De ce que vous voyez.* « Il a peur de prononcer le mot. » (Guillon.)
  (7) *Peut-être* est plaisant. Le chien cherche à se dissimuler à lui-même la cause de son accident, qu'il connaît d'ailleurs parfaitement.

Attaché! dit le loup : vous ne courez donc pas
    Où vous voulez? — Pas toujours; mais qu'importe?
— Il importe si bien que de tous vos repas
    Je ne veux en aucune sorte,
Et ne voudrais pas même à ce prix un trésor.
Cela dit, maître loup s'enfuit, et court encor.

VI

La Génisse, la Chèvre et la Brebis, en société avec le Lion (1).

La génisse, la chèvre et leur sœur la brebis
Avec un fier lion, seigneur du voisinage,
Firent société, dit-on, au temps jadis (2),
Et mirent en commun le gain et le dommage.
Dans les lacs (3) de la chèvre un cerf se trouva pris.
Vers ses associés aussitôt elle envoie.
Eux venus, le lion par ses ongles compta,
Et dit : Nous sommes quatre à partager la proie.
Puis en autant de parts le cerf il dépeça;
Prit pour lui la première en qualité de sire.
Elle doit être à moi, dit-il; et la raison,
    C'est que je m'appelle lion :
    A cela l'on n'a rien à dire.
La seconde par droit me doit échoir encor :
Ce droit, vous le savez, c'est le droit du plus fort.
Comme le plus vaillant je prétends la troisième.
Si quelqu'une de vous touche à la quatrième,
    Je l'étranglerai tout d'abord.

(1) Cette société manque tout à fait de naturel et de vraisemblance.
(2) *Jadis* est mis ici comme adjectif.
(3) *Lacs,* qui s'écrivait autrefois *laqs,* vient du latin *laqueus,* lacet, piége. — Mais un cerf pris par une chèvre !

VII

La Besace.

Jupiter (1) dit un jour : Que tout ce qui respire
S'en vienne comparaître au pied de ma grandeur (2).
Si dans son composé quelqu'un trouve à redire,
    Il peut le déclarer sans peur ;
    Je mettrai remède à la chose.
Venez, singe ; parlez le premier, et pour cause.
Voyez ces animaux, faites comparaison
    De leurs beautés avec les vôtres.
Êtes-vous satisfait ? — Moi, dit-il, pourquoi non ?
N'ai-je pas quatre pieds aussi bien que les autres (3) ?
Mon portrait jusqu'ici ne m'a rien reproché :
Mais pour mon frère l'ours, on ne l'a qu'ébauché ;
Jamais, s'il me veut croire, il ne se fera peindre.
L'ours venant là-dessus, on crut qu'il s'allait plaindre.
Tant sans faut : de sa forme il se loua très-fort ;
Glosa (4) sur l'éléphant, dit qu'on pourrait encor
Ajouter à sa queue, ôter à ses oreilles ;
Que c'était une masse informe et sans beauté.
    L'éléphant étant écouté,
Tout sage qu'il était, dit des choses pareilles :
    Il jugea qu'à son appétit (5)
    Dame baleine était trop grosse.
Dame fourmi trouva le ciron (6) trop petit,
    Se croyant, pour elle, un colosse.
Jupin (7) les renvoya s'étant censurés tous,

(1) Le roi des dieux du paganisme. Il était fils de Saturne et de Rhée.
(2) Début solennel et bien convenable dans la bouche du maitre des dieux.
(3) Réponse d'une malice plaisante : comme s'il suffisait d'avoir quatre pieds pour être parfait !
(4) Trouva à redire.
(5) C'est-à-dire à son gré.
(6) Animal d'une petitesse extrême.
(7) Le même que Jupiter, mais d'un emploi plus familier.

Du reste, contents d'eux. Mais, parmi les plus fous,
Notre espèce excella ; car tout ce que nous sommes,
Lynx (1) envers nos pareils, et taupes envers nous,
Nous nous pardonnons tout, et rien aux autres hommes :
On se voit d'un autre œil qu'on ne voit son prochain.

*Le fabricateur souverain
Nous créa besaciers (2) tous de même manière,
Tant ceux du temps passé que du temps d'aujourd'hui.
Il fit pour nos défauts la poche de derrière,
Et celle de devant pour les défauts d'autrui.*

VIII

L'Hirondelle et les petits Oiseaux.

Une hirondelle en ses voyages
Avait beaucoup appris. Quiconque a beaucoup vu
Peut avoir beaucoup retenu.
Celle-ci prévoyait jusqu'aux moindres orages,

(1) Le Lynx est le plus clairvoyant des animaux, et la taupe est presque aveugle.
(2) Mot créé par la Fontaine, et d'un sens clair.

Et, devant qu'ils (1) fussent éclos,
Les annonçait aux matelots.
Il arriva qu'au temps que la chanvre (2) se sème,
Elle vit un manant (3) en couvrir maints sillons.
Ceci ne me plaît pas, dit-elle aux oisillons :
Je vous plains ; car, pour moi, dans ce péril extrême
Je saurai m'éloigner, ou vivre en quelque coin.
Voyez-vous cette main qui par les airs chemine ?
  Un jour viendra, qui n'est pas loin,
Que ce qu'elle répand sera votre ruine.
De là naîtront engins (4) à vous envelopper,
  Et lacets pour vous attraper,
  Enfin mainte et mainte machine
  Qui causera dans la saison
  Votre mort ou votre prison :
  Gare la cage ou le chaudron ?
  C'est pourquoi, leur dit l'hirondelle,
  Mangez ce grain, et croyez-moi.
  Les oiseaux se moquèrent d'elle :
  Ils trouvaient aux champs trop de quoi (5).
  Quand la chènevière (6) fut verte,
L'hirondelle leur dit : Arrachez brin à brin
  Ce qu'a produit ce maudit grain,
  Ou soyez sûrs de votre perte.
Prophète de malheur ! babillarde ! dit-on,
  Le bel emploi que tu nous donnes !
  Il nous faudrait mille personnes
  Pour éplucher tout ce canton.
  La chanvre étant tout à fait crue,
L'hirondelle ajouta : Ceci ne va pas bien ;
  Mauvaise graine est tôt venue.
Mais, puisque jusqu'ici l'on ne m'a crue en rien,

(1) *Devant que* n'est plus français, et avait déjà vieilli du temps de la Fontaine ; mais c'est à dessein que le fabuliste recourt à ces vieux idiotismes, qui donnent à son style un air d'aimable négligence.
(2) *Chanvre* était autrefois masculin et féminin.
(3) Ce mot, qui ne signifiait que paysan, est aujourd'hui un terme de mépris, et désigne un homme grossier et mal élevé.
(4) Vieux mot qui signifie *piéges*.
(5) Trop abondamment de quoi se nourrir.
(6) Champ où l'on a semé du chanvre.

Dès que vous verrez que la terre
Sera couverte, et qu'à leurs blés
Les gens n'étant plus occupés
Feront aux oisillons la guerre ;
Quand reginglettes (1) et réseaux
Attraperont petits oiseaux,
Ne volez plus de place en place,
Demeurez au logis, ou changez de climat :
Imitez le canard, la grue et la bécasse.
Mais vous n'êtes pas en état
De passer, comme nous, les déserts et les ondes,
Ni d'aller chercher d'autres mondes ;
C'est pourquoi vous n'avez qu'un parti qui soit sûr,
C'est de vous renfermer au trou de quelque mur.
Les oisillons, las de l'entendre,
Se mirent à jaser aussi confusément
Que faisaient les Troyens quand la pauvre Cassandre (2)
Ouvrait la bouche seulement.
Il en prit aux uns comme aux autres (3) :
Maint oisillon se vit esclave retenu.

Nous n'écoutons d'instincts que ceux qui sont les nôtres,
Et ne croyons le mal que quand il est venu.

IX

Le Rat de ville et le Rat des champs (4).

Autrefois le rat de ville
Invita le rat des champs,

---

(1) Machine à prendre les oiseaux.
(2) Fille de Priam, prédit les malheurs de Troie, et ne fut crue de personne
(3) *Il en prit*, c'est-à-dire il en arriva.
(4) Horace avait traité le même sujet Sat. 6 du liv. II, v. 80. La Fontaine n'a pas voulu lutter contre un tel modèle, et, après le tableau achevé du poète latin, il s'est contenté de faire une simple esquisse

LIVRE I 49

D'une façon fort civile,
A des reliefs (1) d'ortolans.

Sur un tapis de Turquie
Le couvert se trouva mis.
Je laisse à penser la vie
Que firent ces deux amis.

Le régal fut fort honnête,
Rien ne manquait au festin;
Mais quelqu'un troubla la fête
Pendant qu'ils étaient en train.

A la porte de la salle
Ils entendirent du bruit:
Le rat de ville détale (2);
Son camarade le suit.

Le bruit cesse, on se retire:
Rats en campagne aussitôt;
Et le citadin de dire:
Achevons tout notre rôt.

C'est assez, dit le rustique (3);
Demain vous viendrez chez moi.
Ce n'est pas que je me pique
De tous vos festins de roi;

Mais rien ne vient m'interrompre:
Je mange tout à loisir.
Adieu donc. *Fi du plaisir*
Que la crainte peut corrompre!

(1) *Reliefs.* Voyez sur ce mot la note 5 de la page 39.
(2) *Détale*, c'est-à-dire s'en va précipitamment.
(3) *Le rustique*, c'est-à-dire le paysan. Ce mot n'est plus qu'adjectif.

X

Le Loup et l'Agneau.

La raison du plus fort est toujours la meilleure (1),
Nous l'allons montrer tout à l'heure.

Un agneau se désaltérait
Dans le courant d'une onde pure.
Un loup survint à jeun, qui cherchait aventure,
Et que la faim en ces lieux attirait.
Qui te rend si hardi de troubler mon breuvage?
Dit cet animal plein de rage:
Tu seras châtié de ta témérité (2).
Sire, répond l'agneau, que Votre Majesté
Ne se mette pas en colère;
Mais plutôt qu'elle considère
Que je me vas désaltérant
Dans le courant

(1) C'est-à-dire la plus heureuse, celle qui l'emporte bon gré, mal gré. Ainsi entendue, cette pensée n'a plus rien de choquant.

(2) *Tu seras châtié*, etc. Le bon droit de l'agneau et l'injustice du loup se montrent dès le commencement.

Plus de vingt pas au-dessous d'elle ;
Et que, par conséquent, en aucune façon
　　Je ne puis troubler sa boisson (1). —
Tu la troubles ! reprit cette bête cruelle ;
Et je sais que de moi tu médis l'an passé. —
Comment l'aurais-je fait, si je n'étais pas né ?
　　Reprit l'agneau ; je tette encor ma mère. —
　　Si ce n'est toi, c'est donc ton frère. —
Je n'en ai point. — C'est donc quelqu'un des tiens,
　　Car vous ne m'épargnez guère,
　　Vous, vos bergers et vos chiens :
On me l'a dit. Il faut que je me venge.
　　Là-dessus au fond des forêts
　　Le loup l'emporte, et puis le mange,
Sans autre forme de procès (2).

XI

L'Homme et son Image.

POUR M. LE DUC DE LA ROCHEFOUCAULD (3).

Un homme qui s'aimait sans avoir de rivaux
Passait dans son esprit pour le plus beau du monde.
Il accusait toujours les miroirs d'être faux (4),
Vivant plus que content dans son erreur profonde.
Afin de le guérir, le sort officieux
　　Présentait partout à ses yeux

(1) *Je ne puis troubler sa boisson.* L'agneau parle avec calme, parce qu'il est innocent. Le loup parle avec violence, parce qu'il est dans son tort. Son langage est sans suite, parce que la passion ne raisonne pas.

(2) Cette fable est un petit chef-d'œuvre.

(3) Ami et protecteur de la Fontaine, né en 1613, mort en 1680. Il est connu dans les lettres par un livre intitulé *Maximes et Reflexions morales*, dont il est parlé dans les derniers vers de cette fable.

(4) *Il accusait*, etc. Cela n'est guère possible, car il ne se connaissait que par les miroirs.

Les conseillers muets (1) dont se servent nos dames;
Miroirs dans les logis, miroirs chez les marchands,
    Miroirs aux poches des galants,
    Miroirs aux ceintures des femmes.
Que fait notre Narcisse (2)? Il se va confiner
Aux lieux les plus cachés qu'il peut s'imaginer,
N'osant plus des miroirs éprouver l'aventure.
Mais un canal formé par une source pure
    Se trouve en ces lieux écartés :
Il se voit, il se fâche, et ses yeux irrités
Pensent apercevoir une chimère vaine (3).
Il fait tout ce qu'il peut pour éviter cette eau.
    Mais quoi? le canal est si beau,
    Qu'il ne le quitte qu'avec peine.

    On voit bien où je veux venir.
    Je parle à tous; et cette erreur extrême
Est un mal que chacun se plaît d'entretenir.
Notre âme, c'est cet homme amoureux de lui-même;
Tant de miroirs, ce sont les sottises d'autrui,
Miroirs, de nos défauts les peintres légitimes;
    Et quant au canal, c'est celui
    Que chacun sait, le livre des Maximes (4).

XII

Le Dragon à plusieurs têtes et le Dragon à plusieurs queues.

    Un envoyé du Grand Seigneur (5)
Préférait, dit l'histoire, un jour chez l'Empereur (6),

(1) Ces conseillers muets sentent un peu le langage des précieuses.

(2) Narcisse, personnage mythologique, qui mourut pour s'être trop épris de son image qu'il voyait dans l'eau. Par suite on appelle ainsi tout homme infatué de sa beauté.

(3) Chimère, objet imaginaire et qui n'a rien de réel.

(4) Allégorie froide et embrouillée.

(5) *Grand Seigneur*. On appelle ainsi l'empereur ou sultan des Turcs.

(6) *L'Empereur*. Titre particulier alors et longtemps encore après au souverain de l'Allemagne.

Les forces de son maître à celles de l'Empire.
    Un Allemand se mit à dire :
    Notre prince a des dépendants
    Qui de leur chef sont si puissants,
Que chacun d'eux pourrait soudoyer une armée.
    Le chiaoux (1), homme de sens,
    Lui dit : Je sais par renommée
Ce que chaque électeur (2) peut de monde fournir ;
    Et cela me fait souvenir
D'une aventure étrange, et qui pourtant est vraie.
J'étais en un lieu sûr, lorsque je vis passer
Les cent têtes d'une hydre (3) au travers d'une haie.
    Mon sang commence à se glacer ;
    Et je crois qu'à moins on s'effraie.
Je n'en eus toutefois que la peur sans le mal :
    Jamais le corps de l'animal
Ne put venir vers moi ni trouver d'ouverture.
    Je rêvais à cette aventure,
Quand un autre dragon, qui n'avait qu'un seul chef
Et bien plus d'une queue, à passer se présente.
    Me voilà saisi derechef
    D'étonnement et d'épouvante.
Ce chef passe, et le corps, et chaque queue aussi :
Rien ne les empêcha : l'un fit chemin à l'autre.
    Je soutiens qu'il en est ainsi
    De votre empereur et du nôtre (4).

(1) « Corruption du mot *tchaouch*. Les tchaouchs sont des espèces de messagers d'Etat ou d'envoyés du tchaouch-bacha, qui portent les armes du Grand Seigneur, ou introduisent en sa présence les ambassadeurs. » (Walckenaer.)
(2) On appelait électeurs des princes confédérés de l'Allemagne, obligés, en cas de guerre, de fournir un contingent d'hommes. — Ce nom leur vient du privilége qu'ils avaient d'élire l'Empereur.
(3) **Hydre**, nom du serpent fabuleux tué par Hercule dans les marais de Lerne.
(4) Ce récit n'est pas une fable, mais une petite histoire allégorique.

XIII

Les Voleurs et L'Ane.

Pour un âne enlevé deux voleurs se battaient :
L'un voulait le garder, l'autre le voulait vendre.
  Tandis que coups de poing trottaient,
Et que nos champions songeaient à se défendre,
   Arrive un troisième larron,
  Qui saisit maître Aliboron (1).

L'âne, c'est quelquefois une pauvre province :
  Les voleurs sont tel et tel prince,
Comme le Transylvain, le Turc et le Hongrois.
  Au lieu de deux, j'en ai rencontré trois :
  Il est assez de cette marchandise.
De nul d'eux n'est souvent la province conquise :
Un quart (2) voleur survient, qui les accorde net
  En se saisissant du baudet.

XIV

Simonide préservé par les Dieux.

La louange chatouille et gagne les esprits :
Voyons comme les dieux l'ont quelquefois payée.
   Simonide (3) avait entrepris
L'éloge d'un athlète ; et, la chose essayée,

---

(1) Il paraît qu'un avocat plaidant en latin s'écria un jour : *Nulla ratio habenda est istorum aliborum.* On ne doit pas tenir compte de ces *alibi*. *Aliborum* est un barbarisme ; on appela depuis cet avocat maître *aliborum*, pour marquer son ignorance ; de là ce nom est passé naturellement à l'âne.

(2) *Un quart*, c'est-à-dire un quatrième. Cette expression était déjà vieillie en ce sens du temps de la Fontaine.

(3) Poëte élégiaque grec dont il reste seulement quelques fragments. Il naquit dans l'île de Céos, l'an 558 avant J.-C., et mourut l'an 468.

Il trouva son sujet plein de récits tout nus.
Les parents de l'athlète étaient gens inconnus;
Son père, un bon bourgeois; lui, sans autre mérite:
    Matière infertile et petite.
Le poëte d'abord parla de son héros.
Après en avoir dit ce qu'il en pouvait dire,
Il se jette à côté, se met sur le propos
De Castor et Pollux (1); ne manque pas d'écrire
Que leur exemple était aux lutteurs glorieux;
Élève leurs combats, spécifiant les lieux
Où ces frères s'étaient signalés davantage:
    Enfin l'éloge de ces dieux
    Faisait les deux tiers de l'ouvrage.
L'athlète avait promis d'en payer un talent (2);
    Mais, quand il le vit, le galant
N'en donna que le tiers, et dit fort franchement
Que Castor et Pollux acquittassent le reste.
Faites-vous contenter par ce couple céleste.
    Je vous veux traiter cependant:
Venez souper chez moi, nous ferons bonne vie.
    Les conviés sont gens choisis,
    Mes parents, mes meilleurs amis,
    Soyez donc de la compagnie.
Simonide promit. Peut-être qu'il eut peur
De perdre, outre son dû, le gré de sa louange (3).
    Il vient: l'on festine, l'on mange.
    Chacun étant en belle humeur,
Un domestique accourt l'avertir qu'à la porte
Deux hommes demandaient à le voir promptement.
    Il sort de table, et la cohorte
    N'en perd pas un seul coup de dent.
Ces deux hommes étaient les gémeaux de l'éloge.
Tous deux lui rendent grâce; et, pour prix de ses ver
    Ils l'avertissent qu'il déloge,
Et que cette maison va tomber à l'envers.
    La prédiction en fut vraie.
    Un pilier manque, et le plafond,
    Ne trouvant plus rien qui l'étaie,

---

(1) Frères jumeaux, demi-dieux de la Fable, et protecteurs des athlètes. Ils forment au ciel la constellation des Gémeaux.
(2) Monnaie attique valant 5216 fr. 65 cent.
(3) Le gré, c'est-à-dire l'agrément de sa louange.

Tombe sur le festin, brise plats et flacons,
    N'en fait pas moins aux échansons.
Ce ne fut pas le pis : car, pour rendre complète
    La vengeance due au poëte,
Une poutre cassa les jambes à l'athlète,
    Et renvoya les conviés
    Pour la plupart estropiés.
La renommée eut soin de publier l'affaire ;
Chacun cria : Miracle ! On doubla le salaire
Que méritaient les vers d'un homme aimé des dieux.
    Il n'était fils de bonne mère
    Qui, les payant à qui mieux mieux,
    Pour ses ancêtres n'en fît faire.

Je reviens à mon texte, et dis premièrement
Qu'on ne saurait manquer de louer largement
Les dieux et leurs pareils ; de plus que Melpomène,
Souvent, sans déroger, trafique de sa peine ;
Enfin qu'on doit tenir notre art en quelque prix.
Les grands se font honneur dès lors qu'ils nous font grâce.
    Jadis l'Olympe et le Parnasse
    Etaient frères et bons amis.

XV

La Mort et le Malheureux.

    Un malheureux appelait tous les jours
        La mort à son secours.
O Mort ! lui disait-il, que tu me sembles belle !
Viens vite ! viens finir ma fortune cruelle !
La Mort crut, en venant, l'obliger en effet.
Elle frappe à sa porte, elle entre, elle se montre.
Que vois-je ! cria-t-il ; ôtez-moi cet objet !
    Qu'il est hideux ! que sa rencontre
    Me cause d'horreur et d'effroi !
N'approche pas, ô Mort ! ô Mort, retire-toi !

LIVRE I

Mécénas (1) fut un galant homme :
Il a dit quelque part : *Qu'on me rende impotent,
Cul-de-jatte, goutteux, manchot, pourvu qu'en somme
Je vive, c'est assez, je suis plus que content.
Ne viens jamais, ô Mort ! on t'en dit tout autant* (2).

Ce sujet a été traité d'une autre façon par Ésope, comme la fable suivante le fera voir. Je composai celle-ci pour une raison qui me contraignait de rendre la chose ainsi générale. Mais quelqu'un me fit connaître que j'eusse beaucoup mieux fait de suivre mon original, et que je laissais passer un des plus beaux traits qui fût dans Ésope. Cela m'obligea d'y avoir recours. Nous ne saurions aller plus avant que les anciens : ils ne nous ont laissé pour notre part que la gloire de les bien suivre. Je joins toutefois ma fable à celle d'Ésope, non que la mienne le mérite, mais à cause du mot de Mécénas que j'y fais entrer, et qui est si beau et si à propos, que je n'ai pas cru le devoir omettre.

XVI

La Mort et le Bûcheron.

Un pauvre bûcheron tout couvert de ramée,
Sous le faix d'un fagot aussi bien que des ans,

(1) Mécène, favori d'Auguste, ami de Virgile et d'Horace.
(2) Les paroles de Mécène que traduit ici la Fontaine sont citées par Sénèque, qui les regarde comme « un monument odieux de la crainte la plus folle », lettre 101e. Elles expriment le sentiment le plus naturel à l'homme, l'amour de la vie ; mais elles ne sont pas si belles que le prétend la Fontaine. Nous devons user de la vie de manière à être toujours prêts à la quitter.

Gémissant et courbé, marchait à pas pesants,
Et tâchait de gagner sa chaumine enfumée (1).
Enfin, n'en pouvant plus d'effort et de douleur,
Il met bas son fagot, il songe à son malheur.
Quel plaisir a-t-il eu depuis qu'il est au monde?
En est-il un plus pauvre en la machine ronde (2)?
Point de pain quelquefois, et jamais de repos :
Sa femme, ses enfants, les soldats, les impôts,
  Le créancier et la corvée (3),
Lui font d'un malheureux la peinture achevée.
Il appelle la Mort. Elle vient sans tarder,
  Lui demande ce qu'il faut faire.
  C'est, dit-il, afin de m'aider
A recharger ce bois; tu ne tarderas guère (4).

Le trépas vient tout guérir;
Mais ne bougeons d'où nous sommes :
PLUTÔT SOUFFRIR QUE MOURIR,
C'est la devise des hommes (5).

(1) Ces quatre vers sont pleins de poésie, d'harmonie, de vérité
(2) *En la machine ronde,* sur la terre.
(3) *Corvée,* travail que l'Etat ou les seigneurs exigeaient comme une redevance.
(4) C'est-à-dire cela ne te causera guère de retard. C'est le *non estmora longa* d'Horace, livre I, ode 23.
(5) Boileau et J.-B. Rousseau, qui ont refait cette fable son restés bien au-dessous de la Fontaine.

XVII

Le Renard et la Cigogne.

Compère (1) le renard se mit un jour en frais,
Et retint à dîner (2) commère la cigogne.
Ce régal fut petit et sans beaucoup d'apprêts :
  Le galant, pour toute besogne (3),
Avait un brouet clair; il vivait chichement.
Ce brouet fut par lui servi sur une assiette :
La cigogne au long bec n'en put attraper miette;
Et le drôle eut lapé (4) le tout en un moment.
 Pour se venger de cette tromperie,
A quelque temps de là la cigogne le prie.
Volontiers, lui dit-il; car avec mes amis
  Je ne fais point de cérémonie.
A l'heure dite, il courut au logis

---

(1) *Compère, commère*, sont des titres qui supposent une familiarité affectueuse.
(2) *Et retint à dîner.* « Le renard fait les avances, ce qui rend l'affront fait à la cigogne plus piquant. » (Batteux.)
(3) *Pour toute besogne*, c'est-à-dire pour tout mets.
(4) « *Laper*, boire en tirant avec sa langue. Il se dit de quelques quadrupèdes, et particulièrement du chien. » (*Acad.*)

De la cigogne son hôtesse ;
Loua très-fort sa politesse ;
Trouva le dîner cuit à point.
Bon appétit surtout : renards n'en manquent point.
Il se réjouissait à l'odeur de la viande,
Mise en menus morceaux, et qu'il croyait friande.
On servit, pour l'embarrasser,
En un vase à long col et d'étroite embouchure.
Le bec de la cigogne y pouvait bien passer ;
Mais le museau du sire était d'autre mesure.
Il lui fallut à jeun retourner au logis,
Honteux comme un renard qu'une poule aurait pris,
Serrant la queue, et portant bas l'oreille.

Trompeurs, c'est pour vous que j'écris :
Attendez-vous à la pareille.

XVIII

L'Enfant et le Maître d'école.

Dans ce récit je prétends faire voir
D'un certain sot la remontrance vaine.
Un jeune enfant dans l'eau se laissa choir (1)
En badinant sur les bords de la Seine.
Le Ciel permit qu'un saule se trouva,
Dont le branchage, après Dieu, le sauva.
S'étant pris, dis-je, aux branches de ce saule,
Par cet endroit passe un maître d'école ;
L'enfant lui crie : Au secours ! je péris !
Le magister, se tournant à ses cris,
D'un ton fort grave à contre-temps s'avise
De le tancer. Ah ! le petit babouin (2) !
Voyez, dit-il, où l'a mis sa sottise !
Et puis prenez de tels fripons le soin !

(1) *Choir*, vieux verbe, synonyme de tomber, et qui n'est plus guère usité qu'à l'infinitif.
(2) *Babouin*, espèce de singe. Ce mot se dit au figuré d'un enfant étourdi.

Que les parents sont malheureux, qu'il faille
Toujours veiller à semblable canaille !
Qu'ils ont de maux ! et que je plains leur sort !
Ayant tout dit (1), il mit l'enfant à bord.

Je blâme ici plus de gens qu'on ne pense.
Tout babillard, tout censeur, tout pédant
Se peut connaître au discours que j'avance.
Chacun des trois fait un peuple fort grand :
Le Créateur en a béni l'engeance.
En toute affaire ils ne font que songer
  Au moyen d'exercer leur langue.
Eh ! mon ami, tire-moi du danger,
  Tu feras après ta harangue.

XIX

Le Coq et la Perle.

Un jour un coq détourna (2)
Une perle, qu'il donna

---

(1) *Ayant tout dit.* « Heureusement il ne lui restait plus rien à dire, sans quoi l'enfant était perdu. » (Guillon.)
(2) *Détourna*, c'est-à-dire trouva en grattant la terre.

Au beau premier lapidaire (1).
Je la crois fine, dit-il ;
Mais le moindre grain de mil (2)
Serait bien mieux mon affaire.

Un ignorant hérita
D'un manuscrit, qu'il porta
Chez son voisin le libraire.
Je crois, dit-il, qu'il est bon ;
Mais le moindre ducaton (3)
Serait bien mieux mon affaire.

XX

Les Frelons et les Mouches à miel.

A l'œuvre on connaît l'artisan.

Quelques rayons de miel sans maître se trouvèrent :
    Des frelons les réclamèrent.
    Des abeilles s'opposant,
Devant certaine guêpe on traduisit la cause.
Il était malaisé de décider la chose :
Les témoins déposaient qu'autour de ces rayons
Des animaux ailés, bourdonnants, un peu longs,
De couleur fort tannée, et tels que les abeilles,
Avaient longtemps paru. Mais quoi ! dans les frelons
    Ces enseignes étaient pareilles.
La guêpe, ne sachant que dire à ces raisons,
Fit enquête nouvelle, et, pour plus de lumière,
    Entendit une fourmilière (4).
    Le point n'en put être éclairci.
    De grâce, à quoi bon tout ceci ?

(1) *Lapidaire*, ouvrier qui taille les pierres fines.
(2) *Mil*, petite graine d'une plante du même nom.
(3) *Ducaton*, monnaie de Hollande et de Venise, valant cinq à six francs.
(4) *Entendit une fourmilière*. Satire indirecte des enquêtes sans fin et sans résultat.

Dit une abeille fort prudente.
Depuis tantôt six mois que l'affaire est pendante,
Nous voici comme aux premiers jours.
Pendant cela le miel se gâte.
Il est temps désormais que le juge se hâte :
N'a-t-il point assez léché (1) l'ours?
Sans tant de contredits (2), et d'interlocutoires,
Et de fatras, et de grimoires,
Travaillons, les frelons et nous :
On verra qui sait faire, avec un suc si doux,
Des cellules si bien bâties.
Le refus des frelons fit voir
Que cet art passait leur savoir;
Et la guêpe adjugea le miel à leurs parties.

Plût à Dieu qu'on réglât ainsi tous les procès!
Que des Turcs en cela l'on suivît la méthode!
Le simple sens commun nous tiendrait lieu de code :
  Il ne faudrait point tant de frais;
  Au lieu qu'on nous mange, on nous gruge,
  On nous mine par des longueurs;
On fait tant, à la fin, que l'huître est pour le juge,
  Les écailles pour les plaideurs (3).

(1) *N'a-t-il pas assez léché l'ours*, c'est-à-dire fait durer le procès. Allusion à ce passage de Rabelais : Un procès à sa naissance première me semble informe et imparfait comme un ours naissant, etc.
(2) *Sans tant de contredits*, etc., termes de procédure.
(3) V. ci-après liv. IX, fable 6.

XXI

Le Chêne et le Roseau.

    Le chêne un jour dit au roseau (1) :
Vous avez bien sujet d'accuser la nature ;
Un roitelet pour vous est un pesant fardeau :
    Le moindre vent qui d'aventure
    Fait rider la face de l'eau,
    Vous oblige à baisser la tête (2) ;
Cependant que (3) mon front, au Caucase (4) pareil,
Non content d'arrêter les rayons du soleil,
    Brave l'effort de la tempête.
Tout vous est aquilon, tout me semble zéphyr.
Encor si vous naissiez à l'abri du feuillage
    Dont je couvre le voisinage,
    Vous n'auriez pas tant à souffrir ;
    Je vous défendrais de l'orage :

---

(1) Exposition nette et vive.
(2) Chaque mot du chêne fait sentir au roseau sa faiblesse.
(3) *Cependant que* pour *tandis que* est du style de la poésie levée.
(4) Haute montagne d'Asie.

Mais vous naissez le plus souvent
Sur les humides bords des royaumes du vent.
La nature envers vous me semble bien injuste(1).
Notre compassion, lui répondit l'arbuste,
Part d'un bon naturel ; mais quittez ce souci :
　　Les vents me sont moins qu'à vous redoutables ;
Je plie, et ne romps pas. Vous avez jusqu'ici
　　　　Contre leurs coups épouvantables
　　　　Résisté (2) sans courber le dos ;
Mais attendons la fin. Comme il disait ces mots,
Au bout de l'horizon accourt avec furie
　　　Le plus terrible des enfants
Que le Nord eût portés jusque-là dans ses flancs (3).
　　　L'arbre tient bon, le roseau plie.
　　　Le vent redouble ses efforts,
　　　Et fait si bien qu'il déracine
Celui de qui la tête au ciel était voisine (4),
Et dont les pieds touchaient à l'empire des morts (5).

(1) Tout ce petit discours est plein d'une pitié insultante pour le fond, et de la plus riche poésie dans la forme.
(2) *Résister contre leurs coups* est peut-être peu conforme à la grammaire ; mais cela est plus énergique que *résister à...*
(3) « La Fontaine décrit l'orage avec la pompe de style que le chêne a employée en parlant de lui-même. » (Chamfort.)
(4) *Voisine au ciel*, latinisme, pour : voisine du ciel.
(5) Image grandiose imitée de Virgile. (Géorg., II, 292.)

FIN DU LIVRE PREMIER

LIVRE DEUXIÈME

I

Conseil tenu par les Rats.

Un chat nommé Rodilardus (1)
Faisait des rats telle déconfiture (2),
Que l'on n'en voyait presque plus,
Tant il en avait mis dedans (3) la sépulture.
Le peu qu'il en restait, n'osant quitter son trou,
Ne trouvait à manger que le quart de son soûl;
Et Rodilard passait, chez la gent misérable,
Non pour un chat, mais pour un diable.
Or un jour qu'au haut et au loin
Le galant alla chercher femme,

(1) Nom composé de deux mots latins, qui signifie *rongelard*.
(2) *Déconfiture*, destruction. Ce mot n'est plus usité que dans le langage familier, pour exprimer les désastres des spéculateurs.
(3) *Dedans* était alors préposition.

Pendant tout le sabbat qu'il fit avec sa dame,
Le demeurant des rats tint chapitre (1) en un coin
      Sur la nécessité présente.
Dès l'abord, leur doyen, personne fort prudente,
Opina qu'il fallait, et plus tôt que plus tard,
Attacher un grelot au cou de Rodilard ;
      Qu'ainsi, quand il irait en guerre,
De sa marche avertis, ils s'enfuiraient sous terre ;
      Qu'il n'y savait que ce moyen.
Chacun fut de l'avis de monsieur le doyen :
Chose ne leur parut à tous plus salutaire.
La difficulté fut d'attacher le grelot.
L'un dit : Je n'y vas point, je ne suis pas si sot ;
L'autre : Je ne saurais. Si bien que sans rien faire
      On se quitta. J'ai maints chapitres vus (2)
      Qui pour néant se sont ainsi tenus ;
Chapitres, non de rats, mais chapitres de moines ;
      Voire (3) chapitres de chanoines.

    Ne faut-il que délibérer,
    La cour en conseillers foisonne ;
    Est-il besoin d'exécuter,
    L'on ne rencontre plus personne.

(1) *Chapitre.* Proprement assemblée de religieux. — *Tenir chapitre,* s'assembler.

(2) *Chapitres* se trouve ici complément de *j'ai,* et *vus* se rapporte à *chapitres.* Cette construction n'est plus usitée, et l'inversion n'empêche pas le participe d'être invariable.

(3) *Voire,* vieux mot qui signifie même.

II

Le Loup plaidant contre le Renard par-devant le Singe.

Un loup disait que l'on l'avait volé :
Un renard son voisin, d'assez mauvaise vie,
Pour ce prétendu vol par lui fut appelé.
  Devant le singe il fut plaidé,
Non point par avocats, mais par chaque partie.
  Thémis (1) n'avait point travaillé,
De mémoire de singe, a fait plus embrouillé.
Le magistrat suait en son lit de justice (2).
  Après qu'on eut bien contesté,
  Répliqué, crié, tempêté,
  Le juge, instruit de leur malice,
Leur dit : Je vous connais de longtemps, mes amis,
  Et tous deux vous payerez l'amende :
Car toi, loup, tu te plains, quoiqu'on ne t'ait rien pris;
Et toi, renard, as pris ce que l'on te demande.

(1) Déesse de la justice.
(2) *Lit de justice*, c'est-à-dire ici *tribunal*. Proprement, *lit de justice* signifie une séance solennelle du roi de France au parlement pour délibérer sur une affaire importante.

*Le juge prétendait qu'à tort et à travers
On ne saurait manquer, condamnant un pervers* (1).

Quelques personnes de bon sens ont cru que l'impossibilité et la contradiction qui est dans le jugement de ce singe était une chose à censurer : mais je ne m'en suis servi qu'après Phèdre ; et c'est en cela que consiste le bon mot, selon mon avis.
(*Note de la Fontaine.*)

III

Les deux Taureaux et la Grenouille.

Deux taureaux combattaient à qui posséderait
    Une génisse avec l'empire.
    Une grenouille en soupirait.
    Qu'avez-vous? se mit à lui dire
    Quelqu'un du peuple coassant (2).
    Eh! ne voyez-vous pas, dit-elle,
    Que la fin de cette querelle
Sera l'exil de l'un ; que l'autre, le chassant,
Le fera renoncer aux campagnes fleuries?
Il ne règnera plus sur l'herbe des prairies,
Viendra dans nos marais régner sur les roseaux (3) ;
Et, nous foulant aux pieds jusques au fond des eaux,
Tantôt l'une, et puis l'autre, il faudra qu'on pâtisse
Du combat qu'a causé madame (4) la génisse.
    Cette crainte était de bon sens.
    L'un des taureaux en leur demeure
    S'alla cacher à leurs dépens.
    Il en écrasait vingt par heure.

(1) Il ne faudrait pas prendre cette maxime trop à la lettre ; on pourrait la trouver fausse.
(2) *Ce peuple coassant* est le peuple des grenouilles.
(3) « Voici encore un exemple de l'artifice et du naturel avec lequel la Fontaine passe du ton le plus simple à celui de la haute poésie. Avec quelle grâce il revient au style familier dans les vers suivants! » (Chamfort.)
(4) *Madame.* Ce titre est donné ici à la génisse par ironie.

Hélas! on voit que de tout temps
Les petits ont pâti des sottises des grands (1).

IV

La Chauve-Souris et les deux Belettes.

Une chauve-souris donna tête baissée
Dans un nid de belette; et, sitôt qu'elle y fut,
L'autre, envers les souris de longtemps courroucée,
    Pour la dévorer accourut.
Quoi! vous osez, dit-elle, à mes yeux vous produire,
Après que votre race a tâché de me nuire!
N'êtes-vous pas souris? Parlez sans fiction.
Oui, vous l'êtes; ou bien je ne suis pas belette.
    — Pardonnez-moi, dit la pauvrette,
    Ce n'est pas ma profession (2).
Moi, souris! des méchants vous ont dit ces nouvelles.
    Grâce à l'auteur de l'univers,
    Je suis oiseau, voyez mes ailes:
    Vive la gent qui fend les airs!
    Sa raison plut et sembla bonne,
    Elle fait si bien, qu'on lui donne
    Liberté de se retirer.
    Deux jours après notre étourdie
    Aveuglément se va fourrer
Chez une autre belette aux oiseaux ennemie (3).
La voilà derechef en danger de sa vie.
La dame du logis avec son long museau
S'en allait la croquer en qualité d'oiseau,
Quand elle protesta qu'on lui faisait outrage :

---

(1) Imitation de ce vers d'Horace :
    Quidquid delirant reges plectuntur Achivi.
Toutes les folies des rois retombent sur les Grecs.
  (2) *Profession.* Ce mot a quelque chose de plaisant qui convient peu à la situation de la chauve-souris.
  (3) *Aux oiseaux ennemie*; latinisme, pour *ennemie des oiseaux*.

Moi, pour telle (1) passer! Vous n'y regardez pas.
Qui (2) fait l'oiseau? c'est le plumage.
Je suis souris : vivent les rats !
Jupiter confonde les chats !
Par cette adroite repartie
Elle sauva deux fois sa vie.

Plusieurs se sont trouvés qui, d'écharpe changeants (3).
Aux dangers, ainsi qu'elle, ont souvent fait la figue (4),
Le sage (5) *dit, selon les gens :*
Vive le Roi ! Vive la Ligue (6)!

V

L'Oiseau blessé d'une flèche.

Mortellement atteint d'une flèche empennée (7),
Un oiseau déplorait sa triste destinée,

(1) Il faudrait *tel*, car c'est de l'oiseau qu'il s'agit.
(2) *Qui* pour *qu'est-ce qui*.
(3) Ce participe doit ici être invariable.
(4) Vieux mot qui signifie se moquer.
(5) « Ce n'est point le sage qui dit cela, c'est le fourbe, et même le fourbe impudent. » (Chamfort.)
(6) Parti formé par les Guises contre le roi Henri III, et qui fut vaincu par Henri IV.
(7) Armée de plumes, ailée.

Et disait en souffrant un surcroît de douleur:
Faut-il contribuer à son propre malheur!
  Cruels humains, vous tirez de nos ailes
De quoi faire voler ces machines mortelles!
Mais ne vous moquez point, engeance sans pitié:
Souvent il vous arrive un sort comme le nôtre.

Des enfants de Japet (1) *toujours une moitié*
 Fournira des armes à l'autre.

VI

La Lice et sa compagne.

  Une lice étant sur son terme,
Et ne sachant où mettre un fardeau si pressant,
Fait si bien qu'à la fin sa compagne consent
De lui prêter sa hutte, où la lice s'enferme.
Au bout de quelque temps sa compagne revient.
La lice lui demande encore une quinzaine:
Ses petits ne marchaient, disait-elle, qu'à peine.
  Pour faire court (2), elle l'obtient.
Ce second terme échu, l'autre lui redemande
  Sa maison, sa chambre, son lit.
La lice cette fois montre les dents, et dit:
Je suis prête à sortir avec toute ma bande
  Si vous pouvez nous mettre hors.
  Ses enfants étaient déjà forts.

Ce qu'on donne aux méchants, toujours on le regrette;
 Pour tirer d'eux ce qu'on leur prête,
 Il faut que l'on en vienne aux coups,
 Il faut plaider, il faut combattre.
 Laissez-leur prendre un pied chez vous (3),
 Ils en auront bientôt pris quatre.

(1) *Des enfants de Japet*, c'est-à-dire du genre humain.
(2) En un mot, bref.
(3) Ces deux derniers vers sont passés en proverbe.

VII

L'Aigle et l'Escarbot.

L'aigle donnait la chasse à maître Jean lapin,
Qui droit à son terrier s'enfuyait au plus vite.
Le trou de l'escarbot (1) se rencontre en chemin.
    Je laisse à penser si ce gîte
Était sûr : mais où mieux ? Jean lapin s'y blottit.
L'aigle fondant sur lui nonobstant cet asile,
    L'escarbot intercède et dit :
Princesse (2) des oiseaux, il vous est fort facile
D'enlever malgré moi ce pauvre malheureux :
Mais ne me faites pas cet affront, je vous prie ;
Et puisque Jean lapin vous demande la vie,
Donnez-la-lui, de grâce, ou l'ôtez à tous deux :
    C'est mon voisin, c'est mon compère.
L'oiseau de Jupiter, sans répondre un seul mot,

---

(1) L'escarbot est une espèce de scarabée de la grosseur du doigt. Son terrier est bien étroit pour loger un lapin.
(2) *Princesse.* L'aigle était masculin et féminin au temps de la Fontaine ; d'ailleurs il fallait nécessairement le féminin dans cette fable, puisqu'il s'agit d'une mère.

Choque de l'aile l'escarbot,
L'étourdit, l'oblige à se taire,
Enlève Jean lapin. L'escarbot, indigné,
Vole au nid de l'oiseau, fracasse en son absence
Ses œufs, ses tendres œufs, sa plus douce espérance (1) :
    Pas un seul ne fut épargné.
L'aigle, étant de retour, et voyant ce ménage (2),
Remplit le ciel de cris, et, pour comble de rage,
Ne sait sur qui venger le tort qu'elle a souffert.
Elle gémit en vain, sa plainte au vent se perd.
Il fallut pour cet an vivre en mère affligée.
L'an suivant, elle mit son nid en lieu plus haut.
L'escarbot prend son temps, fait faire aux œufs le saut.
La mort de Jean lapin derechef est vengée.
Ce second deuil fut tel, que l'écho de ces bois
    N'en dormit de plus de six mois.
    L'oiseau qui porte Ganymède (3)
Du monarque des dieux enfin implore l'aide,
Dépose en son giron ses œufs, et croit qu'en paix
Ils seront dans ce lieu ; que, pour ses intérêts,
Jupiter se verra contraint de les défendre :
    Hardi qui les irait là prendre.
    Aussi ne les y prit-on pas.
    Leur ennemi changea de note,
Sur la robe du dieu fit tomber une crotte :
Le dieu en la secouant jeta les œufs à bas.
    Quand l'aigle sut l'inadvertance,
    Elle menaça Jupiter
D'abandonner sa cour, d'aller vivre au désert,
    De quitter toute dépendance :
    Avec mainte autre extravagance.
    Le pauvre Jupiter se tut.
Devant son tribunal l'escarbot comparut,
    Fit sa plainte, et conta l'affaire.
On fit entendre à l'aigle, enfin, qu'elle avait tort ;
Mais les deux ennemis ne voulant point d'accord,

---

(1) « Ce vers est d'une sensibilité si douce qu'il fait plaindre l'aigle, malgré le rôle odieux qu'elle joue dans cette fable. » (Chamfort.)

(2) *Ménage*, c'est-à-dire état de la maison ; ce mot n'a plus ce sens.

(3) C'est-à-dire l'aigle. Ganymède était l'échanson de Jupiter.

Le monarque des dieux s'avisa, pour bien faire,
De transporter le temps où l'aigle fait l'amour
En une autre saison, quand la race escarbote
Est en quartier d'hiver, et, comme la marmotte (1),
    Se cache et ne voit point le jour.

VII

Le Lion et le Moucheron.

Va-t'en, chétif insecte, excrément de la terre!
    C'est en ces mots que le lion
    Parlait un jour au moucheron.
    L'autre lui déclara la guerre.
Penses-tu, lui dit-il, que ton titre de roi
    Me fasse peur ni me soucie (2)?
    Un bœuf est plus puissant que toi (3);
    Je le mène à ma fantaisie.
    A peine il achevait ces mots,
    Que lui-même il sonna la charge,
    Fut le trompette et le héros.
    Dans l'abord il se met au large,

(1) On sait que la marmotte tombe en léthargie pendant l'hiver.
(2) Ce verbe ne s'emploie plus que comme *réfléchi*.
(3) *Puissant*. Ce mot ne marque ici que la taille de l'animal.

                    Puis prend son temps, fond sur le cou
                        Du lion, qu'il rend presque fou.
Le quadrupède écume, et son œil étincelle (1) :
Il rugit. On se cache, on tremble à l'environ (2) :
                    Et cette alarme universelle
                    Est l'ouvrage d'un moucheron.
Un avorton de mouche en cent lieux le harcelle ;
Tantôt pique l'échine, et tantôt le museau,
                    Tantôt entre au fond du naseau.
La rage alors se trouve à son faîte montée.
L'invisible ennemi triomphe, et rit de voir
Qu'il n'est griffe ni dent en la bête irritée
Qui de la mettre en sang ne fasse son devoir.
Le malheureux lion se déchire lui-même,
Fait résonner sa queue alentour de ses flancs,
Bat l'air, qui n'en peut mais (3) ; et sa fureur extrême
Le fatigue, l'abat : le voilà sur les dents.
L'insecte du combat se retire avec gloire :
Comme il sonna la charge, il sonne la victoire,
Va partout l'annoncer, et rencontre en chemin
                    L'embuscade d'une araignée :
                    Il y rencontre aussi sa fin.

Quelle chose par là nous peut être enseignée ?
J'en vois deux, dont l'une est qu'*entre nos ennemis*
Les plus à craindre sont souvent les plus petits ;
L'autre, qu'*aux grands périls tel a pu se soustraire,*
    Qui périt pour la moindre affaire.

(1) « Tableau admirable qui ne le cède peut-être qu'à ceux qui suivent. Quel combat, quelle victoire, quel triomphe ! et tout cela finit à l'embuscade d'une araignée ! » (Ch. Nodier.)
(2) Il faudrait *aux environs*.
(3) *Qui n'en peut mais*, c'est-à-dire qui n'en est pas cause.

IX

L'Ane chargé d'éponges et l'Ane chargé de sel.

Un ânier, son sceptre (1) à la main,
Menait en empereur romain
Deux coursiers à longues oreilles.
L'un, d'éponges chargé, marchait comme un courrier;
Et l'autre, se faisant prier,
Portait, comme on dit, les bouteilles (2) :
Sa charge était de sel. Nos gaillards pèlerins,
Par monts, par vaux (3) et par chemins,
Au gué d'une rivière à la fin arrivèrent,
Et fort empêchés se trouvèrent.
L'ânier, qui tous les jours traversait ce gué-là,
Sur l'âne à l'éponge monta,
Chassant devant lui l'autre bête,
Qui, voulant en faire à sa tête,

(1) Ce sceptre n'est autre chose qu'un fouet ou un bâton ; mais c'est le signe de l'autorité de l'ânier.
(2) C'est-à-dire, marcher lentement ; car les bouteilles sont fragiles et exigent de la précaution.
(3) Pluriel du mot *val*, vallée. Il n'est plus usité que dans cet exemple.

Dans un trou se précipita,
Revint sur l'eau, puis échappa;
Car, au bout de quelques nagées (1),
Tout son sel se fondit si bien,
Que le baudet ne sentit rien
Sur ses épaules soulagées.
Camarade épongier (2) prit exemple sur lui,
Comme un mouton qui va dessus la voie d'autrui.
Voilà mon âne à l'eau; jusqu'au col il se plonge;
Lui, le conducteur et l'éponge,
Tous trois burent d'autant : l'ânier et le grison
Firent à l'éponge raison (3).
Celle-ci devint si pesante,
Et de tant d'eau s'emplit d'abord,
Que l'âne, succombant, ne put gagner le bord.
L'ânier l'embrassait, dans l'attente
D'une prompte et certaine mort.
Quelqu'un vint au secours : qui ce fut, il n'importe;
C'est assez qu'on ait vu par là qu'*il ne faut point
Agir chacun de même sorte.*
J'en voulais venir à ce point.

X

Le Lion et le Rat.

*Il faut, autant qu'on peut, obliger tout le monde;
On a souvent besoin d'un plus petit que soi.*
De cette vérité deux fables feront foi,
Tant la chose en preuves abonde.
Entre les pattes d'un lion,
Un rat sortit de terre assez à l'étourdie.
Le roi des animaux, en cette occasion,
Montra ce qu'il était (4), et lui donna la vie.

(1) *Nagée*, élan de celui qui nage.
(2) Mot créé par la Fontaine, comme celui de besacier. (Livre I, fable 7.)
(3) C'est-à-dire burent autant que l'éponge.
(4) C'est-à-dire se montra généreux.

Ce bienfait ne fut pas perdu.
Quelqu'un aurait-il jamais cru
Qu'un lion d'un rat eût affaire?
Cependant il advint qu'au sortir des forêts
Ce lion fut pris dans des rets (1)
Dont ses rugissements ne le purent défaire.
Sire rat accourut, et fit tant par ses dents
Qu'une maille rongée emporta tout l'ouvrage.

*Patience et longueur de temps
Font plus que force ni que rage.*

X

La Colombe et la Fourmi.

L'autre exemple est tiré d'animaux plus petits.
Le long d'un clair ruisseau buvait une colombe,
Quand sur l'eau se penchant une fourmis (2) y tombe;
Et dans cet océan (3) l'on eût vu la fourmis

(1) *Rets*, filets.
(2) *Fourmis*, vieille orthographe pour *fourmi*, quoique cette dernière eût déjà prévalu du temps de la Fontaine.
(3) « Les termes d'*océan* et de *promontoire*, pris dans le rapport d'une fourmi avec un ruisseau et un brin de paille, sont des hyperboles pleines de goût. » (Ch. Nodier.)

S'efforcer, mais en vain, de regagner la rive.
La colombe aussitôt usa de charité :
Un brin d'herbe dans l'eau par elle étant jeté,
Ce fut un promontoire où la fourmis arrive.
  Elle se sauve. Et là-dessus
Passe un certain croquant (1) qui marchait les pieds nus;
Ce croquant, par hasard, avait une arbalète.
  Dès qu'il vit l'oiseau de Vénus,
Il le croit en son pot, et déjà lui fait fête.
Tandis qu'à le tuer mon villageois s'apprête,
  La fourmis le pique au talon.
  Le vilain retourne la tête :
La colombe l'entend, part et tire de long.
Le souper du croquant avec elle s'envole (2) :
  Point de pigeon pour une obole.

XII

L'Astrologue qui se laisse tomber dans un puits (3).

Un astrologue un jour se laissa choir
Au fond d'un puits. On lui dit : *Pauvre bête,*
Tandis qu'à peine à tes pieds tu peux voir,
Penses-tu lire au-dessus de ta tête ?
Cette aventure en soi, sans aller plus avant,
Peut servir de leçon à la plupart des hommes.
Parmi ce que de gens sur la terre nous sommes,
  Il en est peu qui fort souvent
  Ne se plaisent d'entendre dire
Qu'au livre du Destin les mortels peuvent lire.

(1) Paysan. Nom donné aux paysans de la Guienne qui, s'étant révoltés sous Henri IV et Louis XIII, étaient armés de crocs.
(2) « Ce vers est à la fois une réflexion et une image. » (Ch. Nodier.)
(3) L'astrologie est une science chimérique qui prétend connaître la destinée des hommes par l'observation des astres.

Mais ce livre, qu'Homère (1) et les siens ont chanté,
Qu'est-ce, que le Hasard parmi l'antiquité,
    Et parmi nous la Providence?
  Or, du hasard il n'est point de science :
    S'il en était on aurait tort
De l'appeler hasard, ni fortune, ni sort,
    Toutes choses très-incertaines.
    Quant aux volontés souveraines
De Celui qui fait tout, et rien qu'avec dessein,
Qui les sait, que lui seul? comment lire en son sein?
Aurait-il imprimé sur le front des étoiles
Ce que la nuit des temps enferme dans ses voiles (2)?
A quelle utilité? Pour exercer l'esprit
De ceux qui de la sphère et du globe ont écrit?
Pour nous faire éviter des maux inévitables?
Nous rendre, dans les biens, de plaisirs incapables?
Et, causant du dégoût pour ces biens prévenus,
Les convertir en maux devant qu'ils soient venus?
C'est erreur, ou plutôt c'est crime de le croire.
Le firmament se meut, les astres font leur cours,
    Le soleil nous luit tous les jours,
Tous les jours sa clarté succède à l'ombre noire,
Sans que nous en puissions autre chose inférer
Que la nécessité de luire et d'éclairer,
D'amener les saisons, de mûrir les semences,
De verser sur les corps certaines influences.
Du reste, en quoi répond au sort toujours divers
Ce train toujours égal dont marche l'univers?
    Charlatans, faiseurs d'horoscope (3),
  Quittez les cours des princes de l'Europe :
Emmenez avec vous les souffleurs (4) tout d'un temps;
Vous ne méritez pas plus de foi que ces gens.
Je m'emporte un peu trop : revenons à l'histoire
De ce spéculateur (5) qui fut contraint de boire.

  (1) Le prince des poëtes grecs, auteur de l'*Iliade* et de l'*Odyssée*.
  (2) Vers de la plus noble et de la plus riche poésie.
  (3) *Horoscope*, observation astrologique de l'heure natale.
  (4) *Les souffleurs*, c'est-à-dire les alchimistes, qui passaient leur vie à souffler sur leurs fourneaux. Leur science est aussi chimérique que celle des astrologues; ils prétendaient découvrir le secret de faire de l'or.
  (5) *Spéculateur*, observateur.

Outre la vanité de son art mensonger,
C'est l'image de ceux qui bâillent (1) aux chimères,
　　Cependant qu'ils (2) sont en danger,
　　Soit pour eux, soit pour leurs affaires.

XIII

Le Lièvre et les Grenouilles.

　　Un lièvre en son gîte songeait,
(Car que faire en un gîte, à moins que l'on ne songe?)
Dans un profond ennui ce lièvre se plongeait :
Cet animal est triste, et la crainte le ronge.
　　Les gens d'un naturel peureux
　　Sont, disait-il, bien malheureux!
Ils ne sauraient manger morceau qui leur profite :
Jamais un plaisir pur; toujours assauts divers.
Voilà comme je vis; cette crainte maudite
M'empêche de dormir sinon les yeux ouverts.

(1) *Bâillent*, du vieux verbe *baailler*, qu'on écrit maintenant *bayer*, comme dans cette locution : *bayer aux corneilles*. *Bayer* signifie *regarder d'une manière avide et envieuse*.
(2) *Cependant qu'ils*. V. la dernière fable du Livre I.

Corrigez-vous, dira quelque sage cervelle.
Eh! la peur se corrige-t-elle (1)?
Je crois même qu'en bonne foi
Les hommes ont peur comme moi.
Ainsi raisonnait notre lièvre,
Et cependant faisait (2) le guet.
Il était douteux (3), inquiet :
Un souffle, une ombre, un rien, tout lui donnait la fièvre.
Le mélancolique animal,
En revant à cette matière,
Entend un léger bruit : ce lui fut un signal
Pour s'enfuir devers (4) sa tanière.
Il s'en alla passer sur le bord d'un étang :
Grenouilles aussitôt de sauter dans les ondes,
Grenouilles de rentrer en leurs grottes profondes.
Oh! dit-il, j'en fais faire autant
Qu'on m'en fait faire! Ma présence
Effraie aussi les gens! je mets l'alarme au camp!
Et d'où me vient cette vaillance?
Comment! des animaux qui tremblent devant moi!
Je suis donc un foudre de guerre!
Il n'est, je le vois bien, si poltron sur la terre
Qui ne puisse trouver un plus poltron que soi.

(1) C'est une vérité que l'expérience prouve tous les jours.
(2) La correction grammaticale exige *il* faisait.
(3) Ce mot ne s'applique ordinairement qu'aux choses. Ici il signifie *craintif*.
(4) *Devers*, on dirait maintenant *vers*.

XIV

Le Coq et le Renard.

Sur la branche d'un arbre était en sentinelle
    Un vieux coq adroit et matois (1).
Frère, dit un renard, adoucissant sa voix,
    Nous ne sommes plus en querelle :
    Paix générale cette fois.
Je viens te l'annoncer ; descends, que je t'embrasse :
    Ne me retarde point, de grâce ;
Je dois faire aujourd'hui vingt postes sans manquer.
    Les tiens et toi pouvez vaquer
    Sans nulle crainte à vos affaires ;
    Nous vous y servirons en frères.
    Faites-en les feux (2) dès ce soir ;
    Et cependant viens recevoir
    Le baiser d'amour fraternelle (3) !
— Ami, reprit le coq, je ne pouvais jamais
Apprendre une plus douce et meilleure nouvelle
        Que celle
      De cette paix ;

(1) *Matois*, fin, rusé.
(2) C'est-à-dire des feux de joie.
(3) *Amour* est souvent féminin en poésie.

Et ce m'est une double joie
De la tenir de toi. Je vois deux lévriers
    Qui, je m'assure, sont courriers
    Que pour ce sujet on envoie :
Ils vont vite, et seront dans un moment à nous.
Je descends : nous pourrons nous entre-baiser tous.
— Adieu, dit le renard ; ma traite est longue à faire :
Nous nous réjouirons du succès de l'affaire
    Une autre fois. Le galant aussitôt
    Tire ses grègues (1), gagne haut,
    Mal content de son stratagème.
    Et notre vieux coq en soi-même
    Se mit à rire de sa peur ;

Car c'est double plaisir de tromper le trompeur.

XV

Le Corbeau voulant imiter l'Aigle.

L'oiseau de Jupiter enlevant un mouton,
    Un corbeau témoin de l'affaire,
Et plus faible de reins, mais non pas moins glouton,
    En voulut sur l'heure autant faire.
    Il tourne à l'entour du troupeau (2),
Marque entre cent moutons le plus gras, le plus beau,
    Un vrai mouton de sacrifice :
On l'avait réservé pour la bouche des dieux.
Gaillard corbeau disait, en le couvant des yeux :
    Je ne sais qui fut ta nourrice,
Mais ton corps me paraît en merveilleux état :
    Tu me serviras de pâture.
Sur l'animal bêlant à ces mots il s'abat.
    La moutonnière créature
Pesait plus qu'un fromage (3) ; outre que sa toison

---

(1) *Grègues*, chausses. *Tirer ses grègues*, s'enfuir.
(2) Il faudrait maintenant dire : *autour du troupeau*; *alentour* est un adverbe, il ne reçoit pas de complément.
(3) Allusion à la fable 2 du Livre I.

Était d'une épaisseur extrême,
Et mêlée à peu près de la même façon
　　Que la barbe de Polyphème (1),
Elle empêtra si bien les serres du corbeau,
Que le pauvre animal ne put faire retraite.
Le berger vient, le prend, l'encage bien et beau,
Le donne à ses enfants pour servir d'amusette.

Il faut se mesurer (2), *la conséquence est nette :*
Mal prend aux volereaux (3) *de faire les voleurs.*
　　L'exemple est un dangereux leurre.
Tous les mangeurs de gens ne sont pas grands seigneurs.
Où la guêpe a passé le moucheron demeure.

XVI

Le Paon se plaignant à Junon.

　　Le paon se plaignait à Junon (4) :
Déesse, disait-il, ce n'est pas sans raison
　　Que je me plains, que je murmure;
　　Le chant dont vous m'avez fait don
　　Déplaît à toute la nature;
Au lieu qu'un rossignol, chétive créature,
　Forme des sons aussi doux qu'éclatants,
　　Est lui seul l'honneur du printemps.
　　Junon répondit en colère :
Oiseau jaloux, et qui devrais te taire,
Est-ce à toi d'envier la voix du rossignol,
Toi que l'on voit porter à l'entour de ton col
Un arc-en-ciel nué (5) de cent sortes de soies;
　　Qui te panades (6), qui déploies

(1) Le plus grand des cyclopes. Ulysse lui creva l'œil pendant son sommeil.
(2) C'est-à-dire consulter ses forces.
(3) *Volereaux*, petits voleurs.
(4) Déesse de la Fable, épouse de Jupiter et reine des dieux.
(5) *Nué*, terme un peu vieilli, pour nuancé.
(6) *Se panader*, verbe formé du mot *paon*, comme *se pavaner* est formé de *pavo*, nom latin du paon.

Une si riche queue, et qui semble à nos yeux
　　　La boutique d'un lapidaire?
　　　Est-il quelque oiseau sous les cieux
　　　Plus que toi capable de plaire?
Tout animal n'a pas toutes propriétés.
Nous vous avons donné diverses qualités :
Les uns ont la grandeur et la force en partage;
Le faucon est léger, l'aigle plein de courage;
　　　Le corbeau sert pour le présage;
La corneille avertit des malheurs à venir (1).
　　　Tous sont contents de leur ramage.
Cesse donc de te plaindre, ou bien, pour te punir,
　　　Je t'ôterai ton plumage.

XVII

Le Lion et l'Ane chassants.

Le roi des animaux se mit un jour en tête
　　　De giboyer : il célébrait sa fête.
Le gibier du lion, ce ne sont pas moineaux,
Mais beaux et bons sangliers (2), daims et cerfs bons et beaux,
　　　Pour réussir dans son affaire,
　　　Il se servit du ministère

(1) Redite oiseuse du vers précédent.
(2) *Sanglier* est maintenant de trois syllabes.

De l'âne, à la voix de stentor (1).
L'âne à messer lion fit office de cor.
Le lion le posta, le couvrit de ramée,
Lui commanda de braire, assuré qu'à ce son
Les moins intimidés fuiraient de leur maison.
Leur troupe n'était pas encore accoutumée
  À la tempête de sa voix;
L'air en retentissait d'un bruit épouvantable :
La frayeur saisissait les hôtes de ces bois;
Tous fuyaient, tous tombaient au piége inévitable
  Où les attendait le lion.
N'ai-je pas bien servi dans cette occasion?
Dit l'âne en se donnant tout l'honneur de la chasse.
Oui, reprit le lion, c'est bravement (2) crié :
Si je ne connaissais ta personne et ta race,
  J'en serais moi-même effrayé.
L'âne, s'il eût osé, se fût mis en colère,
Encor qu'on le raillât avec juste raison;
Car qui pourrait souffrir un âne fanfaron?
  Ce n'est pas là leur caractère.

XVIII

Testament expliqué par Ésope.

Si ce qu'on dit d'Ésope est vrai,
 C'était l'oracle de la Grèce :
 Lui seul avait plus de sagesse
Que tout l'aréopage (3). En voici pour essai
 Une histoire des plus gentilles,
 Et qui pourra plaire au lecteur.

(1) Guerrier grec dont la voix, suivant Homère, avait la puissance de cinquante voix humaines, et servait de trompette à l'armée au siége de Troie.

(2) *Bravement*, c'est-à-dire de belle manière ; ce mot est ironique.

(3) Tribunal suprême d'Athènes ; ce nom est formé de deux mots grecs qui signifient *colline de Mars*, lieu où il tenait ses séances.

Un certain homme avait trois filles,
Toutes trois de contraire humeur :
Une buveuse, une coquette,
La troisième avare parfaite.
Cet homme, par son testament,
Selon les lois municipales,
Leur laissa tout son bien par portions égales,
En donnant à leur mère tant,
Payable quand chacune d'elles
Ne possèderait plus sa contingente (1) part.
Le père mort, les trois femelles
Courent au testament sans attendre plus tard.
On le lit, on tâche d'entendre
La volonté du testateur ;
Mais en vain : car comment comprendre
Qu'aussitôt que chacune sœur
Ne possèdera plus sa part héréditaire,
Il lui faudra payer sa mère ?
Ce n'est pas un fort bon moyen
Pour payer que d'être sans bien.
Que voulait donc dire le père ?
L'affaire est consultée (2) ; et tous les avocats,
Après avoir tourné le cas
En cent et cent mille manières,
Y jettent leur bonnet (3), se confessent vaincus,
Et conseillent aux héritières
De partager le bien sans songer au surplus.
Quant à la somme de la veuve,
Voici, leur dirent-ils, ce que le conseil treuve (4)
Il faut que chaque sœur se charge par traité
Du tiers, payable à volonté ;
Si mieux n'aime la mère en créer une rente
Dès le décès du mort courante.
La chose ainsi réglée, on composa trois lots ;
En l'un les maisons de bouteille,

---

(1) *Contingente*, c'est-à-dire qui lui serait échue. Terme de chicane.
(2) *Est consultée*, est mise en délibération.
(3) *Jeter son bonnet*, expression proverbiale qui signifie *désespérer*.
(4) *Treuve* pour *trouve*. Ce mot était déjà vieux au temps de la Fontaine.

Les buffets dressés sous la treille,
La vaisselle d'argent, les cuvettes, les brocs,
Les magasins de Malvoisie (1),
Les esclaves de bouche, et, pour dire en deux mots
L'attirail de la goinfrerie ;
Dans un autre, celui de la coquetterie,
La maison de la ville et les meubles exquis,
Les eunuques et les coiffeuses,
Et les brodeuses,
Les joyaux, les robes de prix ;
Dans le troisième lot, les fermes, le ménage,
Les troupeaux et le pâturage,
Valets et bêtes de labeur.
Ces lots faits, on jugea que le sort pourrait faire
Que peut-être pas une sœur
N'aurait ce qui lui pourrait plaire.
Ainsi chacune prit son inclination (2),
Le tout à l'estimation.
Ce fut dans la ville d'Athènes
Que cette rencontre arriva.
Petits et grands, tout approuva
Le partage et le choix : Ésope seul trouva
Qu'après bien du temps et des peines
Les gens avaient pris justement
Le contre-pied du testament.
Si le défunt vivait, disait-il, que l'Attique
Aurait de reproches de lui !
Comment ! ce peuple qui se pique
D'être le plus subtil des peuples d'aujourd'hui,
A si mal entendu la volonté suprême
D'un testateur ! Ayant ainsi parlé,
Il fait le partage lui-même,
t donne à chaque sœur un lot contre son gré ;
Rien qui pût être convenable,
Partant, rien aux sœurs d'agréable :
A la coquette l'attirail
Qui suit les personnes buveuses ;
La biberonne eut le bétail ;

(1) Espèce de vin muscat fort estimé, de Napoli de Malvoisie en Morée.
(2) *Son inclination*, ce qui lui plaisait.

La ménagère eut les coiffeuses.
Tel fut l'avis du Phrygien (1),
Alléguant qu'il n'était moyen
Plus sûr pour obliger ces filles
A se défaire de leur bien ;
Qu'elles se marieraient dans de bonnes familles
Quand on leur verrait de l'argent ;
Paieraient leur mère tout comptant ;
Ne possèderaient plus les effets de leur père :
Ce que disait le testament.

Le peuple s'étonna comme (2) *il se pouvait faire
Qu'un homme seul eût plus de sens
Qu'une multitude de gens.*

(1) Le Phrygien dont il est question est Ésope.
(2) On dirait aujourd'hui *comment.*

FIN DU LIVRE DEUXIÈME

LIVRE TROISIÈME

I

Le Meunier, son Fils et l'Ane.

A. M. D. M. (1)

L'invention des arts étant un droit d'aînesse,
Nous devons l'apologue à l'ancienne Grèce :
Mais ce champ ne se peut tellement moissonner,
Que les derniers venus n'y trouvent à glaner.
La feinte est un pays plein de terres désertes ;
Tous les jours nos auteurs y font des découvertes.
Je t'en veux dire un trait assez bien inventé ;
Autrefois à Racan Malherbe (2) l'a conté.

(1) Ces initiales signifient *à Monsieur de Maucroix*. C'était un chanoine de Reims ami de la Fontaine.
(2) Malherbe, poëte français, né à Caen en 1555, mort à Paris en 1628. — Racan, poëte pastoral et disciple de Malherbe, né à la Roche-Racan en Touraine en 1589, mort en 1670.

Ces deux rivaux d'Horace (1), héritiers de sa lyre,
Disciples d'Apollon (2), nos maîtres, pour mieux dire,
Se rencontrant un jour tout seuls et sans témoins
(Comme ils se confiaient leurs pensers et leurs soins),
Racan commence ainsi : Dites-moi, je vous prie,
Vous qui devez savoir les choses de la vie (3),
Qui par tous ses degrés avez déjà passé,
Et que rien ne doit fuir en cet âge avancé,
A quoi me résoudrai-je? Il est temps que j'y pense.
Vous connaissez mon bien, mon talent, ma naissance :
Dois-je dans la province établir mon séjour,
Prendre emploi dans l'armée, ou bien charge à la cour?
Tout au monde est mêlé d'amertume et de charmes :
La guerre a ses douceurs, l'hymen a ses alarmes.
Si je suivais mon goût, je saurais où buter (4) :
Mais j'ai les miens, la cour, le peuple à contenter.
Malherbe là-dessus : Contenter tout le monde !
Ecoutez ce récit avant que je réponde.

J'ai lu dans quelque endroit qu'un meunier et son fils,
L'un vieillard, l'autre enfant, non pas des plus petits,
Mais garçon de quinze ans, si j'ai bonne mémoire,
Allaient vendre leur âne un certain jour de foire.
Afin qu'il fût plus frais et de meilleur débit,
On lui lia les pieds, on vous le suspendit ;
Puis cet homme et son fils le portent comme un lustre.
Pauvres gens! idiots! couple ignorant et rustre !
Le premier qui les vit de rire s'éclata (5) :
Quelle farce, dit-il, vont jouer ces gens-là?
Le plus âne des trois n'est pas celui qu'on pense (6).
Le meunier, à ces mots, connaît son ignorance :
Il met sur pied sa bête, et la fait détaler.
L'âne, qui goûtait fort l'autre façon d'aller,

(1) Horace, célèbre poëte latin du siècle d'Auguste.
(2) On sait qu'Apollon est le dieu de la poésie.
(3) Latinisme, pour : *qui devez tout connaître.*
(4) *Où buter*, à quel but tendre.
(5) On ne dirait plus *s'éclater*, mais *éclater de rire*. La première expression semble toutefois avoir plus de force que l'autre.
(6) *Le plus âne*, etc. Ce vers est devenu proverbe.

S'en plaint en son patois. Le meunier n'en a cure (1);
Il fait monter son fils, il suit; et d'aventure
Passent trois bons marchands. Cet objet leur déplut.
Le plus vieux au garçon s'écria tant qu'il put :
Oh là! oh! descendez, que l'on ne vous le dise,
Jeune homme, qui menez laquais à barbe grise!
C'était à vous de suivre, au vieillard de monter.
Messieurs, dit le meunier, il vous faut contenter.
L'enfant met pied à terre, et puis le vieillard monte;
Quand trois filles passant, l'une dit : C'est grand'honte
Qu'il faille voir ainsi clocher (2) ce jeune fils,
Tandis que ce nigaud, comme un évêque assis,
Fait le veau sur son âne, et pense être bien sage.
Il n'est, dit le meunier, plus de veaux à mon âge :
Passez votre chemin, la fille, et m'en croyez.
Après maints quolibets, coup sur coup renvoyés,
L'homme crut avoir tort, et mit son fils en croupe.
Au bout de trente pas, une troisième troupe
Trouve encore à gloser. L'un dit : Ces gens sont fous!
Le baudet n'en peut plus : il mourra sous leurs coups.
Eh quoi! charger ainsi cette pauvre bourrique!
N'ont-ils point de pitié de leur vieux domestique?
Sans doute qu'à la foire ils vont vendre sa peau.
Parbleu! dit le meunier, est bien fou du cerveau
Qui prétend contenter tout le monde et son père (3).
Essayons toutefois si par quelque manière
Nous en viendrons à bout. Ils descendent tous deux.
L'âne, se prélassant (4), marche seul devant eux.
Un quidam (5) les rencontre, et dit : Est-ce la mode
Que baudet aille à l'aise, et meunier s'incommode?
Qui de l'âne ou du maître est fait pour se lasser?
Je conseille à ces gens de le faire enchâsser.
Ils usent leurs souliers, et conservent leur âne!
Nicolas, au rebours; car, quand il va voir Jeanne,

(1) *Cure*, souci, du mot latin *cura*.
(2) *Clocher*, marcher avec peine.
(3) *Qui prétend contenter*, etc. Autre proverbe d'une application très-commune.
(4) *Se prélasser*, marcher avec dignité en se donnant des airs de prélat. Rabelais avait employé ce verbe avant la Fontaine.
(5) Ce mot se prononce *kidan*.

Il monte sur sa bête; et la chanson (1) le dit.
Beau trio de baudets! Le meunier repartit :
Je suis âne, il est vrai, j'en conviens, je l'avoue :
Mais que dorénavant on me blâme, on me loue,
Qu'on dise quelque chose, ou qu'on ne dise rien,
J'en veux faire à ma tête. Il le fit, et fit bien.

Quant à vous (2), *suivez Mars, ou l'Amour, ou le prince,*
Allez, venez, courez, demeurez en province,
Prenez femme, abbaye, emploi, gouvernement :
Les gens en parleront, n'en doutez nullement.

II

Les Membres et l'Estomac.

Je devais (3) par la royauté
　Avoir commencé mon ouvrage :
A la voir d'un certain côté,
　Messer Gaster (4) en est l'image :
S'il a quelque besoin, tout le corps s'en ressent.
De travailler pour lui les membres se lassant,
Chacun d'eux résolut de vivre en gentilhomme (5),

(1) Cette chanson populaire, perdue et oubliée depuis longtemps, a été retrouvée, en 1842, par M. le Camus, membre de l'académie de Clermont. Elle se compose de trois couplets. Voici le dernier; c'est celui auquel la Fontaine fait ici allusion :

  Adieu, cruelle Jeanne;
  Puisque tu n'aimes pas,
  Je remonte mon âne
  Pour galoper au trépas:
  Vous y perdrez vos pas,
   Nicolas.

(2) *Quant à vous*, etc. C'est Malherbe qui continue de parler à Racan.
(3) Il faudrait : *J'aurais dû commencer.*
(4) L'estomac. (*Note de la Fontaine.*)
(5) Trait de satire contre la noblesse, qui a longtemps regardé l'oisiveté comme un privilége.

Sans rien faire, alléguant l'exemple de Gaster.
Il faudrait, disaient-ils, sans nous qu'il vécût d'air.
Nous suons, nous peinons, comme bêtes de somme.
Et pour qui? Pour lui seul : nous n'en profitons pas;
Notre soin n'aboutit qu'à fournir ses repas.
Chômons, c'est un métier qu'il veut nous faire apprendre.
Ainsi dit, ainsi fait. Les mains cessent de prendre,
  Les bras d'agir, les jambes de marcher :
Tous dirent à Gaster qu'il en allât chercher (1).
Ce leur fut une erreur dont ils se repentirent :
Bientôt les pauvres gens tombèrent en langueur;
Il ne se forma plus de nouveau sang au cœur;
Chaque membre en souffrit; les forces se perdirent.
  Par ce moyen, les mutins virent
Que celui qu'ils croyaient oisif et paresseux,
A l'intérêt commun contribuait plus qu'eux.

Ceci peut s'appliquer à la grandeur royale.
Elle reçoit et donne, et la chose est égale.
Tout travaille pour elle, et réciproquement
  Tout tire d'elle l'aliment :
Elle fait subsister l'artisan de ses peines,
Enrichit le marchand, gage le magistrat,
Maintient le laboureur, donne paie au soldat,
Distribue en cent lieux ses grâces souveraines,
  Entretient seule tout l'Etat.

  Menenius (2) le sut bien dire.
La commune s'allait séparer du sénat.
Les mécontents disaient qu'il avait tout l'empire
Le pouvoir, les trésors, l'honneur, la dignité;
Au lieu que tout le mal était de leur côté,
Les tributs, les impôts, les fatigues de guerre.
Le peuple hors des murs était déjà posté,
La plupart s'en allaient chercher une autre terre,

(1) *Qu'il en allât chercher. En*, c'est-à-dire de quoi manger ; mais la phrase est obscure.
(2) Menenius Agrippa, consul, l'an de Rome 260, avant J.-C. 493. Il apaisa par cet apologue le peuple mutiné contre les grands, et réfugié sur le mont Sacré. Cette soumission, du reste, ne demeura pas sans récompense : le peuple obtint la création de magistrats nommés tribuns, chargés de veiller à leurs intérêts.

Quand Menenius leur fit voir
Qu'ils étaient aux membres semblables,
Et par cet apologue, insigne entre les fables,
Les ramena dans leur devoir.

III

Le Loup devenu Berger.

Un loup qui commençait d'avoir petite part
　　Aux brebis de son voisinage,
Crut qu'il fallait s'aider de la peau du renard (1)
　　Et faire un nouveau personnage.
Il s'habille en berger, endosse un hoqueton (2),
　　Fait sa houlette d'un bâton,
　　Sans oublier la cornemuse.
　　Pour pousser jusqu'au bout la ruse
Il aurait volontiers écrit sur son chapeau :
« C'est moi qui suis Guillot, berger de ce troupeau. »
　　Sa personne étant ainsi faite,
Et ses pieds de devant posés sur sa houlette,
Guillot le sycophante (3) approche doucement.
Guillot, le vrai Guillot, étendu sur l'herbette,
　　Dormait alors profondément ;
Son chien dormait aussi, comme aussi sa musette (4).
La plupart des brebis dormaient pareillement.

(1) C'est-à-dire, recourir aux ruses du renard.
(2) Espèce de casaque à l'usage des bergers.
(3) Le trompeur. (*Note de la Fontaine.*) Ce mot vient de deux mots grecs, dont l'un signifie *figue*, et l'autre *dévoiler*. Il y avait à Athènes une loi qui défendait d'exporter des figuiers hors de l'Attique. Le dénonciateur (*sycophante*), ayant une part de l'amende que devait payer le coupable, abusait souvent de cette loi pour accuser toute sorte de personnes indistinctement; par suite on donna le nom de *sycophante* à tout homme méchant et calomniateur.
(4) *Comme aussi sa musette.* Une musette qui dort ! alliance de mots hardie, mais pleine de naturel et de grâce. Racine a dit, dans un genre plus élevé :
　　Mais tout dort, et l'armée, et les vents, et Neptune.
　　　　　　　　(*Iphigénie.*)

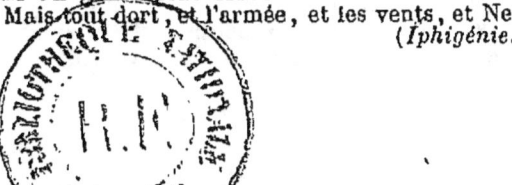

L'hypocrite les laissa faire;
Et, pour pouvoir mener vers son fort (1) les brebis,
Il voulut ajouter la parole aux habits,
Chose qu'il croyait nécessaire.
Mais cela gâta son affaire :
Il ne put du pasteur contrefaire la voix.
Le ton dont il parla fit retentir les bois,
Et découvrit tout le mystère.
Chacun se réveille à ce son,
Les brebis, le chien, le garçon.
Le pauvre loup, dans cet esclandre,
Empêché par son hoqueton,
Ne put ni fuir ni se défendre.

Toujours par quelque endroit fourbes se laissent prendre (2).
Quiconque est loup agisse en loup;
C'est le plus certain de beaucoup.

IV

Les Grenouilles qui demandent un roi.

Les grenouilles se lassant
De l'état démocratique (3),

(1) Le *fort* du loup, c'est sa tanière.
(2) Ce vers exprime la moralité de la fable; les deux vants raillent le trompeur trompé.
(3) Forme de gouvernement où le peuple est souverain. *pouvoir monarchique*, pouvoir d'un seul souverain.

Par leurs clameurs firent tant,
Que Jupin les soumit au pouvoir monarchique.
Il leur tomba du ciel un roi tout pacifique :
Ce roi fit toutefois un tel bruit en tombant,
    Que la gent marécageuse,
    Gent fort sotte et fort peureuse,
    S'alla cacher sous les eaux,
    Dans les joncs, dans les roseaux,
    Dans les trous du marécage,
Sans oser de longtemps regarder au visage
Celui qu'elles croyaient être un géant nouveau.
    Or c'était un soliveau,
De qui la gravité fit peur à la première
    Qui, de le voir s'aventurant,
    Osa bien quitter sa tanière.
    Elle approcha, mais en tremblant.
Une autre la suivit, une autre en fit autant :
    Il en vint une fourmilière ;
Et leur troupe à la fin se rendit familière
    Jusqu'à sauter sur l'épaule du roi.
Le bon sire le souffre, et se tient toujours coi (1).
Jupin en a bientôt la cervelle rompue :
Donnez-nous, dit ce peuple, un roi qui se remue !
Le monarque des dieux leur envoie une grue,
    Qui les croque, qui les tue,
    Qui les gobe à son plaisir ;
    Et grenouilles de se plaindre,
Et Jupin de leur dire : Eh quoi ! votre désir
    A ses lois croit-il nous astreindre ?
    Vous avez dû premièrement.
    Garder votre gouvernement ;
Mais, ne l'ayant pas fait, il vous devait suffire
Que votre premier roi fût débonnaire et doux.

    De celui-ci contentez-vous,
    De peur d'en rencontrer un pire (2).

(1) *Coi*, tranquille, du mot latin *quietus*.
(2) « Il faut convenir que la conduite de Jupiter dans cet apologue n'est pas du tout raisonnable ; il est très-simple de désirer un autre roi qu'un soliveau, et très-naturel que les grenouilles ne veuillent pas d'une grue qui les croque. »
                                            (Chamfort.)

V

Le Renard et le Bouc.

Capitaine renard allait de compagnie
Avec son ami bouc des plus haut encornés :
Celui-ci ne voyait pas plus loin que son nez (1);
L'autre était passé maître en fait de tromperie.
La soif les obligea de descendre en un puits :
      Là chacun d'eux se désaltère.
Après qu'abondamment tous deux en eurent pris,
Le renard dit au bouc : Que ferons-nous, compère?
Ce n'est pas tout de boire, il faut sortir d'ici.
Lève tes pieds en haut, et tes cornes aussi (2);
Mets-les contre le mur : le long de ton échine
    Je grimperai premièrement;
    Puis, sur tes cornes m'élevant,
    A l'aide de cette machine,
    De ce lieu-ci je sortirai,
    Après quoi je t'en tirerai.

(1) *Ne voyait*, etc. Vers devenu proverbe.
(2) *Lève tes pieds*, etc. La Fontaine fait voir ce qu'il raconte.

Par ma barbe (1), dit l'autre, il est bon (2); et je loue
　　Les gens bien sensés comme toi.
　　Je n'aurais jamais, quant à moi,
　　Trouvé ce secret, je l'avoue.
Le renard sort du puits, laisse son compagnon,
　　Et vous lui fait un beau sermon
　　Pour l'exhorter à patience.
Si le Ciel t'eût, dit-il, donné par excellence
Autant de jugement que de barbe au menton,
　　Tu n'aurais pas à la légère
Descendu dans ce puits. Or, adieu, j'en suis hors (3).
Tâche de t'en tirer, et fais tous tes efforts;
　　Car pour moi j'ai certaine affaire
Qui ne me permet pas d'arrêter en chemin.

En toute chose il faut considérer la fin (4).

VI

L'Aigle, la Laie et la Chatte.

L'aigle avait ses petits au haut d'un arbre creux,
　　La laie (5) au pied, la chatte entre les deux;
Et sans s'incommoder, moyennant ce partage,
Mères et nourrissons faisaient leur tripotage.
La chatte détruisit par sa fourbe l'accord;
Elle grimpa chez l'aigle, et lui dit : Notre mort
(Au moins de nos enfants, car c'est tout un aux mères)
　　Ne tardera possible (6) guères.
Voyez-vous à nos pieds fouir incessamment (7)

　　(1) Serment plaisant, quand on songe à celui qui le fait.
　　(2) *Il est bon*, c'est-à-dire l'avis que tu ouvres.
　　(3) *Hors*. Il faudrait *dehors* ; hors est une préposition, et veut un complément.
　　(4) La Fontaine, dans sa préface, applique cette fable à Crassus, marchant contre les Parthes.
　　(5) Femelle du sanglier.
　　(6) *Possible*, s'employait alors pour *peut-être*.
　　(7) *Incessamment*, c'est-à-dire sans cesse.

Cette maudite laie, et creuser une mine?
C'est pour déraciner le chêne assurément,
Et de nos nourrissons attirer la ruine :
    L'arbre tombant, ils seront dévorés;
        Qu'ils s'en tiennent pour assurés.
S'il m'en restait un seul, j'adoucirais ma plainte.
Au partir de ce lieu, qu'elle remplit de crainte,
    La perfide descend tout droit
        A l'endroit
    Où la laie était en gésine (1).
    Ma bonne amie et ma voisine,
Lui dit-elle tout bas, je vous donne un avis :
L'aigle, si vous sortez, fondra sur vos petits.
    Obligez-moi de n'en rien dire,
    Son courroux tomberait sur moi (2).
Dans cette autre famille ayant semé l'effroi,
    La chatte en son trou se retire.
L'aigle n'ose sortir, ni pourvoir aux besoins
    De ses petits; la laie encore moins :
Sottes de ne pas voir que le plus grand des soins
Ce doit être celui d'éviter la famine.
A demeurer chez soi l'une et l'autre s'obstine,
Pour secourir les siens dedans (3) l'occasion :
    L'oiseau royal en cas de mine;
    La laie, en cas d'irruption.
La faim détruisit tout; il ne resta personne
De la gent marcassine et de la gent aiglonne
    Qui n'allât de vie à trépas :
    Grand renfort pour messieurs les chats.
Que ne sait pas ourdir une langue traîtresse
    Par sa pernicieuse adresse!
    Des malheurs qui sont sortis
    De la boîte de Pandore (4),

---

(1) C'est-à-dire venait de faire ses petits, du vieux verbe *gesir*, être couché, d'où le mot des épitaphes : Ci-gît.
(2) Les insinuations calomnieuses de la chatte, dans ces deux discours, sont de la plus perfide habileté.
(3) *Dedans* ne s'emploie plus que comme adverbe.
(4) *Pandore*, fille de Vulcain, ornée de toutes sortes de dons par les dieux. Jupiter l'envoya sur la terre avec une boîte d'où s'échappèrent tous les maux, et au fond de laquelle il ne resta que l'espérance.

Celui qu'à meilleur droit tout l'univers abhorre,
C'est la fourbe, à mon avis.

VII

L'Ivrogne et sa Femme.

Chacun a son défaut, où toujours il revient (1).
Honte ni peur n'y remédie.

    Sur ce propos, d'un conte il me souvient :
      Je ne dis rien que je n'appuie
   De quelque exemple. Un suppôt de Bacchus (2)
Altérait sa santé, son esprit et sa bourse :
Telles gens n'ont pas fait la moitié de leur course
      Qu'ils sont au bout de leurs écus.
Un jour que celui-ci, plein du jus de la treille,
Avait laissé ses sens au fond d'une bouteille,
Sa femme l'enferma dans un certain tombeau.
    Là les vapeurs du vin nouveau
Cuvèrent à loisir. A son réveil il treuve (3)
L'attirail de la mort à l'entour de son corps,
    Un luminaire, un drap des morts.
Oh! dit-il, qu'est ceci? Ma femme est-elle veuve?
Là-dessus son épouse, en habit d'Alecton (4),
Masquée, et de sa voix contrefaisant le ton,
Vient au prétendu mort, approche de sa bière,
Lui présente un chaudeau (5) propre pour Lucifer.
L'époux alors ne doute en aucune manière
    Qu'il ne soit citoyen d'enfer.
Quelle personne es-tu? dit-il à ce fantôme.
    La cellérière (6) du royaume

---

(1) *Naturam expellas furca, tamen usque recurret.*
                         (Horace.)
(2) Un ivrogne; on sait que Bacchus est le dieu du vin.
(3) *Treuve*, vieux mot pour *trouve*.
(4) Une des trois Furies des enfers.
(5) Bouillon chaud.
(6) Celle qui prend soin de la dépense de bouche.

De Satan, reprit-elle, et je porte à manger
    A ceux qu'enclôt la tombe noire.
    Le mari repart, sans songer :
    Tu ne leur portes point à boire?

VIII

La Goutte et l'Araignée.

Quand l'enfer eut produit la goutte et l'araignée,
Mes filles, leur dit-il, vous pouvez vous vanter
    D'être pour l'humaine lignée
    Egalement à redouter.
Or avisons aux lieux qu'il vous faut habiter.
    Voyez-vous ces cases étroites (1),
Et ces palais si grands, si beaux, si bien dorés?
Je me suis proposé d'en faire vos retraites.
    Tenez donc, voici deux bûchettes :
    Accommodez-vous, ou tirez.
Il n'est rien, dit l'aragne (2), aux cases qui me plaise.
L'autre, tout au rebours, voyant les palais pleins
    De ces gens nommés médecins,
Ne crut pas y pouvoir demeurer à son aise.
Elle prend l'autre lot, y plante le piquet (3),
S'étend à son loisir sur l'orteil d'un pauvre homme,
Disant : Je ne crois pas qu'en ce poste je chôme,
Ni que d'en déloger et faire mon paquet
    Jamais Hippocrate (4) me somme.
L'aragne cependant se campe en un lambris,
Comme si de ces lieux elle eût fait bail à vie,
Travaille à demeurer : voilà sa toile ourdie,
    Voilà des moucherons de pris.
Une servante vint balayer tout l'ouvrage.

(1) On prononçait *étrètes*, et ce mot rimait avec *retraites*.
(2) Vieux mot, pour *araignée*.
(3) *Y plante le piquet*, c'est-à-dire le marque comme sien.
(4) Célèbre médecin grec, mis ici pour toute espèce de médecin.

Autre toile tissue, autre coup de balai.
Le pauvre bestion (1) tous les jours déménage.
    Enfin, après un vain essai,
Il va trouver la goutte. Elle était en campagne,
    Plus malheureuse mille fois
    Que la plus malheureuse aragne.
Son hôte la menait tantôt fendre du bois,
Tantôt fouir, houer (2) : goutte bien tracassée
    Est, dit-on, à demi pansée.
Oh! je ne saurais plus, dit-elle, y résister.
Changeons, ma sœur l'aragne. Et l'autre d'écouter:
Elle la prend au mot, se glisse en la cabane :
Point de coup de balai qui l'oblige à changer.
La goutte, d'autre part, va tout droit se loger
    Chez un prélat qu'elle condamne
    A jamais du lit ne bouger.
Cataplasmes, Dieu sait! les gens n'ont point de honte
De faire aller le mal toujours de pis en pis.
L'une et l'autre trouva de la sorte son compte,
Et fit très-sagement de changer de logis.

(1) Diminutif de *bête*; le mot italien *il bestione*, dont il est dérivé, est, au contraire, un augmentatif.
(2) Remuer la terre avec la houe.

IX

Le Loup et la Cigogne.

Les loups mangent gloutonnement.
Un loup donc étant de frairie (1)
Se pressa, dit-on, tellement
Qu'il en pensa perdre la vie :
Un os lui demeura bien avant au gosier.
De bonheur pour ce loup, qui ne pouvait crier,
Près de là passe une cigogne.
Il lui fait signe; elle accourt.
Voilà l'opératrice aussitôt en besogne.
Elle retira l'os, puis, pour un si bon tour,
Elle demanda son salaire.
Votre salaire! dit le loup.
Vous riez, ma bonne commère?
Quoi! ce n'est pas encor beaucoup
D'avoir de mon gosier retiré votre cou!
Allez, vous êtes une ingrate (2) :
Ne tombez jamais sous ma patte.

(1) C'est-à-dire de fête, d'une réunion de plaisir, où l'on faisait bonne chère.
(2) « Mot d'une grande vérité dans la bouche d'un méchant, qui se croit assez acquitté envers ses bienfaiteurs quand il ne leur fait pas de mal. » (Ch. Nodier.)

X

Le Lion abattu par l'Homme.

On exposait une peinture
Où l'artisan (1) avait tracé
Un lion d'immense stature
Par un seul homme terrassé.
Les regardants en tiraient gloire.
Un lion en passant rabattit leur caquet.
Je vois bien, dit-il, qu'en effet
On vous donne ici la victoire :
Mais l'ouvrier vous a déçus;
Il avait liberté de feindre :
Avec plus de raison nous aurions le dessus,
Si mes confrères savaient peindre.

XI

Le Renard et les Raisins.

Certain renard gascon, d'autres disent normand (2),
Mourant presque de faim, vit au haut d'une treille
Des raisins mûrs apparemment (3),
Et couverts d'une peau vermeille.
Le galant en eût fait volontiers un repas ;
Mais comme il n'y pouvait atteindre :
Ils sont trop verts (4), dit-il, et bons pour des goujats (5).

Fit-il pas mieux que de se plaindre ?

(1) On dirait aujourd'hui l'*artiste ; artisan* n'a plus que le sens d'ouvrier.
(2) Naïveté pleine de finesse et de malice, qui fait entendre que les Normands et les Gascons se valent.
(3) C'est-à-dire qui paraissaient mûrs.
(4) Mot devenu proverbe.
(5) Valet d'armée.

XII

Le Cygne et le Cuisinier.

      Dans une ménagerie
      De volatiles remplie
    Vivaient le cygne et l'oison :
Celui-là destiné pour les regards du maître;
Celui-ci pour son goût : l'un qui se piquait d'être
Commensal du jardin (1); l'autre, de la maison.
Des fossés du château faisant leurs galeries (2),
Tantôt on les eût vus côte à côte nager,
Tantôt courir sur l'onde, et tantôt se plonger
Sans pouvoir satisfaire à leurs vaines envies.
Un jour le cuisinier, ayant trop bu d'un coup,
Prit pour oison le cygne, et, le tenant au cou,
Il allait l'égorger, puis le mettre en potage.
L'oiseau, prêt à mourir (3), se plaint en son ramage.
      Le cuisinier fut fort surpris,
      Et vit bien qu'il s'était mépris.
Quoi! je mettrais, dit-il, un tel chanteur en soupe!

   (1) Habitant ordinaire du jardin, où il mangeait.
   (2) *Leurs galeries*, c'est-à-dire leurs promenades.
   (3) C'est-à-dire préparé à mourir.

Non, non, ne plaise aux dieux que jamais ma main coupe
La gorge à qui s'en sert si bien !

Ainsi, dans les dangers qui nous suivent en croupe (1),
Le doux parler ne nuit de rien.

XIII

Les Loups et les Brebis.

Après mille ans et plus de guerre déclarée,
Les loups firent la paix avecque (2) les brebis.
C'était apparemment (3) le bien des deux partis :
Car si les loups mangeaient mainte bête égarée,
Les bergers de leur peau se faisaient maints habits.
Jamais de liberté, ni pour les pâturages,
　　　Ni d'autre part pour les carnages (4);
Ils ne pouvaient jouir qu'en tremblant de leurs biens.
La paix se conclut donc : on donne des otages ;
Les loups, leurs louveteaux; et les brebis, leurs chiens.
L'échange en étant fait aux formes (5) ordinaires,
　　　Et réglé par des commissaires,
Au bout de quelque temps que messieurs les louvats (6)
Se virent loups parfaits et friands de tuerie,
Ils vous (7) prennent le temps que dans la bergerie
　　　Messieurs les bergers n'étaient pas,
Étranglent la moitié des agneaux les plus gras,

---

(1) Imitation d'Horace :
　　Post equitem sedet atra cura. (Liv. III, ode 1, v. 40.)
que Boileau traduit heureusement :
　　Le chagrin monte en croupe et galope avec lui. (Ép. 5.)
(2) Licence poétique, pour *avec*.
(3) Même sens que dans *le Renard et les Raisins*.
(4) Ce mot ne s'emploie au pluriel qu'en poésie.
(5) Pour *dans les formes*.
(6) Vieux mot, pour *louveteaux*.
(7) *Vous* est ici explétif, comme *moi* dans ce vers de Boileau :
　　Prends-moi le bon parti, laisse là tous les livres.

Les emportent aux dents, dans les bois se retirent
Ils avaient averti leurs gens secrètement.
Les chiens, qui, sur leur foi, reposaient sûrement,
　　　Furent étranglés en dormant :
Cela fut sitôt fait qu'à peine ils le sentirent.
Tout fut mis en morceaux, un seul (1) n'en échappa.

　　　Nous pouvons conclure de là
Qu'il faut faire aux méchants guerre continuelle.
　　　La paix est fort bonne de soi,
　　　J'en conviens : mais de quoi sert-elle
　　　Avec des ennemis sans foi?

XIV

Le Lion devenu vieux.

　　　Le lion, terreur des forêts,
Chargé d'ans et pleurant son antique prouesse (2),
Fut enfin attaqué par ses propres sujets,
　　　Devenus forts par sa faiblesse.

(1) *Un seul*, pour *pas un seul*, qui serait plus correct.
(2) Valeur. Au pluriel il signifie *exploits*.

Le cheval, s'approchant, lui donne un coup de pied ;
Le loup, un coup de dent ; le bœuf, un coup de corne.
Le malheureux lion, languissant, triste, morne,
Peut à peine rugir, par l'âge estropié.
Il attend son destin sans faire aucunes plaintes ;
Quand voyant l'âne même à son antre accourir :
Ah ! c'est trop, lui dit-il ; je voulais bien mourir,
Mais c'est mourir deux fois que souffrir tes atteintes (1).

XV

Philomèle et Progné.

Autrefois Progné (2) l'hirondelle
De sa demeure s'écarta,
Et loin des villes s'emporta
Dans un bois où chantait la pauvre Philomèle.
Ma sœur, lui dit Progné, comment vous portez-vous ?
Voici tantôt mille ans que l'on ne vous a vue ;
Je ne me souviens point que vous soyez venue,
Depuis le temps de Thrace (3), habiter parmi nous.
Dites-moi, que pensez-vous faire ?
Ne quitterez-vous point ce séjour solitaire ?
Ah ! reprit Philomèle, en est-il de plus doux ?
Progné lui repartit : Eh quoi ! cette musique,
Pour ne chanter qu'aux animaux,
Tout au plus à quelque rustique (4) !
Le désert est-il fait pour des talents si beaux ?

(1) Phèdre va jusqu'au coup de pied de l'âne. La Fontaine, avec un art délicat, s'arrête auparavant.
(2) Femme de Térée, roi de Thrace. Ce prince ayant outragé Philomèle, sœur de Progné, celles-ci s'en vengèrent en tuant le fils de Térée, et en le lui donnant à manger. Philomèle fut changée en Rossignol, et Progné en hirondelle.
(3) C'est-à-dire depuis le temps que vous étiez en Thrace.
(4) C'est-à-dire *paysan*, comme dans la fable *le Rat de ville et le Rat des champs*.

Venez faire éclater aux cités vos merveilles.
                Aussi bien, en voyant les bois,
Sans cesse il vous souvient que Térée autrefois,
            Parmi des demeures pareilles,
Exerça sa fureur sur vos divins appas.
Et c'est le souvenir d'un si cruel outrage
Qui fait, reprit sa sœur, que je ne vous suis pas.
                En voyant les hommes, hélas!
            Il m'en souvient bien davantage.

XVI

La Belette entrée dans un grenier.

Damoiselle belette, au corps long et fluet (1),
Entra dans un grenier par un trou fort étroit :
            Elle sortait de maladie (2).
            Là, vivant à discrétion,
            La galande (3) fit chère lie (4),
            Mangea, rongea : Dieu sait la vie
Et le lard qui périt dans cette occasion!

(1) On écrivait *flouet*, ce qui rimait avec étroit.
(2) Cette circonstance explique sa maigreur.
(3) On dirait aujourd'hui galante.
(4) C'est-à-dire bonne chère, joyeuse chère, de *lætus*, joyeux.

La voilà, pour conclusion,
    Grasse, maflue (1) et rebondie.
Au bout de la semaine, ayant diné son saoûl,
Elle entend quelque bruit, veut sortir par le trou,
Ne peut plus repasser, et croit s'être méprise.
    Après avoir fait quelques tours,
C'est, dit-elle, l'endroit; me voilà bien surprise:
J'ai passé par ici depuis cinq ou six jours.
    Un rat qui la voyait en peine
Lui dit : Vous aviez lors la panse un peu moins pleine.
Vous êtes maigre entrée, il faut maigre sortir (2).
Ce que je vous dis là, l'on le dit à bien d'autres ;
Mais ne confondons point, par trop approfondir (3),
    Leurs affaires avec les vôtres.

XVII

Le Chat et le vieux Rat.

    J'ai lu chez un conteur de fables
Qu'un second Rodilard, l'Alexandre des chats,
    L'Attila (4), le fléau des rats,
    Rendait ces derniers misérables :
    J'ai lu, dis-je, en certain auteur,
    Que ce chat exterminateur,
Vrai Cerbère (5), était craint une lieue à la ronde.
Il voulait de souris dépeupler tout le monde.
Les planches qu'on suspend sur un léger appui,

(1) Mot inusité maintenant. Il signifie bouffie.
(2) La Fontaine traduit ici Horace:
    Macra cavum repetes arctum quem macra subisti.
                    (Liv. 1, Ep. 7, v. 29.
(3) C'est-à-dire en voulant trop approfondir.
(4) Roi des Huns. Il se nommait lui-même *le fléau de Dieu*, c'est-à-dire le fléau dont Dieu se servait pour châtier les nations; mais ici *fléau* veut dire exterminateur, destructeur.
(5) Dans la Fable, Cerbère est un chien à trois têtes, qui garde l'entrée des enfers.

La mort aux rats, les souricières,
N'étaient que jeux au prix de lui.
Comme il voit que dans leurs tanières
Les souris étaient prisonnières,
Qu'elles n'osaient sortir, qu'il avait beau chercher,
Le galant (1) fait le mort, et du haut d'un plancher
Se pend la tête en bas : la bête scélérate
A de certains cordons se tenait par la patte.
Le peuple des souris croit que c'est châtiment,
Qu'il a fait un larcin de rôt ou de fromage,
Égratigné quelqu'un, causé quelque dommage ;
Enfin qu'on a pendu le mauvais garnement.
 Toutes, dis-je, unanimement,
Se promettent de rire à son enterrement,
Mettent le nez à l'air, montrent un peu la tête,
 Puis rentrent dans leurs nids à rats,
 Puis ressortant font quatre pas,
 Puis enfin se mettent en quête.
 Mais voici bien une autre fête :
Le pendu ressuscite, et, sur ses pieds tombant,
 Attrape les plus paresseuses.
Nous en savons plus d'un, dit-il en les gobant.
C'est tour de vieille guerre, et vos cavernes creuses
Ne vous sauveront pas, je vous en avertis :
 Vous viendrez toutes au logis.
Il prophétisait vrai : notre maître Mitis (2)
Pour la seconde fois les trompe et les affine (3),
 Blanchit sa robe et s'enfarine,
 Et, de la sorte déguisé,
Se niche et se blottit dans une huche ouverte.
 Ce fut à lui bien avisé ;
La gent trotte-menu s'en vient chercher sa perte.
Un rat, sans plus, s'abstient d'aller flairer autour :
C'était un vieux routier, il savait plus d'un tour :
Même il avait perdu sa queue à la bataille.
Ce bloc enfariné ne me dit rien qui vaille,

---

(1) *Galant* signifie ici *habile en sa profession*.
(2) Mot latin qui signifie *doux*. La Fontaine en fait un surnom du chat, et il lui convient parfaitement à cause de son hypocrisie.
(3) *Affiner*, tromper par finesse.

S'écria-t-il de loin au général des chats;
Je soupçonne dessous encore quelque machine.
　　Rien ne te sert d'être farine;
Car, quand tu serais sac, je n'approcherais pas.
C'était bien dit à lui, j'approuve sa prudence;
　　Il était expérimenté,

　　　Et savait que *la méfiance*
　　　Est mère de la sûreté(1).

(1) « Cette fable est charmante d'un bout à l'autre, pour le naturel, la gaieté, et surtout pour la vérité des tableaux. »
(Chamfort.)

FIN DU LIVRE TROISIÈME

LIVRE QUATRIÈME

I

Le Berger et la Mer.

Du rapport d'un troupeau, dont il vivait sans soins,
Se contenta longtemps un voisin d'Amphitrite (1);
    Si sa fortune était petite,
    Elle était sûre tout au moins.
A la fin, les trésors déchargés sur la plage
Le tentèrent si bien, qu'il vendit son troupeau,
Trafiqua de l'argent (2), le mit entier sur l'eau.
    Cet argent périt par naufrage.
Son maître fut réduit à garder les brebis,
Non plus berger en chef, comme il était jadis,

(1) Femme de Neptune et déesse de la mer. Ce mot est pris ici pour la mer même.
(2) Acheta des marchandises avec l'argent qu'il en retira, et mit toute sa fortune dans le commerce maritime.

Quand ses propres moutons paissaient sur le rivage :
Celui qui s'était vu Corydon ou Tircis
Fut Pierrot, et rien davantage.
Au bout de quelque temps il fit quelques profits,
Racheta des bêtes à laine :
Et comme un jour les vents, retenant leur haleine,
Laissaient paisiblement aborder les vaisseaux :
Vous voulez de l'argent, ô mesdames les Eaux (1),
Dit-il, adressez-vous, je vous prie, à quelque autre :
Ma foi ! vous n'aurez pas le nôtre.

Ceci n'est pas un conte à plaisir inventé.
Je me sers de la vérité
Pour montrer, par expérience,
Qu'un sou, quand il est assuré,
Vaut mieux que cinq en espérance ;
Qu'il faut se contenter de sa condition ;
Qu'aux conseils de la mer et de l'ambition (2)
Nous devons fermer les oreilles.
Pour un qui s'en louera, dix mille s'en plaindront ;
La mer promet monts et merveilles :
Fiez-vous-y : les vents et les voleurs viendront.

(1) Cette personnification si hardie n'en est pas moins très-naturelle.
(2) « Expression très-noble et rapprochement très-heureux qui réveille dans l'esprit du lecteur l'idée du naufrage pour le marin et pour l'ambitieux. » (Chamfort.)

FABLES

II

L'Ane et le petit Chien.

Ne forçons point notre talent,
Nous ne ferions rien avec grâce (1).
Jamais un lourdaud, quoi qu'il fasse,
Ne saurait passer pour galant (2).

Peu de gens que le Ciel chérit et gratifie (3),
Ont le don d'agréer infus (4) avec la vie.
    C'est un point qu'il leur faut laisser,
Et ne pas ressembler à l'âne de la fable,
    Qui, pour se rendre plus aimable
Et plus cher à son maître, alla le caresser.

(1) C'est la pensée d'Horace :
    Tu nihil invita dices facicsve Minerva.
                       (Art. poét., v. 385.)
(2) Aimable.
(3) Imitation de Virgile :
    Pauci quos æquus amavit
Jupiter.   (Enéid., VI, 129.)
(4) Ce mot est peu usité au masculin; mais on dit très-bien,
avoir la science infuse. Infus signifie mis en nous par la nature
sans aucun travail de notre part.

Comment, disait-il en son âme,
Ce chien, parce qu'il est mignon,
Vivra de pair à compagnon
Avec monsieur, avec madame ;
Et j'aurais des coups de bâton !
Que fait-il ? Il donne la patte ;
Puis aussitôt il est baisé :
S'il en faut faire autant afin que l'on me flatte,
Cela n'est pas bien malaisé.
Dans cette admirable pensée,
Voyant son maître en joie, il s'en vient lourdement,
Lève une corne tout usée,
La lui porte au menton fort amoureusement.
Non sans accompagner, pour plus grand ornement,
De son chant gracieux cette action hardie.
Oh ! oh ! quelle caresse et quelle mélodie !
Dit le maître aussitôt. Holà, Martin-bâton (1) !
Martin-bâton accourt : l'âne change de ton.
Ainsi finit la comédie.

II

Le Combat des Rats et des Belettes.

La nation des belettes,
Non plus que celle des chats,
Ne veut aucun bien aux rats ;
Et sans les portes étrètes (2)
De leurs habitations,
L'animal à longue échine (3)
En ferait, je m'imagine,
De grandes destructions.

(1) Dénomination burlesque que la Fontaine doit à Rabelais ; elle désigne le valet d'écurie armé d'un bâton pour corriger l'âne.
(2) Ancienne orthographe, pour *étroites*.
(3) La Belette.

Or, une certaine année
Qu'il en était à foison,
Leur roi nommé Ratapon
Mit en campagne une armée.
Les belettes, de leur part,
Déployèrent l'étendard.
Si l'on croit la renommée,
La victoire balança :
Plus d'un guéret s'engraissa
Du sang de plus d'une bande (1).
Mais la perte la plus grande
Tomba presque en tous endroits
Sur le peuple souriquois.
Sa déroute fut entière.
Quoi que pût faire Artarpax,
Psicarpax, Méridarpax (2),
Qui, tout couverts de poussière,
Soutinrent assez longtemps
Les efforts des combattants,
Leur résistance fut vaine ;
Il fallut céder au sort :
Chacun s'enfuit au plus fort,
Tant soldats que capitaine.
Les princes périrent tous.
La racaille, dans les trous
Trouvant sa retraite prête,
Se sauva sans grand travail ;
Mais les seigneurs sur leur tête
Ayant chacun un plumail,
Des cornes ou des aigrettes,
Soit comme marques d'honneur,
Soit afin que les belettes
En conçussent plus de peur,
Cela causa leur malheur.
Trou, ni fente, ni crevasse,
Ne fut large assez pour eux ;

---

(1) Remarquez comme les proportions du sujet s'agrandissent et comme le ton s'élève.

(2) *Voleur de pain, voleur de miettes, voleur de morceaux entiers ;* ces noms sont empruntés à la *Batrachomyomachie*, où Combat des Grenouilles et des Rats, poëme attribué à Homère.

Au lieu que la populace
Entrait dans les moindres creux.
La principale jonchée (1)
Fut donc des principaux rats.

*Une tête empanachée
N'est pas petit embarras.
Le trop superbe équipage
Peut souvent en un passage
Causer du retardement.
Les petits en toute affaire
Esquivent (2) fort aisément :
Les grands ne le peuvent faire.*

IV

Le Singe et le Dauphin.

C'était chez les Grecs un usage
Que sur la mer tous voyageurs
Menaient avec eux en voyage (3)
Singes et chiens de bateleurs.

---

(1) Vieux mot qui signifie carnage.
(2) Ce verbe exige un complément.
(3) *Voyageurs, en voyage :* négligence.

Un navire en cet équipage
Non loin d'Athènes fit naufrage.
Sans les dauphins tout eût péri.
Cet animal est fort ami
De notre espèce : en son histoire
Pline (1) le dit; il faut le croire.
Il sauva donc tout ce qu'il put.
Même un singe en cette occurrence,
Profitant de la ressemblance,
Lui pensa devoir son salut :
Un dauphin le prit pour un homme,
Et sur son dos le fit asseoir
Si gravement, qu'on eût cru voir
Ce chanteur (2) que tant on renomme.
Le dauphin l'allait mettre à bord,
Quand, par hasard, il lui demande :
Etes-vous d'Athènes la grande?
Oui, dit l'autre; on m'y connaît fort :
S'il vous y survient quelque affaire,
Employez-moi; car mes parents
Y tiennent tous les premiers rangs :
Un mien cousin est juge-maire.
Le dauphin dit : Bien grand merci;
Et le Pirée (3) a part aussi
A l'honneur de votre présence?
Vous le voyez souvent, je pense? —
Tous les jours : il est mon ami;
C'est une vieille connaissance.
Notre magot prit, pour ce coup,
Le nom d'un port pour un nom d'homme.

De telles gens il est beaucoup
Qui prendraient Vaugirard (4) pour Rome,

---

(1) Pline, surnommé l'Ancien, écrivain latin, auteur d'une *histoire naturelle*. Le passage auquel la Fontaine fait allusion se trouve livre IX, ch. VIII.

(2) Arion. Dans une traversée les matelots voulant le tuer, il se jeta à la mer pour échapper à leur fureur ; un dauphin que ses chants avaient attiré le reçut sur son dos et le porta jusqu'au rivage.

(3) Port d'Athènes.

(4) Village voisin de Paris.

Et qui, caquetant au plus dru,
Parlent de tout, et n'ont rien vu.

Le dauphin rit, tourne la tête,
Et, le magot considéré,
Il s'aperçoit qu'il n'a tiré
Du fond des eaux rien qu'une bête.
Il l'y replonge, et va trouver
Quelque homme, afin de le sauver.

V

L'Homme et l'Idole de bois.

Certain païen chez lui gardait un dieu de bois,
De ces dieux qui sont sourds, bien qu'ayant des oreilles (1).
Le païen cependant s'en promettait merveilles.
Il lui coûtait autant que trois :
Ce n'était (2) que vœux et qu'offrandes,
Sacrifices de bœufs couronnés de guirlandes.
Jamais idole, quel qu'il fût (3),
N'avait eu cuisine si grasse :
Sans que, pour tout ce culte, à son hôte il échût
Succession, trésor, gain au jeu, nulle grâce.
Bien plus, si pour un sou d'orage (4) en quelque endroit
S'amassait d'une ou d'autre sorte,
L'homme en avait sa part; et sa bourse en souffrait :
La pitance du dieu n'en était pas moins forte.
A la fin, se fâchant de n'en obtenir rien,
Il vous prend un levier, met en pièces l'idole,

(1) Souvenir du psaume CXIII : *Aures habent, et non audient.*
« Ils ont des oreilles, et n'entendent pas. »
(2) Pour : *Ce n'étaient.* Boileau dit :
Ce ne sont que festons, ce ne sont qu'astragales.
(3) *Idole* est maintenant du féminin.
(4) C'est-à-dire le moindre orage. Cette expression est familière et presque triviale.

Le trouve rempli d'or. Quand je t'ai fait du bien,
M'as-tu valu, dit-il, seulement une obole?
Va, sors de mon logis, cherche d'autres autels.
   Tu ressembles aux naturels
    Malheureux, grossiers et stupides.
On n'en peut rien tirer qu'avecque le bâton.
Plus je te remplissais, plus mes mains étaient vides.
   J'ai bien fait de changer de ton (1).

VI

Le Geai paré des plumes du Paon.

Un paon muait : un geai prit son plumage,
   Puis après se l'accommoda ;
Puis parmi d'autres paons tout fier se panada,
   Croyant être un beau personnage.
Quelqu'un le reconnut : il se vit bafoué,
   Berné, sifflé, moqué, joué,

---

(1) « Que conclure de cela ? qu'il faut battre ceux qui sont d'un naturel stupide ? Cela n'est pas vrai, et cette méthode ne produit rien de bon. » (Chamfort.) — Du reste cette fable est plus que médiocre.

Et par messieurs les paons plumé d'étrange sorte;
Même vers ses pareils s'étant réfugié,
Il fut par eux mis à la porte.

Il est assez de geais à deux pieds comme lui,
Qui se parent souvent des dépouilles d'autrui,
Et que l'on nomme plagiaires.
Je m'en tais, et ne veux leur causer nul ennui (1);
Ce ne sont pas là mes affaires.

VII

Le Chameau et les Bâtons flottants.

Le premier qui vit un chameau
S'enfuit à cet objet nouveau;
Le second s'approcha; le troisième osa faire
Un licou pour le dromadaire (2).

L'accoutumance ainsi nous rend tout familier.
Ce qui nous paraissait terrible et singulier
S'apprivoise avec notre vue (3)
Quand ce vient à la continue (4).

Et puisque nous voici tombés sur ce sujet :
On avait mis des gens au guet,
Qui voyant sur les eaux de loin certain objet,

---

(1) Le mot *ennui* avait au xvii⁰ siècle une force qui n'a plus aujourd'hui; il exprimait l'idée de chagrin, de peine.
(2) Gradation naturelle dans les sentiments et dans l'expression.
(3) C'est la vue qui s'apprivoise avec les objets; mais la poésie se permet sans scrupule ces transpositions qui laissent au sens toute sa clarté. André Chénier a dit de même : *Accoutumer la lyre aux doigts;* en cela la Fontaine et lui ne font qu'imiter les anciens.
(4) Quand cela se renouvelle sans interruption.

Ne purent s'empêcher de dire
Que c'était un puissant navire.
Quelques moments après, l'objet devint brûlot,
Et puis nacelle, et puis ballot,
Enfin bâtons flottants sur l'onde (1).

J'en sais beaucoup, de par le monde,
A qui ceci conviendrait bien :
De loin c'est quelque chose, et de près ce n'est rien.

VIII

La Grenouille et le Rat.

Tel, comme dit Merlin (2), cuide (3) engeigner (4) autrui
 Qui souvent s'engeigne soi-même.
J'ai regret que ce mot soit trop vieux aujourd'hui.

---

(1) « C'est tout le contraire de ce qui arrive réellement, la distance diminuant beaucoup les proportions des choses. Le sens moral est parfaitement vrai ; mais le sens propre est absurde. » (Ch. Nodier.)
(2) Enchanteur célèbre dans les romans de chevalerie.
(3) Vieux mot qui signifie *croit;* de là *outrecuidant, qui croit trop* de lui-même.
(4) Tromper, du latin *ingenium ;* de là vient aussi *engin,* piége. V. liv. I, 8.

Il m'a toujours semblé d'une énergie extrême.
Mais afin d'en venir au dessein que j'ai pris :
Un rat plein d'embonpoint, gras, et des mieux nourris,
Et qui ne connaissait l'avent ni le carême (1),
Sur le bord d'un marais égayait ses esprits.
Une grenouille approche, et lui dit en sa langue :
Venez me voir chez moi ; je vous ferai festin.
   Messire rat promit soudain.
Il n'était pas besoin de plus longue harangue.
Elle allégua pourtant les délices du bain,
La curiosité, les plaisirs du voyage,
Cent raretés à voir le long du marécage :
Un jour il conterait à ses petits-enfants
Les beautés de ces lieux, les mœurs des habitants,
Et le gouvernement de la chose publique
   Aquatique.
Un point sans plus tenait le galant empêché :
Il nageait (2) quelque peu, mais il fallait de l'aide.
La grenouille à cela trouve un très-bon remède :
Le rat fut à son pied par la patte attaché ;
   Un brin de jonc en fit l'affaire.
Dans le marais entré (3), notre bonne commère
S'efforce de tirer son hôte au fond de l'eau,
Contre le droit des gens, contre la foi jurée,
Prétend qu'elle en fera gorge chaude et curée (4).
C'était, à son avis, un excellent morceau.
Déjà, dans son esprit, la galande (5) le croque.
Il atteste les dieux ; la perfide s'en moque :

(1) La Fontaine met ici l'avent avec le carême, parce qu'autrefois on jeûnait aussi pendant l'avent.
(2) Il disait qu'il savait un peu nager, etc.
(3) Phrase elliptique qui répond à l'ablatif absolu du latin. Corneille a dit de même :
 Lui mort, nous n'avons plus de vengeur ni de maître. (*Cinna.*)
et Racine:
  Huit ans déjà passés, une impie étrangère
  Du sceptre de David usurpe tous les droits. (*Athalie.*)
(4) *Gorge chaude*, en terme de fauconnerie, est la viande chaude qu'on donne aux oiseaux de proie, et qu'on prend du gibier qu'ils ont attrapé. — *Curée*, en terme de vénerie, est la pâture qu'on donne aux chiens de chasse en leur faisant manger de la bête qu'ils ont prise. (Walckenaer.)
(5) C'est-à-dire rusée.

Il résiste, elle tire. En ce combat nouveau,
Un milan qui dans l'air planait, faisait la ronde,
Voit d'en haut le pauvret se débattant sur l'onde.
Il fond dessus, l'enlève, et, par même moyen,
   La grenouille et le lien.
   Tout en fut; tant et si bien,
   Que de cette double proie
   L'oiseau se donne au cœur joie,
   Ayant, de cette façon,
   A souper chair et poisson.

  La ruse la mieux ourdie
  Peut nuire à son inventeur;
  Et souvent la perfidie
  Retourne sur son auteur.

IX

Tribut envoyé par les animaux à Alexandre (1).

Une fable avait cours parmi l'antiquité (2),
  Et la raison ne m'en est pas connue.
Que le lecteur en tire une moralité :
  Voici la fable toute nue :
  La Renommée ayant dit en cent lieux
Qu'un fils de Jupiter (3), un certain Alexandre,
Ne voulant rien laisser de libre sous les cieux,
  Commandait que, sans plus attendre,
  Tout peuple à ses pieds s'allât rendre,
Quadrupèdes, humains, éléphants, vermisseaux,
  Les républiques des oiseaux;

(1) Alexandre le Grand, roi de Macédoine.
(2) Quoique *l'antiquité* soit un nom collectif, on ne le construirait plus aujourd'hui avec *parmi* ; cette préposition demande un pluriel.
(3) Alexandre eut la faiblesse de renier Philippe pour son père et de vouloir se faire passer pour fils de Jupiter.

La déesse aux cent bouches, dis-je,
Ayant mis partout la terreur
En publiant l'édit du nouvel empereur,
Les animaux, et toute espèce lige (1)
De son seul appétit, crurent que cette fois
Il fallait subir d'autres lois.
On s'assemble au désert ; tous quittent leur tanière.
Après divers avis, on résout, on conclut
D'envoyer hommage et tribut.
Pour l'hommage et pour la manière,
Le singe en fut chargé : l'on lui mit par écrit
Ce que l'on voulait qui fût dit.
Le seul tribut les tint en peine :
Car que donner ? Il fallait de l'argent.
On en prit d'un prince obligeant,
Qui, possédant dans son domaine
Des mines d'or, fournit ce qu'on voulut.
Comme il fut question de porter ce tribut,
Le mulet et l'âne s'offrirent,
Assistés du cheval ainsi que du chameau.
Tous quatre en chemin ils se mirent
Avec le singe ambassadeur nouveau.
La caravane enfin rencontre en un passage
Monseigneur le lion : cela ne leur plut point.
Nous nous rencontrons tout à point,
Dit-il, et nous voici compagnons de voyage.
J'allais offrir mon fait à part ;
Mais, bien qu'il soit léger, tout fardeau m'embarrasse ;
Obligez-moi de me faire la grâce (2)
Que d'en porter chacun un quart :
Ce ne vous sera pas une charge trop grande ;
Et j'en serai plus libre et bien plus en état (3),
En cas que les voleurs attaquent notre bande,
Et que l'on en vienne au combat.

(1) *Lige* signifiait, dans le système féodal, un vassal lié (*ligatus*) envers son seigneur par certaines obligations plus étroites que les autres. Il s'agit ici des animaux que Salluste appelle *pecora ventri obedientia*.
(2) On ne dit plus *obliger que de*, mais simplement *obliger de*.
(3) C'est-à-dire en état de vous défendre ; mais cette expression, qui veut maintenant un complément, s'employait souvent d'une manière absolue au XVIIe siècle.

Éconduire un lion rarement se pratique.
Le voilà donc admis, soulagé, bien reçu,
Et, malgré le héros de Jupiter issu,
Faisant chère et vivant sur la bourse publique.
   Ils arrivèrent dans un pré
 Tout bordé de ruisseaux, de fleurs tout diapré,
   Où maint mouton cherchait sa vie ;
  Séjour du frais, véritable patrie
Des zéphyrs. Le lion n'y fut pas (1), qu'à ses gens
   Il se plaignit d'être malade.
   Continuez votre ambassade,
Dit-il, je sens un feu qui me brûle au dedans,
Et veux chercher ici quelque herbe salutaire.
  Pour vous, ne perdez point de temps :
Rendez-moi mon argent ; j'en puis avoir affaire
On déballe ; et d'abord le lion s'écria,
   D'un ton qui témoignait sa joie :
Que de filles, ô dieux ! mes pièces de monnoie
Ont produites ! Voyez : la plupart sont déjà
   Aussi grandes que leurs mères.
Le croît (2) m'en appartient. Il prit tout là-dessus,
Ou bien, s'il ne prit tout, il n'en demeura guères.
   Le singe et les sommiers confus,
Sans oser répliquer, en chemin se remirent.
Au fils de Jupiter on dit qu'ils se plaignirent,
   Et n'en eurent point de raison.
Qu'eût-il fait ? C'eût été lion contre lion,
Et le proverbe dit : *Corsaires à corsaires* (3)
L'un l'autre s'attaquant, ne font pas leurs affaires (4).

(1) C'est-à-dire y fut à peine.
(2) Vieux mot qui a le sens d'*accroissement.*
(3) Ces vers sont de Régnier, poète satirique français antérieur à Boileau. Ils sont passés en proverbe.
(4) Le sujet de cette fable est assez insignifiant, et la Fontaine n'eût rien perdu à le laisser de côté.

X

Le Cheval s'étant voulu venger du Cerf.

De tout temps les chevaux ne sont nés pour les hommes (1).
Lorsque le genre humain de glands se contentait,
Ane, cheval, et mule, aux forêts habitait (2) :
Et l'on ne voyait point, comme au siècle où nous sommes,
  Tant de selles et tant de bâts,
  Tant de harnois pour les combats,
  Tant de chaises, tant de carrosses,
  Comme aussi ne voyait-on pas
  Tant de festins et tant de noces.
 Or un cheval eut alors différend
  Avec un cerf plein de vitesse ;
Et, ne pouvant l'attaquer en courant,
Il eut recours à l'homme, implora son adresse.
L'homme lui mit un frein, lui sauta sur le dos,
  Ne lui donna point de repos
Que le cerf ne fût pris, et n'y laissât la vie.
 Et, cela fait, le cheval remercie

---

(1) C'est-à-dire les chevaux n'ont pas toujours été au service des hommes.
(2) *Habitait* pour *habitaient* est une licence qui va trop loin.

L'homme son bienfaiteur, disant : Je suis à vous,
Adieu ; je m'en retourne en mon séjour sauvage.
Non pas cela, dit l'homme, il fait meilleur chez nous.
    Je vois trop quel est votre usage.
    Demeurez donc, vous serez bien traité,
      Et jusqu'au ventre en la litière.
      Hélas ! que sert la bonne chère
      Quand on n'a pas la liberté ?
Le cheval s'aperçut qu'il avait fait folie.
Mais il n'était plus temps ; déjà son écurie
      Etait prête et toute bâtie.
Il y mourut en y traînant son lien :
Sage s'il eût remis une légère offense.

Quel que soit le plaisir que cause la vengeance,
C'est l'acheter trop cher que l'acheter d'un bien
    Sans qui les autres ne sont rien (1).

XI

Le Renard et le Buste.

Les grands, pour la plupart, sont masques de théâtre :
Leur apparence impose (2) au vulgaire idolâtre.
L'âne n'en sait juger que par ce qu'il en voit ;
Le renard, au contraire, à fond les examine,
Les tourne de tout sens ; et quand il s'aperçoit
    Que leur fait n'est que bonne mine,
Il leur applique un mot qu'un buste de héros
    Lui fit dire fort à propos.
C'était un buste creux et plus grand que nature.

---

(1) Aristote rapporte cette fable comme étant de Stésichore. Horace a traité le même sujet en quelques vers.
(2) *Imposer* signifie *inspirer du respect* ; *en imposer* veut dire *tromper* ; cependant on confondait souvent au XVIIe siècle ces deux manières de parler.

Le renard, en louant l'effort de la sculpture :
« Belle tête, dit-il ; mais de cervelle point. »

Combien de grands seigneurs sont bustes en ce point!

XII

Le Loup, la Chèvre et le Chevreau.

La bique, allant remplir sa traînante mamelle,
  Et paître l'herbe nouvelle,
  Ferma sa porte au loquet,
  Non sans dire à son biquet :
  Gardez-vous, sur votre vie,
  D'ouvrir que l'on ne vous die (1)
  Pour enseigne et mot du guet (2) :
  Foin du loup et de sa race !
  Comme elle disait ces mots,
  Le loup de fortune (3) passe :
  Il les recueille à propos,
  Et les garde en sa mémoire.
  La bique, comme on peut croire,
  N'avait pas vu le glouton.
Dès qu'il la voit partie, il contrefait son ton,
  Et d'une voix papelarde (4),
Il demande qu'on ouvre, en disant : Foin du loup!
  Et croyant entrer tout d'un coup.
Le biquet soupçonneux par la fente regarde :
Montrez-moi patte blanche, ou je n'ouvrirai point,
S'écria-t-il d'abord. Patte blanche est un point,
Chez les loups, comme on sait, rarement en usage.
Celui-ci, fort surpris d'entendre ce langage,

(1) *Die*, mot qui a vieilli, pour *dise*.
(2) Mot d'ordre qui sert à se faire reconnaître.
(3) *De fortune*, par hasard.
(4) Adjectif de la même racine que le mot *papelardie*, par lequel on désignait autrefois l'hypocrisie.

Comme il était venu s'en retourna chez soi.
Où serait le biquet s'il eût ajouté foi
　　Au mot du guet que de fortune
　　Notre loup avait entendu?

　　Deux sûretés valent mieux qu'une (1),
Et le trop en cela ne fut jamais perdu.

XIII

Le Loup, la Mère et l'Enfant.

　　Ce loup me remet en mémoire
Un de ses compagnons qui fut encore mieux pris :
　　Il y périt. Voici l'histoire :
Un villageois avait à l'écart son logis.
Messer loup attendait chape-chute (2) à la porte :
Il avait vu sortir gibier de toute sorte,
　　Veaux de lait (3), agneaux et brebis,

(1) Vers devenu proverbe.
(2) « *Chape-chute*, ou chape (riche vêtement ecclésiastique) tombée ; les voleurs ramassent lestement ce qui tombe à terre : attendre chape-chute veut dire attendre la rencontre d'un objet précieux pour s'en emparer. » (Gérusez.)
(3) Qui tettent encore.

Régiments de dindons, enfin bonne provende (1).
Le larron commençait pourtant à s'ennuyer.
   Il entend un enfant crier :
   La mère aussitôt le gourmande,
   Le menace, s'il ne se tait,
De le donner au loup. L'animal se tient prêt,
Remerciant les dieux d'une telle aventure,
Quand la mère apaisant sa chère géniture,
Lui dit : Ne criez point; s'il vient, nous le tuerons.
Qu'est ceci? s'écria le mangeur de moutons :
Dire d'un, puis d'un autre! Est-ce ainsi que l'on traite
Les gens faits comme moi? me prend-on pour un sot?
   Que quelque jour ce beau marmot
   Vienne au bois cueillir la noisette...
Comme il disait ces mots, on sort de la maison :
Un chien de cour l'arrête : épieux (2) et fourches-fières (3)
   L'ajustent de toutes manières.
Que veniez-vous chercher en ces lieux? lui dit-on.
   Aussitôt il conta l'affaire.
   Merci de moi! lui dit la mère;
Tu mangeras mon fils! l'ai-je fait à dessein
   Qu'il assouvisse un jour ta faim?
   On assomma la pauvre bête.
Un manant lui coupa le pied droit et la tête.
Le seigneur du village à sa porte les mit ;
Et ce dicton picard alentour fut écrit :

  Biaux chires leups, n'écoutez mie
  Mère tenchent chen fieux qui crie (4).

(1) Provision de bouche.
(2) Arme à fer plat et pointu.
(3) « Fourches de fer attachées à de longues perches. » Edit. Desobry. *Fières*, qui frappent, de *ferio*.
(4) Beaux sires loups, n'écoutez pas mère tançant (grondant) son fils qui crie.

XIV

Parole de Socrate.

Socrate (1) un jour faisant bâtir,
Chacun censurait son ouvrage :
L'un trouvait les dedans, pour ne lui point mentir,
Indignes d'un tel personnage ;
L'autre blâmait la face, et tous étaient d'avis
Que les appartements en étaient trop petits.
Quelle maison pour lui! l'on y tournait à peine.
Plût au Ciel que de vrais amis,
Telle qu'elle est, dit-il, elle pût être pleine!
Le bon Socrate avait raison
De trouver pour ceux-là trop grande sa maison.

Chacun se dit ami; mais fou qui s'y repose :
Rien n'est plus commun que ce nom
Rien n'est plus rare que la chose.

XV

Le Vieillard et ses Enfants.

Toute puissance est faible, à moins que d'être unie :

Écoutez là-dessus l'esclave de Phrygie.
Si j'ajoute du mien à son invention,

---

(1) Célèbre philosophe de l'ancienne Grèce ; il fut accusé de prêcher des doctrines contraires à la religion et à la constitution de l'Etat, et condamné à boire la ciguë.

C'est pour peindre nos mœurs, et non point par envie ;
Je suis trop au-dessous de cette ambition.
Phèdre (1) enchérit souvent par un motif de gloire ;
Pour moi de tels pensers me seraient mal séants.
Mais venons à la fable, ou plutôt à l'histoire
De celui qui tâcha d'unir tous ses enfants.
Un vieillard près d'aller où la mort l'appelait :
Mes chers enfants, dit-il (à ses fils il parlait),
Voyez si vous romprez ces dards liés ensemble ;
Je vous expliquerai le nœud qui les assemble.
L'aîné les ayant pris, et fait tous ses efforts,
Les rendit en disant : Je le donne aux plus forts.
Un second lui succède et se met en posture ;
Mais en vain. Un cadet tente aussi l'aventure.
Tous perdirent leur temps ; le faisceau résista.
De ces dards joints ensemble un seul ne s'éclata (2).
Faibles gens, dit le père, il faut que je vous montre
Ce que ma force peut en semblable rencontre.
On crut qu'il se moquait ; on sourit, mais à tort :
Il sépare les dards, et les rompt sans effort.
Vous voyez, reprit-il, l'effet de la concorde :
Soyez joints, mes enfants ; que l'amour vous accorde.
Tant que dura son mal il n'eut d'autre discours.
Enfin, se sentant près de terminer ses jours :
Mes chers enfants, dit-il, je vais où sont nos pères ;
Adieu ; promettez-moi de vivre comme frères,
Que j'obtienne de vous cette grâce en mourant.
Chacun de ses trois fils l'en assure en pleurant.
Il prend à tous les mains ; il meurt. Et les trois frères
Trouvent un bien fort grand, mais fort mêlé d'affaires.
Un créancier saisit, un voisin fait procès ;
D'abord notre trio s'en tire avec succès.
Leur amitié fut courte autant qu'elle était rare.
Le sang les avait joints, l'intérêt les sépare :
L'ambition, l'envie, avec les consultants (3),
Dans la succession entrent en même temps ;
On en vient au partage, on conteste, on chicane :
Le juge sur cent points tour à tour les condamne.

(1) Phèdre, fabuliste latin du siècle d'Auguste.
(2) Pas un seul.
(3) Gens d'affaires. « Remarquez ces *consultants* qui sont un fléau ni plus ni moins que *l'ambition* et *l'envie*. » (Ch. Nodier.)

Créanciers et voisins reviennent aussitôt,
Ceux-là sur une erreur, ceux-ci sur un défaut.
Les frères désunis sont tous d'avis contraire;
L'un veut s'accommoder, l'autre n'en veut rien faire.
Tous perdirent leur bien, et voulurent trop tard
Profiter de ces dards unis et pris à part.

XV

L'Oracle et l'Impie.

*Vouloir tromper le Ciel, c'est folie à la terre.
Le dédale* (1) *des cœurs en ses détours n'enserre
Rien qui ne soit d'abord éclairé par les dieux :
Tout ce que l'homme fait, il le fait à leurs yeux,
Même les actions que dans l'ombre il croit faire.*

Un païen qui sentait quelque peu le fagot (2),
Et qui croyait en Dieu, pour user de ce mot,
    Par bénéfice d'inventaire (3),
    Alla consulter Apollon.
    Dès qu'il fut en son sanctuaire :
Ce que je tiens, dit-il, est-il en vie ou non?
    Il tenait un moineau, dit-on,
    Prêt d'étouffer (4) la pauvre bête,
    Ou de la lâcher aussitôt,
    Pour mettre Apollon en défaut.
Apollon reconnut ce qu'il avait en tête.
Mort ou vif, lui dit-il, montre-nous ton moineau,
    Et ne me tends plus de panneau :
Tu te trouverais mal d'un pareil stratagème.
    Je vois de loin, j'atteins de même (5).

(1) *Dédale*, labyrinthe, lieu plein de détours, où l'on s'égare.
(2) Qui courait risque d'être brûlé comme ne croyant pas à l'existence des dieux.
(3) Sauf vérification.
(4) Construction usitée du temps de la Fontaine; aujourd'hui il faudrait *prêt à*.
(5) Dans Homère, Apollon est appelé *le dieu qui lance au loin ses traits*.

XVII

L'Avare qui a perdu son trésor.

L'usage seulement fait la possession.

Je demande à ces gens de qui la passion
Est d'entasser toujours, mettre somme sur somme,
Quel avantage ils ont que n'ait pas un autre homme (1).
Diogène (2) là-bas est aussi riche qu'eux,
Et l'avare ici-haut (3) comme lui vit en gueux.
L'homme au trésor caché, qu'Ésope nous propose,
     Servira d'exemple à la chose.

---

(1) On peut voir les mêmes idées dans la première satire d'Horace.
(2) Philosophe grec de la secte des cyniques ; il faisait consister la vertu dans le mépris des richesses et des voluptés. Mais, par une exagération déplorable, il foulait aux pieds toutes les bienséances.
(3) *Ici-haut*. On dit *ici-bas* en parlant de la terre par rapport au ciel. La Fontaine dit, par analogie, *ici-haut* en parlant de la terre par rapport au séjour souterrain de Diogène.

Ce malheureux attendait
Pour jouir de son bien une seconde vie;
Ne possédait pas l'or, mais l'or le possédait.
Il avait dans la terre une somme enfouie,
    Son cœur avec (1), n'ayant d'autre déduit (2)
        Que d'y ruminer jour et nuit,
Et rendre sa chevance (3) à lui-même sacrée :
Qu'il allât ou qu'il vînt, qu'il bût ou qu'il mangeât,
On l'eût pris de bien court, à moins qu'il ne songeât
A l'endroit où gisait cette somme enterrée.
Il y fit tant de tours, qu'un fossoyeur le vit,
Se douta du dépôt, l'enleva sans rien dire.
Notre avare un beau jour ne trouva que le nid.
Voilà mon homme en pleurs : il gémit, il soupire,
    Il se tourmente, il se déchire.
Un passant lui demande à quel sujet ces cris.
    C'est mon trésor que l'on m'a pris. —
Votre trésor, où pris? — Tout joignant cette pierre. —
    Eh! sommes-nous en temps de guerre,
Pour l'apporter si loin? N'eussiez-vous pas mieux fait
De le laisser chez vous en votre cabinet,
    Que de le changer de demeure?
Vous auriez pu sans peine y puiser à toute heure. —
A toute heure, bons dieux, ne tient-il qu'à cela?
    L'argent vient-il comme il s'en va?
Je n'y touchais jamais (4). — Dites-moi donc, de grâce,
Reprit l'autre, pourquoi vous vous affligez tant :
Puisque vous ne touchiez jamais à cet argent,
    Mettez une pierre à la place,
    Elle vous vaudra tout autant.

(1) *Son cœur avec.* Comparez la fable 2 du livre VIII :
    . . . . Dans sa cave il enserre
      L'argent, et sa joie à la fois.
Bossuet a dit : Nous ensevelissons les morts avec leur souvenir.
(2) Vieux mot qui signifie *plaisir.*
(3) *Chevance*, bien. Ce mot se trouve dans les fabliaux du moyen âge.
(4)   *uod si comminuas, vilem redigatur ad assem.*
                      (Horace, sat. I.)

XVIII

L'Œil du Maître.

Un cerf s'étant sauvé dans une étable à bœufs,
    Fut d'abord averti par eux
    Qu'il cherchât un meilleur asile.
Mes frères, leur dit-il, ne me décelez pas :
Je vous enseignerai les pâtis (1) les plus gras.
Ce service vous peut quelque jour être utile,
    Et vous n'en aurez point regret.
Les bœufs, à toute fin (2), promirent le secret.
Il se cache en un coin, respire et prend courage.
Sur le soir on apporte herbe fraîche et fourrage,
    Comme l'on faisait tous les jours :
    L'on va, l'on vient, les valets font cent tours,
    L'intendant même, et pas un d'aventure
    N'aperçut ni cor ni ramure (3),
    Ni cerf enfin. L'habitant des forêts
Rend déjà grâce aux bœufs, attend dans cette étable
Que chacun retournant au travail de Cérès (4),
Il trouve pour sortir un moment favorable.
L'un des bœufs ruminant lui dit : Cela va bien ;
Mais quoi! l'homme aux cent yeux (5) n'a pas fait sa revue.
    Je crains fort pour toi sa venue ;
Jusque-là, pauvre cerf, ne te vante de rien.
Là-dessus le maître entre, et vient faire sa ronde.
    Qu'est ceci? dit-il à son monde,
Je trouve bien peu d'herbe en tous ces râteliers.
Cette litière est vieille; allez vite aux greniers;

---

(1) Pâturages. Remarquez comme le langage du cerf est habile en même temps que suppliant.

(2) *A toute fin*, « moitié compassion, moitié intérêt personnel. » (Ch. Nodier.)

(3) La *ramure* est le bois du cerf, et les *cors* sont les cornes qui en sortent.

(4) Cérès, déesse de l'agriculture.

(5) Le maître de la maison, à qui rien n'échappe.

Je veux voir désormais vos bêtes mieux soignées.
Que coûte-t-il d'ôter toutes ces araignées?
Ne saurait-on ranger ces jougs et ces colliers?
En regardant à tout, il voit une autre tête
Que celles qu'il voyait d'ordinaire en ce lieu.
Le cerf est reconnu; chacun prend un épieu :
    Chacun donne un coup à la bête.
Ses larmes ne sauraient la sauver du trépas.
On l'emporte, on la sale, on en fait maint repas,
    Dont maint voisin s'éjouit d'être (1).

Phèdre sur ce sujet dit fort élégamment :
    Il n'est, pour voir, que l'œil du maître.
Quant à moi, j'y mettrais encor l'œil de l'amant (2).

XIX
L'Alouette et ses petits avec le Maître d'un champ.

Ne t'attends qu'à toi seul; c'est un commun proverbe (3).
    Voici comme Ésope le mit
        En crédit :

(1) Vieux mot, pour : se réjouit.
(2) Cette fable est un petit chef-d'œuvre, l'intention morale en est excellente, et les plus petites circonstances s'y rapportent avec un bonheur infini. » (Chamfort.)
(3) *Ne quid expectes amicos quod tute agere possis.*
                      (Ennius.)

Les alouettes font leur nid
Dans les blés quand ils sont en herbe,
C'est-à-dire environ le temps
Que tout aime et que tout pullule dans le monde,
Monstres marins au fond de l'onde,
Tigres dans les forêts, alouettes aux champs.
Une pourtant de ces dernières
Avait laissé passer la moitié d'un printemps
Sans goûter le plaisir des amours printanières.
A toute force enfin elle se résolut
D'imiter la nature, et d'être mère encore.
Elle bâtit un nid, pond, couve et fait éclore
A la hâte : le tout alla du mieux qu'il put (1).
Les blés d'alentour mûrs avant que la nitée (2)
Se trouvât assez forte encor
Pour voler et prendre l'essor,
De mille soins divers l'alouette agitée
S'en va chercher pâture, avertir ses enfants
D'être toujours au guet et faire sentinelle.
Si le possesseur de ces champs
Vient avecque son fils, comme il viendra, dit-elle,
Ecoutez bien : selon ce qu'il dira,
Chacun de nous décampera.
Sitôt que l'alouette eut quitté sa famille,
Le possesseur du champ vient avecque son fils.
Ces blés sont mûrs, dit-il, allez chez nos amis
Les prier que chacun, apportant sa faucille,
Nous vienne aider demain dès la pointe du jour.
Notre alouette de retour
Trouve en alarme sa couvée.
L'un commence : Il a dit que, l'aurore levée,
L'on fît venir demain ses amis pour l'aider (3).
S'il n'a dit que cela, repartit l'alouette,
Rien ne nous presse encor de changer de retraite :
Mais c'est demain qu'il faut tout de bon écouter;

(1) « La précipitation de l'alouette est peinte par l'accumulation des circonstances, par la rapidité du récit, par l'heureux enjambement de cette période, qui se rompt brusquement au vers suivant. L'imagination ne va pas plus vite. » (Ch. Nodier.)
(2) *Nitée*, moins usité que *nichée*.
(3) « Avec quelle vivacité est peint l'empressement des enfants à rendre compte à leur mère ! » (Chamfort.)

Cependant soyez gais, voilà de quoi manger.
Eux repus, tout s'endort, les petits et la mère.
L'aube du jour arrive, et d'amis point du tout.
L'alouette à l'essor (1), le maître s'en vient faire
  Sa ronde ainsi qu'à l'ordinaire.
Ces blés ne devraient pas, dit-il, être debout.
Nos amis ont grand tort, et tort qui se repose
Sur de tels paresseux, à servir aussi lents.
  Mon fils, allez chez nos parents
  Les prier de la même chose.
L'épouvante est au nid plus forte que jamais.
— Il a dit ses parents, mère! c'est à cette heure...
  — Non, mes enfants, dormez en paix :
  Ne bougeons de notre demeure.
L'alouette eut raison; car personne ne vint.
Pour la troisième fois le maître se souvint
De visiter ses blés. Notre erreur est extrême,
Dit-il, de nous attendre à d'autres gens que nous.
Il n'est meilleur ami ni parent que soi-même.
Retenez bien cela, mon fils. Et savez-vous
Ce qu'il faut faire? Il faut qu'avec notre famille (2)
Nous prenions dès demain chacun une faucille :
C'est là notre plus court; et nous achèverons
  Notre moisson quand nous pourrons.
Dès lors que ce dessein fut su de l'alouette :
C'est ce coup qu'il est bon de partir, mes enfants.
  Et les petits en même temps,
  Voletants, se culebutants,
  Délogèrent tous sans trompette.

(1) Ayant pris son essor, étant partie.
(2) La famille signifie ici tous les gens de la maison.

FIN DU LIVRE QUATRIÈME

LIVRE CINQUIÈME

Le Bûcheron et Mercure.

A M. LE C. D. B. (1)

Votre goût a servi de règle à mon ouvrage :
J'ai tenté les moyens d'acquérir son suffrage.
Vous voulez qu'on évite un soin trop curieux
Et des vains ornements l'effort ambitieux (2),
Je le veux comme vous : cet effort ne peut plaire.
Un auteur gâte tout quand il veut trop bien faire (3),

---

(1) Ces initiales signifient : à M. le chevalier de Bouillon. Il était de la famille de Turenne.
(2)   *Ambitiosa recidet*
    Ornamenta. (Hor., *A rt. poét.,* 447.)
(3) L'esprit qu'on veut avoir gâte celui qu'on a. (Gresset)

Non qu'il faille bannir certains traits délicats.
Vous les aimez, ces traits, et je ne les hais pas.
Quant au principal but qu'Ésope se propose,
  J'y tombe au moins mal que je puis;
Enfin, si dans ces vers je ne plais et n'instruis,
Il ne tient pas à moi : c'est toujours quelque chose.
   Comme la force est un point
   Dont je ne me pique point,
Je tâche d'y tourner le vice en ridicule,
Ne pouvant l'attaquer avec des bras d'Hercule.
C'est là tout mon talent, je ne sais s'il suffit...
   Tantôt je peins en un récit
La sotte vanité jointe avecque l'envie,
Deux pivots sur qui roule aujourd'hui notre vie.
   Tel est ce chétif animal
Qui voulut en grosseur au bœuf se rendre égal.
J'oppose quelquefois, par une double image,
Le vice à la vertu, la sottise au bon sens,
   Les agneaux aux loups ravissants,
La mouche à la fourmi, faisant de cet ouvrage
Une ample comédie à cent actes divers,
   Et dont la scène est l'univers.
Hommes, dieux, animaux, tout y fait quelque rôle,
Jupiter comme un autre. Introduisons celui
Qui porte de sa part aux belles la parole :
Ce n'est pas de cela qu'il s'agit aujourd'hui.

   Un bûcheron perdit son gagne-pain,
   C'est sa cognée; et, la cherchant en vain,
   Ce fut pitié là-dessus de l'entendre.
   Il n'avait pas des outils à revendre :
   Sur celui-ci roulait tout son avoir.
   Ne sachant donc où mettre son espoir,
   Sa face était de pleurs toute baignée :
   O ma cognée! ô ma pauvre cognée!
   S'écriait-il : Jupiter, rends-la-moi;
   Je tiendrais l'être encore un coup de toi (1).
   Sa plainte fut de l'Olympe entendue.
   Mercure vient. Elle n'est pas perdue,
   Lui dit ce dieu; la connaîtras-tu bien?

---

(1) Tout ce discours est imité de Rabelais.

Je crois l'avoir près d'ici rencontrée.
Lors une d'or à l'homme étant montrée,
Il répondit : Je n'y demande rien.
Une d'argent succède à la première,
Il la refuse. Enfin une de bois.
Voilà, dit-il, la mienne cette fois :
Je suis content si j'ai cette dernière.
Tu les auras, dit le dieu, toutes trois :
Ta bonne foi sera récompensée.
En ce cas-là, je les prendrai, dit-il.
L'histoire en est aussitôt dispersée (1) ;
Et boquillons (2) de perdre leur outil,
Et de crier pour se le faire rendre.
Le roi des dieux ne sait auquel entendre.
Son fils Mercure aux criards vient encor ;
A chacun d'eux il en montre une d'or.
Chacun eût cru passer pour une bête
De ne pas dire aussitôt : La voilà !
Mercure, au lieu de donner celle-là,
Leur en décharge un grand coup sur la tête (3).

Ne point mentir, être content du sien,
C'est le plus sûr ; cependant on s'occupe
A dire faux pour attraper du bien.
Que sert cela ? Jupiter n'est pas dupe.

(1) *Dispersée*, locution vicieuse pour *répandue*.
(2) *Boquillons*, ce mot s'écrivait autrefois *bosquillons*. Ce sont les apprentis bûcherons, qui travaillent aux bosquets.
(3) Dans Rabelais, Mercure n'agit que d'après l'ordre de Jupiter.

II

Le Pot de terre et le Pot de fer.

Le pot de fer proposa
Au pot de terre un voyage.
Celui-ci s'en excusa,
Disant qu'il ferait que sage (1)
De garder le coin du feu :
Car il lui fallait si peu,
Si peu, que la moindre chose
De son débris (2) serait cause :
Il n'en reviendrait morceau.
Pour vous, dit-il, dont la peau (3)
Est plus dure que la mienne,
Je ne vois rien qui vous tienne.
Nous vous mettrons à couvert,
Repartit le pot de fer :

(1) Locution vieillie, pour *il ferait sagement*.
(2) C'est-à-dire de son brisement, de sa ruine. Il est peu usité en ce sens.
(3) La peau d'un pot de fer ! la plaisanterie est de mauvais goût.

Si quelque matière dure
Vous menace d'aventure (1),
Entre deux je passerai,
Et du coup vous sauverai.
Cette offre le persuade.
Pot de fer son camarade
Se met droit à ses côtés.
Mes gens s'en vont à trois pieds
Clopin-clopant comme ils peuvent,
L'un contre l'autre jetés
Au moindre hoquet (2) qu'ils treuvent.
Le pot de terre en souffre ; il n'eut pas fait cent pas
Que par son compagnon il fut mis en éclats,
Sans qu'il eût lieu de se plaindre.

Ne nous associons qu'avecque nos égaux :
Ou bien il nous faudra craindre
Le destin d'un de ces pots.

III

Le petit Poisson et le Pêcheur.

Petit poisson deviendra grand,
Pourvu que Dieu lui prête vie ;
Mais le lâcher en attendant,
Je tiens pour moi que c'est folie :
Car de le rattraper il n'est pas trop certain.
Un carpeau qui n'était encore que fretin (3)
Fut pris par un pêcheur au bord d'une rivière.
Tout fait nombre, dit l'homme en voyant son butin ;
Voilà commencement de chère et de festin :
Mettons-le en notre gibecière.
Le pauvre carpillon lui dit en sa manière :

(1) Évidemment de mauvaise aventure.
(2) Choc, secousse. *Hoqueter* signifiait secouer fortement ; il n'a plus ce sens.
(3) Menu poisson.

Que ferez-vous de moi? Je ne saurais fournir
  Au plus qu'une demi-bouchée (1).
  Laissez-moi carpe devenir :
  Je serai par vous repêchée ;
Quelque gros partisan (2) m'achètera bien cher :
  Au lieu qu'il vous en faut chercher
  Peut-être encor cent de ma taille
Pour faire un plat : quel plat ! croyez-moi, rien qui vaille.
Rien qui vaille ! eh bien, soit, repartit le pêcheur :
Poisson, mon bel ami, qui faites le prêcheur,
Vous irez dans la poêle, et, vous avez beau dire,
  Dès ce soir on vous fera frire.

Un Tiens vaut, ce dit-on, mieux que deux Tu l'auras :
  L'un est sûr, l'autre ne l'est pas.

IV

Les Oreilles du Lièvre.

Un animal cornu blessa de quelques coups
  Le lion, qui, plein de courroux,

(1) Dans un conte du moyen âge intitulé *le Lai de l'oiselet*, l'oiseau se défend de même : *Je suis trop petit vraiment.*
(2) « *Partisan*, se disait autrefois de celui qui avait fait un traité avec le roi pour des affaires de finance. » (Acad.)

Pour ne plus tomber en la peine,
Bannit des lieux de son domaine
Toute bête portant des cornes à son front.
Chèvres, béliers, taureaux, aussitôt délogèrent;
Daims et cerfs de climat changèrent :
Chacun à s'en aller fut prompt.
Un lièvre, apercevant l'ombre de ses oreilles,
Craignit que quelque inquisiteur (1)
N'allât interpréter à cornes leur longueur,
Ne les soutînt en tout à des cornes pareilles.
Adieu, voisin grillon, dit-il; je pars d'ici :
Mes oreilles enfin seraient cornes aussi,
Et quand je les aurais plus courtes qu'une autruche,
Je craindrais même encor. Le grillon repartit :
Cornes cela! Vous me prenez pour cruche!
Ce sont oreilles que Dieu fit.
On les fera passer pour cornes,
Dit l'animal craintif, et cornes de licornes (2).
J'aurai beau protester; mon dire et mes raisons
Iront aux Petites-Maisons (3).

V

Le Renard ayant la queue coupée.

Un vieux renard, mais des plus fins,
Grand croqueur de poulets, grand preneur de lapins,
Sentant son renard (4) d'une lieue,
Fut enfin au piége attrapé.
Par grand hasard en étant échappé,
Non pas franc (5), car pour gage il y laissa sa queue;
S'étant, dis-je, sauvé sans queue et tout honteux,

(1) Ce mot est pris au figuré, et a le sens de *dénonciateur*.
(2) Animal fabuleux, ayant une corne au milieu du front.
(3) Nom d'un hôpital des fous à Paris; il n'existe plus.
(4) *Sentant* a ici un sens passif. Ce renard est tellement renard, qu'on le sent de loin.
(5) Non pas entier.

Pour avoir des pareils (comme il était habile),
Un jour que les renards tenaient conseil entre eux :
Que faisons-nous, dit-il, de ce poids inutile,
Et qui va balayant (1) tous les sentiers fangeux?
Que nous sert cette queue? Il faut qu'on se la coupe :
    Si l'on me croit, chacun s'y résoudra.
Votre avis est fort bon, dit quelqu'un de la troupe ;
Mais tournez-vous, de grâce, et l'on vous répondra.
A ces mots il se fit une telle huée,
Que le pauvre écourté ne put être entendu.
Prétendre ôter la queue eût été temps perdu :
    La mode en fut continuée (2).

VI

La Vieille et les deux Servantes.

Il était une vieille ayant deux chambrières :
Elles filaient si bien, que les sœurs filandières (3)
Ne faisaient que brouiller au prix de celles-ci.
La vieille n'avait point de plus pressant souci
Que de distribuer aux servantes leur tâche.
Dès que Téthys (4) chassait Phébus aux crins dorés,
Tourets (5) entraient en jeu, fuseaux étaient tirés ;
    Deçà, delà, vous en aurez :
    Point de cesse, point de relâche.
Dès que l'aurore, dis-je, en son char remontait,
Un misérable coq à point nommé chantait ;
Aussitôt notre vieille, encor plus misérable,
S'affublait d'un jupon crasseux et détestable,

---

(1) *Et qui va balayant,* fait image et peint la chose aux yeux.
(2) *La mode en fut continuée,* est plaisant ; il semble qu'on puisse à volonté changer sa nature ou la garder.
(3) Les Parques, qui filent les destinées des hommes.
(4) *Téthys,* ou la mer, d'après la mythologie. *Phébus,* c'est-à-dire le soleil, se couchait dans la mer.
(5) Petits tours à dévider le fil.

Allumait une lampe, et courait droit au lit
Où, de tout leur pouvoir, de tout leur appétit,
    Dormaient les deux pauvres servantes.
L'une entr'ouvrait un œil, l'autre étendait un bras;
    Et toutes deux, très-mal contentes,
Disaient entre leurs dents : Maudit coq! tu mourras!
Comme elles l'avaient dit, la bête fut grippée :
Le réveille-matin eut la gorge coupée.
Ce meurtre n'amenda (1) nullement leur marché :
Notre couple, au contraire, à peine était couché,
Que la vieille, craignant de laisser passer l'heure,
Courait comme un lutin par toute sa demeure.

    C'est ainsi que, le plus souvent,
Quand on pense sortir d'une mauvaise affaire,
    On s'enfonce encor plus avant :
    Témoin ce couple et son salaire.
La vieille, au lieu du coq, les fit tomber par là
    De Charybde en Scylla (2).

VII

Le Satyre (3) et le Passant.

    Au fond d'un antre sauvage
    Un satyre et ses enfants
    Allaient manger leur potage
    Et prendre l'écuelle aux dents.
    On les eût vus sur la mousse,
    Lui, sa femme et maint petit;

(1) Ne rendit pas leur condition meilleure.
(2) *Charybde* est un gouffre situé dans le détroit de Sicile, vis-à-vis d'un écueil appelé *Scylla*. Ce vers, devenu proverbe, remonte au XIIe siècle.
(3) Ces satyres étaient des dieux champêtres; on les représentait sous la forme humaine avec de petites cornes et des pieds de bouc.

Ils n'avaient tapis ni housse,
Mais tous fort bon appétit.

Pour se sauver de la pluie,
Entre un passant morfondu.
Au brouet on le convie :
Il n'était pas attendu.

Son hôte n'eut pas la peine
De le semondre (1) deux fois.
D'abord avec son haleine
Il se réchauffe les doigts.

Puis sur les mets qu'on lui donne,
Délicat, il souffle aussi.
Le satyre s'en étonne :
Notre hôte, à quoi bon ceci?

— L'un refroidit mon potage,
L'autre réchauffe ma main.
— Vous pouvez, dit le sauvage,
Reprendre votre chemin.

Ne plaise aux dieux que je couche
Avec vous sous même toit!
Arrière ceux (2) *dont la bouche*
Souffle le chaud et le froid!

---

(1) Inviter, presser. Ce verbe ne s'emploie qu'à l'infinitif, et il a vieilli. — Le substantif *semonce* signifie *réprimande*.
(2) Ce que fait le passant n'a rien que d'ordinaire; le satyre fait donc un mauvais raisonnement et un ridicule jeu de mots. La Fontaine aurait dû laisser ce sujet à Ésope.

VIII

Le Cheval et le Loup.

Un certain loup, dans la saison
Que les tièdes zéphyrs ont l'herbe rajeunie (1),
Et que les animaux quittent tous la maison
    Pour s'en aller chercher leur vie;
Un loup, dis-je, au sortir des rigueurs de l'hiver,
Aperçut un cheval qu'on avait mis au vert.
    Je laisse à penser quelle joie.
Bonne chasse, dit-il, qui l'aurait à son croc (2)!
Eh! que n'es-tu mouton, car tu me serais hoc (3);
Au lieu qu'il faut ruser pour avoir cette proie.
Rusons donc. Ainsi dit, il vient à pas comptés;

(1) Inversion fréquente en poésie au XVIIe siècle : nous l'avons expliquée plus haut.
(2) *Qui l'aurait*, c'est-à-dire pour qui l'aurait. Mais un loup ne met pas son gibier au croc.
(3) C'est-à-dire assuré. « Cette expression vient du *hoc*, jeu de cartes qu'on appelle ainsi parce qu'il y a six cartes, savoir: les quatre rois, la dame de pique et le valet de carreau, qui sont *hoc*, c'est-à-dire assurées à celui qui les joue, et qui coupent toutes les autres cartes. » (Auger.)

Se dit écolier d'Hippocrate (1);
Qu'il connaît les vertus et les propriétés
De tous les simples de ces prés;
Qu'il sait guérir, sans qu'il se flatte,
Toutes sortes de maux. Si dom (2) coursier voulait
Ne point celer sa maladie,
Lui, loup, gratis le guérirait :
Car le voir en cette prairie
Paître ainsi, sans être lié,
Témoignait quelque mal, selon la médecine.
J'ai, dit la bête chevaline,
Un apostume (3) sous le pied.
Mon fils (4), dit le docteur, il n'est point de partie
Susceptible de tant de maux.
J'ai l'honneur de servir nos seigneurs les chevaux,
Et fais aussi la chirurgie.
Mon galant ne songeait qu'à bien prendre son temps,
Afin de happer son malade.
L'autre, qui s'en doutait, lui lâche une ruade,
Qui vous lui met en marmelade
Les mandibules (5) et les dents.

C'est bien fait, dit le loup en soi-même, fort triste;
Chacun à son métier doit toujours s'attacher.
Tu veux faire ici l'herboriste,
Et ne fus jamais que boucher.

(1) Sur Hippocrate, voyez livre III, fable 8.
(2) Titre honorifique; ce mot vient du latin *dominus*, seigneur.
(3) Enflure.
(4) Quelle tendresse! mais qu'elle est hypocrite!
(5) Mâchoires.

IX

Le Laboureur et ses Enfants.

Travaillez, prenez de la peine :
C'est le fonds qui manque le moins.

Un riche laboureur, sentant sa mort prochaine,
Fit venir ses enfants, leur parla sans témoins.
Gardez-vous, leur dit-il, de vendre l'héritage
    Que nous ont laissé nos parents :
    Un trésor est caché dedans.
Je ne sais pas l'endroit ; mais un peu de courage
Vous le fera trouver : vous en viendrez à bout.
Remuez votre champ dès qu'on aura fait l'oût (1) :
Creusez, fouillez, bêchez (2) : ne laissez nulle place
    Où la main ne passe et repasse.
Le père mort, les fils vous retournent le champ,
Deçà, delà, partout ; si bien qu'au bout de l'an
    Il en rapporta davantage.
D'argent, point de caché (3). *Mais le père fut sage*
    De leur montrer, avant sa mort,
    Que le travail est un trésor.

X

La Montagne qui accouche.

Une montagne en mal d'enfant
Jetait une clameur si haute,

---

(1) La moisson. V. liv. I, fab. 4.
(2) Ces verbes répétés au même temps, ces phrases coupées marquent bien l'activité.
(3) Tour vif, pour : il n'y a pas d'argent.

Que chacun, au bruit accourant,
Crut qu'elle accoucherait sans faute
D'une cité plus grosse que Paris :
Elle accoucha d'une souris.

Quand je songe à cette fable,
Dont le récit est menteur,
Et le sens est véritable,
Je me figure un auteur
Qui dit : Je chanterai la guerre
Que firent les Titans au maître du tonnerre.
C'est promettre beaucoup ; mais qu'en sort-il souvent ?
Du vent (1).

XI

La Fortune et le jeune Enfant.

Sur le bord d'un puits très-profond
Dormait, étendu de son long,

---

(1) Ce vers de deux pieds est du plus heureux effet ; c'est une imitation d'Horace :
Parturient montes, nascetur ridiculus mus.
(Art poét., v. 139.)
Boileau, en exprimant la même idée, n'a pas conservé l'image :
La montagne en travail enfante une souris.

Un enfant alors dans ses classes.
Tout est aux écoliers couchette et matelas.
Un honnête homme (1) en pareil cas
Aurait fait un saut de vingt brasses.
Près de là tout heureusement
La Fortune passa, l'éveilla doucement,
Lui disant : Mon mignon, je vous sauve la vie :
Soyez une autre fois plus sage, je vous prie.
Si vous fussiez tombé, l'on s'en fût pris à moi ;
Cependant c'était votre faute.
Je vous demande, en bonne foi,
Si cette imprudence si haute
Provient de mon caprice. Elle part à ces mots.

Pour moi, j'approuve son propos.
Il n'arrive rien dans le monde
Qu'il ne faille qu'elle en réponde :
Nous la faisons de tous écots (2) ;
Elle est prise à garant de toutes aventures.
Est-on sot, étourdi, prend-on mal ses mesures,
On pense en être quitte en accusant son sort :
Bref, la Fortune a toujours tort (3).

XII

Les Médecins.

Le médecin Tant-pis allait voir un malade
Que visitait aussi son confrère Tant-mieux.
Ce dernier espérait, quoique son camarade
Soutînt que le gisant irait voir ses aïeux.

(1) La pensée sous-entendue est facile à suppléer : l'enfant est opposé à l'honnête homme. La Fontaine n'aimait pas l'enfance.
(2) Nous lui faisons payer sa part en tout.
(3) Démosthène exprime la même pensée dans un de ses discours contre Philippe. (Olynth. I.)

Tous deux s'étant trouvés différents pour la cure,
Leur malade paya le tribut à nature,
Après qu'en ses conseils Tant-pis eut été cru.
Ils triomphaient encor sur cette maladie.
L'un disait : Il est mort ; je l'avais bien prévu.
S'il m'eût cru, disait l'autre, il serait plein de vie (1).

XIII

La Poule aux Œufs d'or.

L'avarice perd tout en voulant tout gagner.
      Je ne veux, pour le témoigner,
Que celui dont la poule, à ce que dit la fable,
      Pondait tous les jours un œuf d'or.
Il crut que dans son corps elle avait un trésor :
Il la tua, l'ouvrit, et la trouva semblable
A celles dont les œufs ne lui rapportaient rien,
S'étant lui-même ôté le plus beau de son bien.

(1) Cette petite pièce est une épigramme plutôt qu'un apologue ; mais elle est charmante.

Belle leçon pour les gens chiches (1).
Pendant ces derniers temps, combien en a-t-on vus
Qui du soir au matin sont pauvres devenus,
Pour vouloir trop tôt être riches!

XIV

L'Ane portant des Reliques.

Un baudet chargé de reliques
S'imagina qu'on l'adorait :
Dans ce penser, il se carrait,
Recevant comme siens l'encens et les cantiques.
Quelqu'un vit l'erreur, et lui dit :
Maître baudet, ôtez-vous de l'esprit
Une vanité si folle.
Ce n'est pas vous, c'est l'idole (2)
A qui cet honneur se rend,
Et que la gloire en est due.

D'un magistrat ignorant
C'est la robe qu'on salue (3).

(1) *Cupides* semblerait plus juste. Un homme *chiche* est celui qui tient trop à ce qu'il a, et qui craint de faire une dépense même nécessaire.

(2) On a remarqué avec raison qu *idole* ne peut être substitué à *reliques*, si ce dernier mot est pris, selon le sens catholique, pour désigner les restes des saints qu'on expose à la vénération des fidèles. — De plus, *ce n'est pas vous, c'est l'idole... que la gloire en est due*, n'est pas français.

(3) Ces deux vers sont devenus proverbe.

XV

Le Cerf et la Vigne.

Un cerf, à la faveur d'une vigne fort haute,
Et telle qu'on en voit en de certains climats,
S'étant mis à couvert et sauvé du trépas,
Les veneurs (1), pour ce coup, croyaient leurs chiens en faute;
Ils les rappellent donc. Le cerf, hors de danger,
Broute sa bienfaitrice (2); ingratitude extrême!
On l'entend, on retourne, on le fait déloger :
    Il vient mourir en ce lieu même.
J'ai mérité, dit-il, ce juste châtiment :
Profitez-en, ingrats. Il tombe en ce moment.
La meute en fait curée : il lui fut inutile
De pleurer aux veneurs à sa mort arrivés.

Vraie image de ceux qui profanent l'asile
    Qui les a conservés.

(1) Chasseurs chargés de lancer les chiens.
(2) Hardiesse poétique très-remarquable. Tout s'anime sous le pinceau de la Fontaine, parce que sa sensibilité s'intéresse à tout.

XVI

Le Serpent et la Lime.

On conte qu'un serpent voisin d'un horloger
(C'était pour l'horloger un mauvais voisinage)
Entra dans sa boutique, et, cherchant à manger,
    N'y rencontra pour tout potage
Qu'une lime d'acier, qu'il se mit à ronger.
Cette lime lui dit sans se mettre en colère :
    Pauvre ignorant! eh! que prétends-tu faire?
      Tu te prends à plus dur que toi,
      Petit serpent à tête folle :
      Plutôt que d'emporter de moi
      Seulement le quart d'une obole (1)
      Tu te romprais toutes les dents.
      Je ne crains que celles du temps.

Ceci s'adresse à vous, esprits du dernier ordre,
Qui, n'étant bons à rien, cherchez sur tout à mordre :

    (1) Petite monnaie en usage dans l'antiquité. On se sert de ce mot pour indiquer une chose d'une très-petite valeur.

Vous vous tourmentez vainement.
Croyez-vous que vos dents impriment leurs outrages
Sur tant de beaux ouvrages ?
Ils sont pour vous d'airain, d'acier, de diamant.

XVII

Le Lièvre et la Perdrix.

Il ne se faut jamais moquer des misérables ;
Car qui peut s'assurer d'être toujours heureux (1) ?

    Le sage Ésope dans ses fables
    Nous en donne un exemple ou deux.
    Celui qu'en ces vers je propose,
    Et les siens, ce sont même chose.
Le lièvre et la perdrix, concitoyens d'un champ,
Vivaient dans un état, ce semble, assez tranquille,
    Quand une meute s'approchant
Oblige le premier à chercher un asile :
Il s'enfuit dans son fort, met les chiens en défaut,
    Sans même en excepter Brifaut (2).
    Enfin il se trahit lui-même
Par les esprits sortant de son corps échauffé.
Miraut, sur leur odeur ayant philosophé,
Conclut que c'est son lièvre, et d'une ardeur extrême

(1) Un commentateur ne trouve pas ce motif suffisamment moral ; « car, dit-il, fût-on assuré d'être toujours heureux, il faudrait encore compatir au malheur. » En fait de morale, la Fontaine ne se pique pas de profondeur, et il s'en tient à ce que tout le monde comprend. Voici donc, selon nous, sa pensée : « Ne vous moquez pas... Car vous n'êtes pas assuré d'être toujours heureux, et vous ne voudriez pas qu'on se moquât de vous. » Ce qui revient à dire : « Ne faites pas ce que vous ne voudriez pas qu'on vous fît à vous-même. »

(2) Nom de chien ; il signifie *glouton*, et vient du verbe *briffer*, manger avec avidité. — *Miraut* et *Rustaut*, autres noms de chiens

Il le pousse; et Rustaut, qui n'a jamais menti,
Dit que le lièvre est reparti.
Le pauvre malheureux vint mourir à son gîte.
La perdrix le raille et lui dit :
Tu te vantais d'être si vite!
Qu'as-tu fait de tes pieds? Au moment qu'elle rit,
Son tour vient; on la trouve. Elle croit que ses ailes
La sauront garantir à toute extrémité.
Mais la pauvrette avait compté
Sans l'autour (1) aux serres cruelles.

XVII

L'Aigle et le Hibou.

L'aigle et le chat-huant leurs querelles cessèrent,
Et firent tant qu'ils s'embrassèrent.
L'un jura foi de roi, l'autre foi de hibou,
Qu'ils ne se goberaient leurs petits peu ni prou (2).
Connaissez-vous les miens? dit l'oiseau de Minerve.
Non, dit l'aigle. Tant pis, reprit le triste oiseau;
Je crains en ce cas pour leur peau :
C'est hasard si je les conserve.

(1) *Autour*, oiseau de proie.
(2) *Prou*, beaucoup.

Comme vous êtes roi, vous ne considérez
Qui ni quoi : rois et dieux mettent, quoi qu'on leur die,
    Tout en même catégorie.
Adieu mes nourrissons, si vous les rencontrez.
Peignez-les-moi, dit l'aigle, ou bien me les montrez :
    Je n'y toucherai de ma vie
Le hibou repartit : Mes petits sont mignons,
Beaux, bien faits, et jolis sur tous leurs compagnons ;
Vous les reconnaîtrez sans peine à cette marque :
N'allez pas l'oublier ; retenez-la si bien,
    Que chez moi la maudite Parque (1)
    N'entre point par votre moyen.
Il avint qu'au hibou Dieu donna géniture :
De façon qu'un beau soir qu'il était en pâture
    Notre aigle aperçut d'aventure,
    Dans le coin d'une roche dure,
    Ou dans les trous d'une masure (2)
    (Je ne sais pas lequel des deux),
    De petits monstres fort hideux,
Rechignés, un air triste, une voix de mégère (3).
Ces enfants ne sont pas, dit l'aigle, à notre ami ;
Croquons-les. Le galant n'en fit pas à demi :
Ses repas ne sont point repas à la légère.
Le hibou, de retour, ne trouve que les pieds
De ses chers nourrissons, hélas ! pour toute chose.
Il se plaint ; et les dieux sont par lui suppliés
De punir le brigand qui de son deuil est cause.
Quelqu'un lui dit alors : N'en accuse que toi,
    Ou plutôt la commune loi
    Qui veut qu'on trouve son semblable
    Beau, bien fait, et sur tous aimable.
Tu fis de tes enfants à l'aigle ce portrait :
    En avaient-ils le moindre trait?

(1) Ce mot est pris ici pour la *mort*.
(2) Cinq vers de suite qui riment ! c'est une licence excessive, et qu'il ne faudrait pas imiter.
(3) Une des furies, divinités infernales.

XIX
Le Lion s'en allant en guerre.

Le lion dans sa tête avait une entreprise :
Il tint conseil de guerre, envoya ses prévôts (1),
    Fit avertir les animaux.
Tous furent du dessein, chacun selon sa guise (2).
    L'éléphant devait sur son dos
    Porter l'attirail nécessaire,
    Et combattre à son ordinaire ;
    L'ours s'apprêter pour les assauts ;
Le renard ménager de secrètes pratiques,
Et le singe amuser l'ennemi par ses tours.
Renvoyez, dit quelqu'un, les ânes, qui sont lourds,
Et les lièvres, sujets à des terreurs paniques.
Point du tout, dit le roi ; je les veux employer :
Notre troupe sans eux ne serait pas complète ;
L'âne effraiera les gens, nous servant de trompette,
Et le lièvre pourra nous servir de courrier.

    Le monarque prudent et sage
De ses moindres sujets sait tirer quelque usage
    Et connaît les divers talents.
Il n'est rien d'inutile aux personnes de sens (3).

(1) Officiers.
(2) Son talent naturel, son aptitude.
(3) « Excellent apologue, affabulation très-bien exprimée. »
(Ch. Nodier.)

XX

L'Ours et les deux Compagnons.

Deux compagnons pressés d'argent
A leur voisin fourreur vendirent
La peau d'un ours encor vivant,
Mais qu'ils tueraient bientôt, du moins à ce qu'ils dirent.
C'était le roi des ours, au compte de ces gens.
Le marchand à sa peau (1) devait faire fortune ;
Elle garantirait des froids les plus cuisants,
On en pourrait tirer plutôt deux robes qu'une.
Dindenaut (2) prisait moins ses moutons qu'eux leur ours ;
Leur à leur compte, et non à celui de la bête.
S'offrant de la livrer au plus tard dans deux jours,
Ils conviennent de prix et se mettent en quête,
Trouvent l'ours qui s'avance et vient vers eux au trot.
Voilà mes gens frappés comme d'un coup de foudre.

(1) Pour : *avec sa peau.*
(2) *Dindenaut*, nom d'un marchand de moutons dans Rabelais. Panurge lui ayant acheté un de ses moutons, qu'il jeta à la mer, les autres suivirent ; de là le proverbe : « Comme les moutons de Panurge. »

Le marché ne tint pas, il fallut le résoudre :
D'intérêts (1) contre l'ours on n'en dit pas un mot.
L'un des deux compagnons grimpe au faîte d'un arbre.
   L'autre, plus froid que n'est un marbre,
Se couche sur le nez, fait le mort, tient son vent (2),
    Ayant quelque part ouï dire
    Que l'ours s'acharne peu souvent
Sur un corps qui ne vit, ne meut, ni ne respire.
Seigneur ours, comme un sot, donna dans ce panneau :
Il voit ce corps gisant, le croit privé de vie;
    Et, de peur de supercherie,
Le tourne, le retourne, approche son museau,
    Flaire au passage de l'haleine.
C'est, dit-il, un cadavre; ôtons-nous, car il sent.
A ces mots l'ours s'en va dans la forêt prochaine.
L'un de nos deux marchands de son arbre descend,
Court à son compagnon, lui dit que c'est merveille
Qu'il n'ait seulement eu que la peur pour tout mal.
Eh bien! ajouta-t-il, la peau de l'animal?
    Mais que t'a-t-il dit à l'oreille?
    Car il t'approchait de bien près,
    Te retournant avec sa serre.
  — Il m'a dit qu'*il ne faut jamais
Vendre la peau de l'ours qu'on ne l'ait mis par terre* (3).

XXI

L'Ane vêtu de la peau du Lion.

De la peau du lion l'âne s'étant vêtu,
   Était craint partout à la ronde;

---

(1) C'est-à-dire des dommages et intérêts.
(2) Retient son haleine, sa respiration.
(3) Moralité plaisamment amenée. Le sujet de cette fable est emprunté à Philippe de Commines, liv. IV, chap. II, de ses *Mémoires*.

Et bien qu'animal sans vertu (1),
Il faisait trembler tout le monde.
Un petit bout d'oreille échappé par malheur
Découvrit la fourbe et l'erreur :
Martin (2) fit alors son office.
Ceux qui ne savaient pas la ruse et la malice
S'étonnaient de voir que Martin
Chassât les lions au moulin.

*Force gens font du bruit en France
Par qui cet apologue est rendu familier.
Un équipage cavalier
Fait les trois quarts de leur vaillance.*

(1) *Sans vertu*, sans courage; c'est le sens propre de *virtus*.
(2) Martin-bâton. C'est le même personnage qu'on a vu dans la fable de *l'Ane et le Petit Chien*.

FIN DU LIVRE CINQUIÈME

LIVRE SIXIÈME

Le Pâtre et le Lion.

Les fables ne sont pas ce qu'elles semblent être :
Le plus simple animal nous y tient lieu de maître.
Une morale nue apporte de l'ennui :
Le conte fait passer le précepte avec lui.
En ces sortes de feinte il faut instruire et plaire (1),
Et conter pour conter me semble peu d'affaire.
C'est par cette raison qu'égayant leur esprit,
Nombre de gens fameux en ce genre ont écrit.
Tous ont fui l'ornement et le trop d'étendue ;
On ne voit point chez eux de parole perdue :

Omne tulit punctum qui miscuit utile dulci,
Lectorem delectando pariterque monendo.
(Hor., *Art. poét.*)

Phèdre était si succinct, qu'aucuns (1) l'en ont blâmé;
Ésope en moins de mots s'est encore exprimé.
Mais sur tous certain Grec (2) renchérit, et se pique
    D'une élégance laconique;
Il renferme toujours son conte en quatre vers.
Bien ou mal, je le laisse à juger aux experts.
Voyons-le (3) avec Ésope en un sujet semblable.
L'un amène un chasseur, l'autre un pâtre en sa fable.
J'ai suivi leur projet quant à l'événement,
Y cousant en chemin quelque trait seulement.
Voici comme, à peu près, Ésope le raconte :
Un pâtre à ses brebis trouvant quelque mécompte,
Voulut à toute force attraper le larron.
Il s'en va près d'un antre, et tend à l'environ
Des lacs à prendre loups, soupçonnant cette engeance.
    Avant que partir (4) de ces lieux,
Si tu fais, disait-il, ô monarque des dieux,
Que le drôle à ces lacs se prenne en ma présence,
    Et que je goûte ce plaisir,
    Parmi vingt veaux je veux choisir
    Le plus gras, et t'en faire offrande.
A ces mots sort de l'antre un lion grand et fort;
Le pâtre se tapit, et dit à demi mort :
Que l'homme ne sait guère, hélas! ce qu'il demande!
Pour trouver le larron qui détruit mon troupeau,
Et le voir en ces lacs pris avant que je parte,
O monarque des dieux, je t'ai promis un veau :
Je te promets un bœuf si tu fais qu'il s'écarte!

C'est ainsi que l'a dit le principal auteur;
    Passons à son imitateur.

(1) Quelques-uns.
(2) Gabrias ou Babrias. On n'est pas d'accord sur l'époque où il vécut.
(3) *Le* s'élide devant la voyelle du mot suivant; c'est une licence poétique.
(4) On dirait aujourd'hui *avant de* ou *avant que de partir*.

II

Le Lion et le Chasseur.

Un fanfaron amateur de la chasse,
Venant de perdre un chien de bonne race,
Qu'il soupçonnait dans le corps d'un lion,
Vit un berger : Enseigne-moi de grâce,
De mon voleur, lui dit-il, la maison ;
Que de ce pas je me fasse raison.
Le berger dit : C'est vers cette montagne.
En lui payant de tribut un mouton
Par chaque mois, j'erre dans la campagne
Comme il me plaît ; et je suis en repos.
Dans le moment qu'il tenait ces propos,
Le lion sort, et vient d'un pas agile.
Le fanfaron aussitôt d'esquiver (1) :
O Jupiter, montre-moi quelque asile,
S'écria-t-il, qui me puisse sauver !

La vraie épreuve du courage
N'est que dans le danger que l'on touche du doigt.
Tel le cherchait, dit-il, qui, changeant de langage,
S'enfuit aussitôt qu'il le voit.

(1) *Esquiver* demande un régime.

III

Phébus et Borée.

Borée et le soleil virent un voyageur
    Qui s'était muni par bonheur
Contre le mauvais temps. On entrait dans l'automne,
Quand la précaution aux voyageurs est bonne :
Il pleut ; le soleil luit ; et l'écharpe d'Iris (1)
    Rend ceux qui sortent avertis
Qu'en ces mois le manteau leur est fort nécessaire :
Les Latins les nommaient douteux (2) pour cette affaire (3).
Notre homme s'était donc à la pluie attendu.
Bon manteau bien doublé, bonne étoffe bien forte.
Celui-ci, dit le Vent, prétend avoir pourvu
A tous les accidents ; mais il n'a pas prévu
    Que je saurai souffler de sorte
Qu'il n'est bouton qui tienne : il faudra, si je veux,
    Que le manteau s'en aille au diable.
L'ébattement pourrait-nous en être agréable :

(1) L'arc-en-ciel.
(2) *Douteux. Incertis mensibus,* se trouve dans Virgile.
(3) *Pour cette affaire,* pour cette raison.

Vous plaît-il de l'avoir? — Eh bien! gageons nous deux,
　　　　Dit Phébus, sans tant de paroles,
A qui plus tôt aura dégarni les épaules
　　　　Du cavalier que nous voyons.
Commencez : je vous laisse obscurcir mes rayons.
Il n'en fallut pas plus. Notre souffleur à gage (1)
Se gorge de vapeurs, s'enfle comme un ballon,
　　　　Fait un vacarme de démon,
Siffle, souffle, tempête et brise en son passage
Maint toit qui n'en peut mais, fait périr maint bateau (2),
　　　　Le tout au sujet d'un manteau.
Le cavalier eut soin d'empêcher que l'orage
　　　　Ne se pût engouffrer dedans.
Cela le préserva. Le Vent perdit son temps;
Plus il se tourmentait, plus l'autre tenait ferme.
Il eut beau faire agir le collet et les plis.
　　　　Sitôt qu'il fut au bout du terme
　　　　Qu'à la gageure on avait mis,
　　　　Le Soleil dissipe la nue,
Récrée et puis pénètre enfin le cavalier,
Sous son balandras (3) fait qu'il sue,
　　　　Le contraint de s'en dépouiller :
Encore n'usa-t-il pas de toute sa puissance.

Plus fait douceur que violence (4).

IV

Jupiter et le Métayer.

Jupiter eut jadis une ferme à donner.
Mercure en fit l'annonce, et gens se présentèrent,

　　(1) *A gage*, qui a gagé, et qui se croit sûr de son fait.
　　(2) « Il est permis de croire que la poésie imitative n'est jamais allée plus loin. » (Ch. Nodier.)
　　(3) *Balandras* et plus communément *balandran*, espèce de manteau.
　　(4) Vers devenu proverbe.

Firent des offres, écoutèrent :
Ce ne fut pas sans bien tourner ;
L'un alléguait que l'héritage
Était frayant (1) et rude, et l'autre un autre si.
Pendant qu'ils marchandaient ainsi,
Un d'eux, le plus hardi, mais non pas le plus sage,
Promit d'en rendre tant, pourvu que Jupiter
Le laissât disposer de l'air,
Lui donnât saison à sa guise,
Qu'il eût du chaud, du froid, du beau temps, de la bise,
Enfin du sec et du mouillé,
Aussitôt qu'il aurait bayé.
Jupiter y consent. Contrat passé, notre homme
Tranche du roi des airs, pleut, vente (2), et fait en somme
Un climat pour lui seul : ses plus proches voisins
Ne s'en sentaient non plus que les Américains.
Ce fut leur avantage : ils eurent bonne année,
Pleine moisson, pleine vinée (3).
Monsieur le receveur fut très-mal partagé.
L'an suivant, voilà tout changé :
Il ajuste d'une autre sorte
La température des cieux,
Son champ ne s'en trouve pas mieux ;
Celui de ses voisins fructifie et rapporte.
Que fait-il ? Il recourt au monarque des dieux :
Il confesse son imprudence.
Jupiter en usa comme un maître fort doux.

Concluons que la Providence
Sait ce qu'il nous faut mieux que nous.

(1) *Frayant*, coûteux. « Inusité partout ailleurs qu'en Champagne et en Picardie. » (Ch. Nodier.)
(2) La Fontaine fait ces verbes actifs. « Ce sont de ces fautes qui ne réussissent qu'aux maîtres. » (Chamfort.)
(3) *Vinée*, vendange.

V

Le Cochet (1), le Chat et le Souriceau.

Un souriceau tout jeune, et qui n'avait rien vu,
    Fut presque pris au dépourvu.
Voici comme il conta l'aventure à sa mère :
J'avais franchi les monts qui bornent cet Etat,
    Et trottais comme un jeune rat
    Qui cherche à se donner carrière,
Lorsque deux animaux m'ont arrêté les yeux :
    L'un doux, bénin et gracieux,
Et l'autre turbulent, et plein d'inquiétude ;
    Il a la voix perçante et rude,
    Sur la tête un morceau de chair,
Une sorte de bras (2) dont il s'élève en l'air
    Comme pour prendre sa volée,
    La queue en panache étalée.

(1) Petit coq.
(2) *Un morceau de chair... une sorte de bras*, désignent la crête et les ailes, mais d'une manière vague, qui montre l'inexpérience du souriceau.

Or c'était un cochet, dont notre souriceau
    Fit à sa mère le tableau,
Comme d'un animal venu de l'Amérique.
Il se battait, dit-il, les flancs avec ses bras,
    Faisant tel bruit et tel fracas,
Que moi, qui, grâce aux dieux, de courage me pique,
    En ai pris la fuite de peur,
    Le maudissant de très-bon cœur.
    Sans lui j'aurais fait connaissance
Avec cet animal qui m'a semblé si doux :
    Il est velouté comme nous,
Marqueté, longue queue, une humble contenance,
Un modeste regard, et pourtant l'œil luisant.
    Je le crois fort sympathisant
Avec messieurs les rats; car il a des oreilles
    En figure aux nôtres pareilles.
Je l'allais aborder, quand d'un son plein d'éclat
    L'autre m'a fait prendre la fuite.
Mon fils, dit la souris, ce doucet est un chat,
    Qui, sous son minois hypocrite,
    Contre toute ta parenté
    D'un malin vouloir est porté.
    L'autre animal, tout au contraire,
    Bien éloigné de nous mal faire,
Servira quelque jour peut-être à nos repas.
Quant au chat, c'est sur nous qu'il fonde sa cuisine.

    Garde-toi, tant que tu vivras,
    De juger les gens sur la mine (1).

VI

Le Renard, le Singe et les Animaux.

Les animaux, au décès d'un lion
En son vivant prince de la contrée,

---

(1) « Cette fable est un chef-d'œuvre; la narration et la morale se trouvent dans le dialogue des personnages, et l'auteur s'y montre à peine. » (Chamfort.)

Pour faire un roi s'assemblèrent, dit-on.
De son étui la couronne est tirée :
Dans une chartre (1) un dragon la gardait.
Il se trouva que, sur tous essayée,
A pas un d'eux elle ne convenait :
Plusieurs avaient la tête trop menue,
Aucuns trop grosse, aucuns même cornue.
Le singe aussi fit l'épreuve en riant;
Et, par plaisir la tiare (2) essayant,
Il fit autour force grimaceries (3),
Tours de souplesse, et mille singeries,
Passa dedans ainsi qu'en un cerceau.
Aux animaux cela sembla si beau,
Qu'il fut élu : chacun lui fit hommage.
Le renard seul regretta son suffrage,
Sans toutefois montrer son sentiment.
Quand il eut fait son petit compliment,
Il dit au roi : Je sais, sire, une cache,
Et ne crois pas qu'autre que moi la sache.
Or tout trésor, par droit de royauté,
Appartient, sire, à Votre Majesté.
Le nouveau roi bâille après la finance;
Lui-même y court pour n'être pas trompé.
C'était un piége : il y fut attrapé.
Le renard dit, au nom de l'assistance :
Prétendrais-tu nous gouverner encor,
Ne sachant pas te conduire toi-même?
Il fut démis, et l'on tomba d'accord
Qu'à peu de gens convient le diadème (4).

(1) Un lieu de réserve, une prison. Ce mot vient du latin *carcer*.
(2) *Tiare*, couronne; il ne se dit ordinairement que de la couronne pontificale.
(3) *Grimaceries*, mot inventé par la Fontaine.
(4) « Cela est vrai ; mais cet apologue ne finit point, et l'on ne sait si la couronne fut remise dans la *chartre*, ou si on la donna au renard. » (Ch. Nodier.)

VII

Le Mulet se vantant de sa généalogie.

Le mulet d'un prélat se piquait de noblesse,
      Et ne parlait incessamment
      Que de sa mère la jument,
      Dont il contait mainte prouesse.
Elle avait fait ceci, puis avait été là.
      Son fils prétendait pour cela
      Qu'on le dût mettre dans l'histoire.
Il eût cru s'abaisser servant un médecin.
Étant devenu vieux, on le mit au moulin :
Son père l'âne alors lui revint en mémoire.

      Quand le malheur ne serait bon
      Qu'à mettre un sot à la raison,
      Toujours serait-ce à juste cause
      Qu'on le dit bon à quelque chose (1).

(1) Excellent apologue, l'affabulation y répond.

VIII

Le Vieillard et l'Ane.

Un vieillard sur son âne aperçut en passant
    Un pré plein d'herbe et fleurissant :
Il y lâche sa bête, et le grison se rue
    Au travers de l'herbe menue,
    Se vautrant, grattant et frottant,
    Gambadant, chantant et broutant (1),
    Et faisant mainte place nette.
    L'ennemi vient sur l'entrefaite (2).
    Fuyons, dit alors le vieillard.
    Pourquoi? répondit le paillard (3)?
Me fera-t-on porter double bât, double charge?
Non pas, dit le vieillard, qui prit d'abord le large.
Et que m'importe donc, dit l'âne, à qui je sois?
    Sauvez-vous, et me laissez paître.

    Notre ennemi, c'est notre maître :
    Je vous le dis en bon françois.

---

(1) Remarquez l'effet de ces participes présents accumulés.
(2) Ce mot ne s'emploie ordinairement qu'au pluriel.
(3) Qui couche sur la paille.

IX

Le Cerf se voyant dans l'eau.

Dans le cristal d'une fontaine
Un cerf se mirait autrefois,
Louait la beauté de son bois,
Et ne pouvait qu'avecque peine
Souffrir ses jambes de fuseaux,
Dont il voyait l'objet (1) se perdre dans les eaux.
Quelle proportion de mes pieds à ma tête!
Disait-il en voyant leur ombre avec douleur :
Des taillis les plus hauts mon front atteint le faîte (2);
Mes pieds ne me font point d'honneur.
Tout en parlant de la sorte,
Un limier (3) le fait partir.
Il tâche à se garantir :
Dans les forêts il s'emporte :
Son bois, dommageable ornement,
L'arrêtant à chaque moment,
Nuit à l'office que lui rendent
Ses pieds, de qui ses jours dépendent.
Il se dédit alors, et maudit les présents
Que le Ciel lui fait tous les ans (4).

Nous faisons cas du beau, nous méprisons l'utile :
Et le beau souvent nous détruit.
Ce cerf blâme ses pieds, qui le rendent agile;
Il estime un bois qui lui nuit.

(1) *L'objet*, c'est-à-dire l'image projetée devant lui. C'est un latinisme.
(2) « Vers superbe encadré dans un apologue d'ailleurs très-simplement écrit. » (Ch. Nodier.)
(3) *Limier*, gros chien de chasse.
(4) Périphrase poétique pour dire son bois, qui tombe et qui se renouvelle tous les ans.

X

Le Lièvre et la Tortue.

Rien ne sert de courir : il faut partir à point (1).
Le lièvre et la tortue en sont un témoignage.
Gageons, dit celle-ci, que vous n'atteindrez point
Sitôt que moi ce but. — Sitôt ! êtes-vous sage ?
     Repartit l'animal léger :
     Ma commère, il vous faut purger
     Avec quatre grains d'ellébore (2). —
     Sage ou non, je parie encore.
     Ainsi fut fait, et de tous deux
     On mit près du but les enjeux.
     Savoir quoi, ce n'est pas l'affaire,
     Ni de quel juge l'on convint.
Notre lièvre n'avait que quatre pas à faire ;
J'entends de ceux qu'il fait lorsque, près d'être atteint,
Il s'éloigne des chiens, les renvoie aux calendes (3),

---

(1) Espèce de proverbe qui se trouve déjà dans Rabelais.
(2) Herbe à laquelle les anciens attribuaient la propriété de guérir de la folie.
(3) Il faudrait *aux calendes grecques*, c'est-à-dire à un temps qui n'arrivera jamais ; car les Grecs n'avaient point de *calendes* dans leur calendrier, comme les Romains.

Et leur fait arpenter les landes.
Ayant, dis-je, du temps de reste pour brouter,
Pour dormir, et pour écouter
D'où vient le vent, il laisse la tortue
Aller son train de sénateur.
Elle part, elle s'évertue,
Elle se hâte avec lenteur (1).
Lui cependant méprise une telle victoire,
Tient la gageure à peu de gloire,
Croit qu'il y va de son honneur
De partir tard. Il broute, il se repose :
Il s'amuse à toute autre chose
Qu'à la gageure. A la fin, quand il vit
Que l'autre touchait presque au bout de la carrière,
Il partit comme un trait; mais les élans qu'il fit
Furent vains (2) : la tortue arriva la première.
Eh bien! lui cria-t-elle, avais-je pas raison?
De quoi vous sert votre vitesse?
Moi l'emporter! et que serait-ce
Si vous portiez une maison (3)!

XI

L'Ane et ses maîtres.

L'âne d'un jardinier se plaignait au Destin
De ce qu'on le faisait lever devant l'aurore.
Les coqs, lui disait-il, ont beau chanter matin,
Je suis plus matineux encore.
Et pourquoi? pour porter des herbes au marché.
Belle nécessité d'interrompre mon somme (4)!

---

(1) Boileau a dit aussi : « Hâtez-vous lentement. » C'est le mot d'Auguste : *Festina lente.*
(2) « Ce monosyllabe au troisième pied exprime à merveille l'inutilité de l'effort que fait le lièvre. » (Chamfort.)
(3) La tortue devait peut-être se contenter de vaincre sans braver le vaincu ; mais le trait n'en est pas moins naturel.
(4) L'importance que se donne l'âne est très-plaisante.

Le Sort, de sa plainte touché,
Lui donne un autre maître ; et l'animal de somme
Passe du jardinier aux mains d'un corroyeur.
La pesanteur des peaux et leur mauvaise odeur
Eurent bientôt choqué l'impertinente bête.
J'ai regret, disait-il, à mon premier seigneur.
   Encor, quand il tournait la tête,
   J'attrapais, s'il m'en souvient bien,
Quelque morceau de chou qui ne me coûtait rien :
Mais ici point d'aubaine, ou, si j'en ai quelqu'une,
C'est de coups. Il obtint changement de fortune,
   Et sur l'état d'un charbonnier
   Il fut couché tout le dernier.
Autre plainte. Quoi donc ! dit le Sort en colère,
   Ce baudet-ci m'occupe autant
   Que cent monarques pourraient faire !
Croit-il être le seul qui ne soit pas content?
   N'ai-je en l'esprit que son affaire?
Le Sort avait raison (1). *Tous gens sont ainsi faits :*

Notre condition jamais ne nous contente :
  La pire est toujours la présente.
Nous fatiguons le Ciel à force de placets.
Qu'à chacun Jupiter accorde sa requête,
  Nous lui romprons encor la tête (2).

---

(1) « L'âne a tort, mais le Sort n'a pas raison ; ce n'était pas la peine qu'il se mêlât des affaires de l'âne pour le mener de mal en pis. » (Ch. Nodier.)
(2) Horace a développé ce sujet dans sa 1re satire.

XI

Le Soleil et les Grenouilles.

Aux noces d'un tyran tout le peuple, en liesse (1),
    Noyait son souci dans les pots.
Ésope seul trouvait que les gens étaient sots
    De témoigner tant d'allégresse.
Le Soleil, disait-il, eut dessein autrefois
    De songer (2) à l'hyménée.
Aussitôt on ouït, d'une commune voix,
    Se plaindre de leur destinée
    Les citoyennes des étangs.
    Que ferons-nous s'il lui vient des enfants?
Dirent-elles au Sort : un seul soleil à peine
    Se peut souffrir, une demi-douzaine
Mettra la mer à sec et tous ses habitants.
Adieu, joncs et marais : notre race est détruite;
    Bientôt on la verra réduite

  (1) Réjouissance, du mot latin *lætitia*, joie.
  (2) *Dessein de songer* est un pléonasme.

A l'eau du Styx (1). Pour un pauvre animal,
Grenouilles, à mon sens, ne raisonnaient pas mal.

XIII

Le Villageois et le Serpent.

Ésope conte qu'un manant,
　　Charitable autant que peu sage,
Un jour d'hiver se promenant
　　A l'entour de son héritage,
Aperçut un serpent sur la neige étendu,
Transi, gelé, perclus, immobile, rendu,
　　N'ayant pas à vivre un quart d'heure.
Le villageois le prend, l'emporte en sa demeure;
Et, sans considérer quel sera le loyer (2)
　　D'une action de ce mérite,
　　Il l'étend le long du foyer,
　　Le réchauffe, le ressuscite.
L'animal engourdi sent à peine le chaud,
Que l'âme lui revient avecque la colère.

(1) Fleuve des enfers.
(2) Salaire, prix, récompense.

Il lève un peu la tête, et puis siffle aussitôt ;
Puis fait un long repli, puis tâche à faire un saut
Contre son bienfaiteur, son sauveur et son père.
Ingrat, dit le manant, voilà donc mon salaire !
— Tu mourras ! A ces mots, plein d'un juste courroux,
Il vous prend sa cognée, il vous tranche la bête,
    Il fait trois serpents de deux coups,
    Un tronçon, la queue, et la tête.
L'insecte (1), sautillant, cherche à se réunir ;
    Mais il ne peut y parvenir.

Il est bon d'être charitable :
Mais envers qui ? C'est là le point.
Quant aux ingrats, il n'en est point
Qui ne meure enfin misérable.

XIV

Le Lion malade et le Renard.

De par le roi des animaux,
Qui dans son antre était malade,
Fut fait savoir à ses vassaux
Que chaque espèce en ambassade
Envoyât gens le visiter,
Sous promesse de bien traiter
Les députés, eux et leur suite,
Foi de lion, très-bien écrite :
Bon passe-port contre la dent,
Contre la griffe tout autant (2).
L'édit du prince s'exécute :
De chaque espèce on lui députe.

---

(1) Un serpent n'est pas un insecte, l'expression est inexacte.

(2) « Ces formules, prises dans la société des hommes, et transportées dans celle des bêtes, ont le double mérite d'être plaisantes, et de nous rappeler que c'est de nous qu'il s'agit dans les fables. » (Chamfort.)

Les renards gardant la maison,
Un d'eux en dit cette raison :
Les pas empreints sur la poussière
Par ceux qui s'en vont faire au malade leur cour,
Tous, sans exception, regardent sa tanière ;
Pas un ne marque de retour :
Cela nous met en méfiance.
Que Sa Majesté nous dispense :
Grand merci de son passe-port.
Je le crois bon ; mais dans cet antre
Je vois fort bien comme l'on entre,
Et ne vois pas comme on en sort (1).

XV

L'Oiseleur, l'Autour et l'Alouette.

Les injustices des pervers
Servent souvent d'excuse aux nôtres.
Telle est la loi de l'univers :
Si tu veux qu'on t'épargne, épargne aussi les autres.

(1)   *Olim quod vulpes ægroto cauta leoni*
Respondit, referam: Quia me vestigia terrent
Omnia te adversum spectantia, nulla retrorsum.
(Hor., Ep. 1, liv. I.)

Un manant (1) au miroir prenait des oisillons.
Le fantôme (2) brillant attire une alouette :
Aussitôt un autour planant sur les sillons,
    Descend des airs, fond et se jette
Sur celle qui chantait quoique près du tombeau (3).
Elle avait évité la perfide machine,
Lorsque, se rencontrant sous la main de l'oiseau,
    Elle sent son ongle maline (4).
Pendant qu'à la plumer l'autour est occupé,
Lui-même sous les rets demeure enveloppé :
Oiseleur, laisse-moi, dit-il en son langage :
    Je ne t'ai jamais fait de mal.
L'oiseleur repartit : Ce petit animal
    T'en avait-il fait davantage ?

XVI

Le Cheval et l'Ane.

En ce monde il se faut l'un l'autre secourir ;
    Si ton voisin vient à mourir,
    C'est sur toi que le fardeau tombe.

Un âne accompagnait un cheval peu courtois,
Celui-ci ne portant que son simple harnois,
Et le pauvre baudet si chargé qu'il succombe.
Il pria le cheval de l'aider quelque peu ;
Autrement il mourrait devant qu'être (5) à la ville.
La prière, dit-il, n'en est pas incivile :
Moitié de ce fardeau ne vous sera que jeu.

---

(1) Paysan.
(2) Apparence.
(3) « Voyez combien ce vers de sentiment jette d'intérêt sur le sort de cette pauvre alouette ! » (Chamfort.)
(4) *Ongle* est du masculin. *Maline* pour *maligne*, par licence poétique.
(5) *Devant* pour *avant* « Avant que ne peut s'employer sans la préposition *de* devant un infinitif. » (De Wailly.)

Le cheval refusa, fit une pétarade;
Tant qu'il vit sous le faix mourir son camarade,
Et reconnut qu'il avait tort :
Du baudet en cette aventure
On lui fit porter la voiture (1),
Et la peau par-dessus encor.

SARCENT.

XVII

Le Chien qui lâche sa proie pour l'ombre.

Chacun se trompe ici-bas :
On voit courir après l'ombre
Tant de fous, qu'on n'en sait pas
La plupart du temps le nombre.

Au chien dont parle Ésope il faut les renvoyer.
Ce chien, voyant sa proie en l'eau représentée,
La quitta pour l'image, et pensa se noyer.
La rivière devint tout d'un coup (2) agitée;

---

(1) « *La voiture* pour *la charge* » (Ch. Nodier.)
(2) Il faudrait *tout à coup ; tout d'un coup* signifie tout d'une fois.

A toute peine il regagna les bords,
Et n'eut ni l'ombre ni le corps.

XVIII

Le Chartier embourbé.

Le Phaéton (1) d'une voiture à foin
Vit son char embourbé. Le pauvre homme était loin
De tout humain secours : c'était à la campagne,
Près d'un certain canton de la basse Bretagne (2)
　　　Appelé Quimper-Corentin.
　　　On sait assez que le Destin
Adresse là les gens quand il veut qu'on enrage.
　　　Dieu nous préserve du voyage!
Pour venir au chartier (3) embourbé dans ces lieux,
Le voilà qui déteste (4) et jure de son mieux,
　　　Pestant, en sa fureur extrême,
Tantôt contre les trous, puis contre ses chevaux,
　　　Contre son char, contre lui-même.
Il invoque à la fin le dieu dont les travaux
　　　Sont si célèbres dans le monde :
Hercule, lui dit-il, aide-moi; si ton dos
　　　A porté la machine ronde (5),
　　　Ton bras peut me tirer d'ici.
Sa prière étant faite, il entend dans la nue
　　　Une voix qui lui parle ainsi :
　　　Hercule veut qu'on se remue,

(1) « Cette désignation ironique ennoblit le style; c'est ainsi que le poëte a dit:
　　　Un ânier, son sceptre à la main. » (Gérusez.)
(2) Epigramme contre la basse Bretagne, dont les chemins étaient alors en très-mauvais état.
(3) On écrit maintenant *charretier*.
(4) Ce verbe veut un régime ; il est mis ici pour : *faire des imprécations*.
(5) Suivant la mythologie, Hercule porta le monde sur son dos.

Puis il aide les gens. Regarde d'où provient
 L'achoppement (1) qui te retient;
 Ote d'autour de chaque roue
Ce malheureux mortier, cette maudite boue
 Qui jusqu'à l'essieu les enduit;
Prends ton pic, et me romps ce caillou qui te nuit;
Comble-moi cette ornière. As-tu fait?- Oui, dit l'homme.
Or bien je vas t'aider, dit la voix ; prends ton fouet. —
Je l'ai pris... Qu'est ceci? mon char marche à souhait.
Hercule en soit loué! Lors la voix : Tu vois comme
Tes chevaux aisément se sont tirés de là.

Aide-toi, le Ciel t'aidera.

XIX

Le Charlatan.

Le monde n'a jamais manqué de charlatans;
 Cette science, de tout temps,
 Fut en professeurs très-fertile.
Tantôt l'un en théâtre affronte l'Achéron (2),

(1) L'obstacle.
(2) Fleuve des enfers.

Et l'autre affiche par la ville
Qu'il est un passe-Cicéron (1).
Un des derniers se vantait d'être
En éloquence si grand maître,
Qu'il rendrait disert un badaud,
Un manant, un rustre, un lourdaud.
Oui, Messieurs, un lourdaud, un animal, un âne (2) :
Que l'on m'amène un âne, un âne renforcé,
Je le rendrai maître passé,
Et veux qu'il porte la soutane (3).
Le prince sut la chose ; il manda le rhéteur.
J'ai, dit-il, en mon écurie
Un fort beau roussin d'Arcadie (4) ;
J'en voudrais faire un orateur. —
Sire, vous pouvez tout, reprit d'abord notre homme.
On lui donna certaine somme.
Il devait au bout de dix ans
Mettre son âne sur les bancs ;
Sinon il consentait d'être en place publique
Guindé la hart au col, étranglé court et net,
Ayant au dos sa rhétorique,
Et les oreilles d'un baudet.
Quelqu'un des courtisans lui dit qu'à la potence
Il voulait l'aller voir, et que, pour un pendu,
Il aurait bonne grâce et beaucoup de prestance :
Surtout qu'il se souvînt de faire à l'assistance
Un discours où son art fût au long étendu ;
Un discours pathétique, et dont le formulaire
Servît à certains Cicérons
Vulgairement nommés larrons.
L'autre reprit : Avant l'affaire,
Le roi, l'âne ou moi, nous mourrons (5).

(1) C'est-à-dire qu'il est plus éloquent que Cicéron.
(2) « Remarquez cette transition au moyen de laquelle le poëte met son charlatan lui-même en scène ; rien n'est plus dramatique ; le discours qu'il lui attribue est frappant de vérité. » (Ch. Nodier.)
(3) C'est-à-dire la robe des bacheliers licenciés.
(4) Le *roussin* est proprement un cheval de moyenne taille. « Par plaisanterie, on a nommé l'âne *roussin d'Arcadie*, parce qu'on élevait beaucoup d'ânes dans cette province. » Édit. Dezobry.
(5) Vers devenu proverbe.

Il avait raison. *C'est folie
De compter sur dix ans de vie.
Soyons bien buvants, bien mangeants;
Nous devons à la mort de trois l'un en dix ans.*

XX

La Discorde.

La déesse Discorde ayant brouillé les dieux,
Et fait un grand procès là-haut pour une pomme (1),
    On la fit déloger des cieux.
    Chez l'animal qu'on appelle homme
    On la reçut à bras ouverts,
    Elle et Que-si-que-non, son frère,
    Avecque Tien-et-mien, son père.
Elle nous fit l'honneur en ce bas univers
    De préférer notre hémisphère
A celui des mortels qui nous sont opposés,
    Gens grossiers, peu civilisés,
Et qui, se mariant sans prêtre et sans notaire,
    De la Discorde n'ont que faire (2).
Pour la faire trouver aux lieux où le besoin
    Demandait qu'elle fût présente,
    La Renommée avait le soin
  De l'avertir; et l'autre, diligente,
Courait vite aux débats, et prévenait la Paix,
Faisant d'une étincelle un feu long à s'éteindre.
La Renommée enfin commença de se plaindre
    Que l'on ne lui trouvait jamais

(1) Junon, Pallas et Vénus se disputant le prix de la beauté, la Discorde jeta au milieu d'elles une pomme d'or portant écrits ces mots : *A la plus belle.* Pâris, appelé comme juge, la décerna à Vénus.

(2) C'est l'état sauvage, que la Fontaine préfère à la civilisation : c'est pousser un peu loin l'amour de la simplicité.

De demeure fixe et certaine ;
Bien souvent l'on perdait, à la chercher, sa peine :
Il fallait donc qu'elle eût un séjour affecté,
Un séjour d'où l'on pût en toutes les familles
L'envoyer à jour arrêté.
Comme il n'était alors aucun couvent de filles,
On y trouva difficulté (1).

L'auberge enfin de l'hyménée
Lui fut pour maison assignée (2).

(1) Plaisanterie de mauvais goût, et au moins calomnieuse.
(2) « Cette fable médiocre prouve seulement que la bonne harmonie ne régnait pas dans le ménage du poëte. A qui la faute ? » (Gérusez.)

FIN DU LIVRE SIXIÈME

AVERTISSEMENT

Voici un second recueil de fables que je présente au public. J'ai jugé à propos de donner à la plupart de celles-ci un air et un tour un peu différent de celui que j'ai donné aux premières, tant à cause de la différence des sujets, que pour remplir de plus de variété mon ouvrage. Les traits familiers que j'ai semés avec assez d'abondance dans les deux autres parties (1) convenaient bien mieux aux inventions d'Ésope qu'à ces dernières, où j'en use plus sobrement pour ne pas tomber en des répétitions; car le nombre de ces traits n'est pas infini. Il a donc fallu que j'aie cherché d'autres enrichissements, et étendu davantage les circonstances de ces récits, qui d'ailleurs me semblaient le demander de la sorte. Pour peu que le lecteur y prenne garde, il le reconnaîtra lui-même : ainsi je ne tiens pas qu'il soit nécessaire d'en étaler ici les raisons, non plus que de dire où j'ai puisé ces derniers sujets. Seulement je dirai, par reconnais-

(1) Ces deux parties comprennent les six premiers livres de ces fables.

AVERTISSEMENT

sance, que j'en dois la plus grande partie à Pilpay, sage indien. Son livre a été traduit en toutes les langues. Les gens du pays le croient fort ancien et original à l'égard d'Ésope, si ce n'est Ésope lui-même sous le nom du sage Lokman. Quelques autres m'ont fourni des sujets assez heureux. Enfin j'ai tâché de mettre en ces deux dernières parties toute la diversité dont j'étais capable.

Il s'est glissé quelques fautes dans l'impression. J'en ai fait faire un *errata* (1) ; mais ce sont de légers remèdes pour un défaut considérable. Si on veut avoir quelque plaisir de la lecture de cet ouvrage, il faut que chacun fasse corriger ces fautes à la main dans son exemplaire, ainsi qu'elles sont marquées par chaque *errata*, aussi bien pour les deux premières parties que pour les dernières (2).

---

(1) Outre un *errata* pour chacune des quatre parties de l'édition de 1678, revue et publiée par la Fontaine, il y a fait faire quelques cartons, soit pour ajouter un vers à un autre qui se trouvait sans rime, soit pour en changer un par une correction très-heureuse.

(2) Ces fautes, remarquées par la Fontaine dans l'édition citée ci-dessus, ont été corrigées dans celle-ci avec la plus scrupuleuse attention.

A MADAME

DE MONTESPAN (1)

L'apologue est un don qui vient des immortels ;
    Ou, si c'est un présent des hommes,
Quiconque nous l'a fait mérite des autels :
        Nous devons tous tant que nous sommes
        Ériger en divinité
Le sage par qui fut ce bel art inventé.
C'est proprement un charme(2) : il rend l'âme attentiv
    Ou plutôt il la tient captive,
    Nous attachant à des récits
Qui mènent à son gré les cœurs et les esprits.
O vous qui l'imitez, Olympe, si ma muse
A quelquefois pris place à la table des dieux,
Sur ces dons aujourd'hui daignez porter les yeux,
Favoriser les jeux où mon esprit s'amuse.
Le temps, qui détruit tout, respectant votre appui,
Me laissera franchir les ans dans cet ouvrage :

  (1) Françoise-Athénaïs de Rochechouart de Mortemart, marquise de Montespan, née en 1641, morte en 1707.
  (2) « Oui, c'en est un sans doute ; mais on ne l'éprouve qu'en lisant la Fontaine, et c'est à lui que le charme a commencé. »
                              (Chamfort.)

A MADAME DE MONTESPAN

Tout auteur qui voudra vivre encore après lui (1)
    Doit s'acquérir votre suffrage.
C'est de vous que mes vers attendent tout leur prix.
    Il n'est beauté dans nos écrits
Dont vous ne connaissiez jusques aux moindres traces.
Eh! qui connaît que vous (2) les beautés et les grâces?
Paroles et regards, tout est charme dans vous.
    Ma muse, en un sujet si doux,
    Voudrait s'étendre davantage;
Mais il faut réserver à d'autres cet emploi;
    Et d'un plus grand maître que moi (3)
    Votre louange est le partage.
Olympe, c'est assez qu'à mon dernier ouvrage
Votre nom serve un jour de rempart et d'abri.
Protégez désormais le livre favori
Par qui j'ose espérer une seconde vie;
    Sous vos seuls auspices ces vers
    Seront jugés, malgré l'envie,
    Dignes des yeux de l'univers.
Je ne mérite pas une faveur si grande;
    La fable en son nom la demande:
Vous savez quel crédit ce mensonge a sur nous.
S'il procure à mes vers le bonheur de vous plaire,
Je croirai lui devoir un temple pour salaire :
Mais je ne veux bâtir des temples que pour vous.

(1) C'est-à-dire après lui-même, se survivre.
(2) *Que vous*, si ce n'est vous.
(3) Louis XIV.

LIVRE SEPTIÈME

I

Les Animaux malades de la peste.

   Un mal qui répand la terreur,
   Mal que le Ciel en sa fureur
Inventa pour punir les crimes de la terre (1),
La peste (puisqu'il faut l'appeler par son nom),
Capable d'enrichir en un jour l'Achéron (2),
   Faisait aux animaux la guerre.
Ils ne mourraient pas tous, mais tous étaient frappés :
   On n'en voyait point d'occupés

 (1) Début pompeux et bien gradué, où la peste nous effraie avant d'être nommée.
 (2) Belle image empruntée au commencement de l'*OEdipe-Roi* de Sophocle : « Le noir Pluton s'enrichit de nos pleurs et de nos gémissements. »

A chercher le soutien d'une mourante vie;
Nul mets n'excitait leur envie (1) :
Ni loup ni renards n'épiaient
La douce et l'innocente proie;
Les tourterelles se fuyaient :
Plus d'amour, partant (2) plus de joie.
Le lion tint conseil et dit : Mes chers amis,
Je crois que le Ciel a permis
Pour nos péchés cette infortune.
Que le plus coupable de nous
Se sacrifie aux traits du céleste courroux;
Peut-être il obtiendra la guérison commune.
L'histoire nous apprend qu'en de tels accidents
On fait de pareils dévouements.
Ne nous flattons donc point; voyons sans indulgence
L'état de notre conscience.
Pour moi, satisfaisant mes appétits gloutons,
J'ai dévoré force moutons.
Que m'avaient-ils fait? Nulle offense;
Même il m'est arrivé quelquefois de manger
Le berger (3).
Je me dévouerai donc, s'il le faut; mais je pense
Qu'il est bon que chacun s'accuse ainsi que moi :
Car on doit souhaiter, selon toute justice,
Que le plus coupable périsse. —
Sire, dit le renard, vous êtes trop bon roi;
Vos scrupules font voir trop de délicatesse.
Eh bien! manger moutons, canaille, sotte espèce,
Est-ce un péché? Non, non. Vous leur fîtes, seigneur,
En les croquant beaucoup d'honneur;
Et quant au berger, l'on peut dire
Qu'il était digne de tous maux,
Étant de ces gens-là qui sur les animaux
Se font un chimérique empire.

(1) Détails d'une touchante mélancolie; Virgile en a fourni l'idée, mais la Fontaine a peut-être surpassé son modèle.
(2) Par conséquent. Mais *partant* ne peut se remplacer.
(3) « Il semblerait par ce petit vers que le lion voudrait escamoter son péché. » (Chamfort.) Au reste, toute sa confession est empreinte de la plus habile hypocrisie. « C'est un piege qu'il tend aux consciences pures mais timides, et dans lequel l'âne tombera. » (Ch. Nodier.)

Ainsi dit le renard ; et flatteurs d'applaudir.
   On n'osa trop approfondir
Du tigre, ni de l'ours, ni des autres puissances,
   Les moins pardonnables offenses.
Tous les gens querelleurs, jusqu'aux simples mâtins,
Au dire de chacun, étaient de petits saints.
L'âne vint à son tour, et dit : J'ai souvenance
   Qu'en un pré de moine passant,
La faim, l'occasion, l'herbe tendre, et, je pense,
   Quelque diable aussi me poussant,
Je tondis de ce pré la largeur de ma langue (1).
Je n'en avais nul droit, puisqu'il faut parler net.
A ces mots on cria haro (2) sur le baudet.
Un loup quelque peu clerc (3) prouva par sa harangue
Qu'il fallait dévouer ce maudit animal,
Ce pelé, ce galeux, d'où venait tout le mal.
Sa peccadille fut jugée un cas pendable.
Manger l'herbe d'autrui ! quel crime abominable !
   Rien que la mort n'était capable
D'expier son forfait. On le lui fit bien voir.

Selon que vous serez puissant ou misérable,
Les jugements de cour(4) *vous rendront blanc ou noir*(5).

(1) Toutes les circonstances de la confession de l'âne seraient propres à atténuer ses torts devant un juge impartial et desintéressé ; mais sa perte est résolue d'avance.
(2) Cri qu'on poussait en Normandie en poursuivant les malfaiteurs.
(3) Savant.
(4) Cour de justice.
(5) On peut dire avec Chamfort que c'est ici « le plus beau des apologues de la Fontaine et de tous les apologues ».

II

Le Rat qui s'est retiré du monde.

    Les Levantins (1) en leur légende
Disent qu'un certain rat, las des soins d'ici-bas,
    Dans un fromage de Hollande
    Se retira loin du tracas.
    La solitude était profonde,
    S'étendant partout à la ronde (2).
Notre ermite nouveau subsistait là dedans.
    Il fit tant des pieds et des dents,
Qu'en peu de jours il eut au fond de l'ermitage
Le vivre et le couvert : que faut-il davantage?
Il devint gros et gras : Dieu prodigue ses biens
    A ceux qui font vœu d'être siens.
    Un jour, au dévot personnage
    Des députés du peuple rat

---

(1) Les peuples du Levant, les Orientaux.
(2) « Ces mots si simples, si usités, deviennent plaisants ici, parce que cette solitude était un vaste fromage. » (Chamfort.)

S'en vinrent demander quelque aumône légère (1) :
  Ils allaient en terre étrangère
Chercher quelque secours contre le peuple chat;
  Ratapolis (2) était bloquée :
On les avait contraints de partir sans argent,
  Attendu l'état indigent
  De la république attaquée.
Ils demandent fort peu, certains que le secours
  Serait prêt dans quatre ou cinq jours.
  Mes amis, dit le solitaire,
Les choses d'ici-bas ne me regardent plus :
  En quoi peut un pauvre reclus
  Vous assister? que peut-il faire
Que de prier le Ciel qu'il vous aide en ceci?
J'espère qu'il aura de vous quelque souci.
  Ayant parlé de cette sorte,
  Le nouveau saint ferma sa porte.

  Qui désigné-je, à votre avis,
  Par ce rat si peu secourable?
  Un moine? Non, mais un dervis (3) :
Je suppose qu'un moine est toujours charitable.

(1) Ils ne demandent qu'une légère aumône ! le refus de l'ermite en sera plus odieux.
(2) *Ratapolis*, nom plaisamment composé, qui signifie *ville des rats*.
(3) Religieux mahométan.

II

Le Héron.

Un jour, sur ses longs pieds, allait je ne sais où.
Le héron au long bec emmanché d'un long cou (1).
      Il côtoyait une rivière.
L'onde était transparente ainsi qu'aux plus beaux jours;
Ma commère la carpe y faisait mille tours
      Avec le brochet son compère.
Le héron en eût fait aisément son profit:
Tous approchaient du bord ; l'oiseau n'avait qu'à prendre.
      Mais il crut mieux faire d'attendre
      Qu'il eût un peu plus d'appétit.
Il vivait de régime et mangeait à ses heures.
Après quelques moments l'appétit vint : l'oiseau,
      S'approchant du bord (2), vit sur l'eau
Des tanches qui sortaient du fond de ces demeures.
Le mets ne lui plut pas; il s'attendait à mieux,
      Et montrait un goût dédaigneux,

(1) Vers qui fait image et qui met en quelque sorte le héron sous nos yeux.
(2) « Ce ne sont plus les poissons qui s'approchent, c'est le héron. » (Guillon.)

Comme le rat (1) du bon Horace.
Moi des tanches ! dit-il ; moi, héron, que je fasse
Une si pauvre chère ! Et pour qui me prend-on ?
La tanche rebutée, il trouva du goujon.
Du goujon ! c'est bien là le dîner d'un héron !
J'ouvrirais pour si peu le bec, aux dieux ne plaise !
Il l'ouvrit pour bien moins : tout alla de façon
   Qu'il ne vit plus aucun poisson.
La faim le prit : il fut tout heureux et tout aise
  De rencontrer un limaçon.

Ne soyons pas si difficiles;
Les plus accommodants, ce sont les plus habiles :
On hasarde de perdre en voulant trop gagner.
  Gardez-vous de rien dédaigner.

IV

Les Souhaits.

Il est au Mogol (2) des follets (3)
  Qui font l'office de valets,
Tiennent la maison propre, ont soin de l'équipage,
  Et quelquefois du jardinage.
  Si vous touchez à leur ouvrage,
Vous gâtez tout. Un d'eux près du Gange autrefois
Cultivait le jardin d'un assez bon bourgeois.
Il travaillait sans bruit, avec beaucoup d'adresse,
  Aimait le maître et la maîtresse,
Et le jardin surtout. Dieu sait si les Zéphyrs,
Peuple ami du démon, l'assistaient dans sa tâche !
Le follet de sa part, travaillant sans relâche,
  Comblait ses hôtes de plaisirs.

---

(1) *Tangentis male singula dente superbo.* (Sat. 6, liv. II.)
(2) Grande contrée de l'Asie centrale.
(3) Espèces de lutins familiers.

Pour plus de marques de son zèle,
Chez ces gens pour toujours il se fût arrêté,
Nonobstant la légèreté
A ses pareils si naturelle :
Mais ses confrères les esprits
Firent tant que le chef de cette république,
Par caprice ou par politique,
Le changea bientôt de logis.
Ordre lui vint d'aller au fond de la Norwége
Prendre le soin d'une maison
En tout temps couverte de neige;
Et d'Indou (1) qu'il était on vous le fait Lapon.
Avant que de partir, l'esprit dit à ses hôtes :
On m'oblige de vous quitter;
Je ne sais pas pour quelles fautes :
Mais enfin il le faut. Je ne puis arrêter
Qu'un temps fort court, un mois, peut-être une semaine.
Employez-la; formez trois souhaits : car je puis
Rendre trois souhaits accomplis;
Trois, sans plus. Souhaiter, ce n'est pas une peine
Etrange et nouvelle aux humains.
Ceux-ci pour premier vœu demandent l'abondance;
Et l'Abondance à pleines mains
Verse en leurs coffres la finance,
En leurs greniers le blé, dans leurs caves les vins :
Tout en crève. Comment ranger cette chevance (2)?
Quels registres, quels soins, quel temps il leur fallut!
Tous deux sont empêchés si jamais on le fut.
Les voleurs contre eux complotèrent;
Les grands seigneurs leur empruntèrent;
Le prince les taxa. Voilà les pauvres gens
Malheureux par trop de fortune.
Otez-nous de ces biens l'affluence importune,
Dirent-ils l'un et l'autre : heureux les indigents!
La pauvreté vaut mieux qu'une telle richesse.
Retirez-vous, trésors, fuyez : et toi, déesse,
Mère du bon esprit, compagne du repos,

---

(1) *Indou* pour *Indien. Laponie,* contrée la plus septentrionale de l'Europe.

(2) C'est-à-dire ces biens. Ce mot était déjà vieux du temps de la Fontaine.

LIVRE VII

O Médiocrité, reviens vite ! A ces mots
La Médiocrité revient. On lui fait place :
    Avec elle ils rentrent en grâce,
Au bout de deux souhaits, étant aussi chanceux
    Qu'ils étaient, et que sont tous ceux
Qui souhaitent toujours et perdent en chimères
Le temps qu'ils feraient mieux de mettre à leurs affaires.
    Le follet en rit avec eux.
    Pour profiter de sa largesse,
Quand il voulut partir et qu'il fut sur le point,
    Ils demandèrent la sagesse :
    C'est un trésor qui n'embarrasse point.

V

La Cour du Lion.

Sa Majesté lionne un jour voulut connaître
De quelles nations le Ciel l'avait fait maître.
    Il manda donc par députés
    Ses vassaux de toute nature,
    Envoyant de tous les côtés
    Une circulaire écriture
    Avec son sceau. L'écrit portait
    Qu'un mois durant le roi tiendrait
    Cour plénière (1), dont l'ouverture
    Devait être un fort grand festin,
    Suivi des tours de Fagotin (2).
    Par ce trait de magnificence,
Le rince à ses sujets étalait sa puissance.
    En son louvre (3) il les invita.

---

(1) « Assemblée solennelle pour quelque grande fête. » Édit. Dezobry.
(2) « Nom d'un singe alors fameux à Paris par ses tours. » (Gérusez.)
(3) En son palais. Le Louvre était autrefois la demeure des rois de France.

Quel louvre! un vrai charnier, dont l'odeur se porta
D'abord au nez des gens. L'ours boucha sa narine :
Il se fût bien passé de faire cette mine,
Sa grimace déplut. Le monarque, irrité,
L'envoya chez Pluton faire le dégoûté.
Le singe approuva fort cette sévérité;
Et, flatteur excessif, il loua la colère
Et la griffe du prince, et l'antre, et cette odeur :
   Il n'était ambre, il n'était fleur,
Qui ne fût ail au prix. Sa sotte flatterie
Eut un mauvais succès, et fut encor punie :
   Ce monseigneur du lion-là
   Fut parent de Caligula (1).
Le renard étant proche : Or çà, lui dit le sire,
Que sens-tu? dis-le-moi : parle sans déguiser.
   L'autre aussitôt de s'excuser,
Alléguant un grand rhume : il ne pouvait que dire
   Sans odorat. Bref, il s'en tire.
   Ceci vous sert d'enseignement :

Ne soyez à la cour, si vous voulez y plaire,
Ni fade adulateur, ni parleur trop sincère,
Et tâchez quelquefois de répondre en Normand (2).

---

(1) Empereur romain, connu par ses extravagances et ses cruautés. Sa sœur Drusille étant morte, il la fit mettre au nombre des divinités, et punit également de mort ceux qui la pleuraient et ceux qui ne la pleuraient point : les premiers comme insultant à son apothéose, les seconds comme se montrant insensibles à sa perte.

(2) Sans dire ni *oui* ni *non*.

VI

Les Vautours et les Pigeons.

Mars autrefois mit tout l'air en émute (1).
Certain sujet fit naître la dispute
Chez les oiseaux, non ceux que le Printemps
Mène à sa cour, et qui, sous la feuillée,
Par leur exemple et leurs sons éclatants,
Font que Vénus est en nous réveillée;
Ni ceux encor que la mère d'Amour
Met à son char : mais le peuple vautour,
Au bec retors, à la tranchante serre,
Pour un chien mort se fit, dit-on, la guerre.
Il plut du sang (2) : je n'exagère point.
Si je voulais compter de point en point
Tout le détail, je manquerais d'haleine.
Maint chef périt, maint héros expira;

(1) *Emute* pour *émeute*, licence poétique.
(2) « Belle hyperbole que le complément du vers rend encore plus vive et plus énergique. » (Ch. Nodier.)

Et sur son roc Prométhée (1) espéra
De voir bientôt une fin à sa peine.
C'était plaisir d'observer leurs efforts;
C'était pitié de voir tomber les morts.
Valeur, adresse, et ruses, et surprises,
Tout s'employa. Les deux troupes, éprises
D'ardent courroux, n'épargnaient nuls moyens
De peupler l'air que respirent les ombres:
Tout élément remplit de citoyens
Le vaste enclos qu'ont les royaumes sombres.
Cette fureur mit la compassion
Dans les esprits d'une autre nation
Au cou changeant, au cœur tendre et fidèle.
Elle employa sa médiation
Pour accorder une telle querelle.
Ambassadeurs par le peuple pigeon
Furent choisis et si bien travaillèrent,
Que les vautours plus ne se chamaillèrent.
Ils firent trêve, et la paix s'ensuivit.
Hélas! ce fut aux dépens de la race
A qui la leur aurait dû rendre grâce.
La gent maudite aussitôt poursuivit
Tous les pigeons, en fit ample carnage,
En dépeupla les bourgades, les champs.
Peu de prudence eurent les pauvres gens
D'accommoder un peuple si sauvage.

Tenez toujours divisés les méchants :
La sûreté du reste de la terre
Dépend de là. Semez entre eux la guerre,
Ou vous n'aurez avec eux nulle paix.
Ceci soit dit en passant : je me tais.

(1) Prométhée, ayant dérobé le feu du ciel, fut enchainé sur une montagne, où un vautour devait dévorer son foie toujours renaissant. Il espère, dit ici le poëte, une fin à ses maux, par la raison que le dernier vautour aurait péri dans cette guerre.

VII

Le Coche et la Mouche.

Dans un chemin montant, sablonneux, malaisé,
Et de tous les côtés au soleil exposé,
      Six forts chevaux tiraient un coche (1).
Femmes, moines, vieillards, tout était descendu :
L'attelage suait, soufflait, était rendu.
Une mouche survient, et des chevaux s'approche,
Prétend les animer par son bourdonnement,
Pique l'un, pique l'autre, et pense à tout moment
      Qu'elle fait aller la machine.
S'assied sur le timon, sur le nez du cocher.
      Aussitôt que le char chemine,
      Et qu'elle voit les gens marcher,
Elle s'en attribue uniquement la gloire,
Va, vient, fait l'empressée : il semble que ce soit
Un sergent de bataille allant en chaque endroit
Faire avancer ses gens et hâter la victoire (2).
      La mouche, en ce commun besoin,
Se plaint qu'elle agit seule, et qu'elle a tout le soin :
Qu'aucun n'aide aux chevaux à se tirer d'affaire.
      Le moine disait son bréviaire ;
Il prenait bien son temps ! une femme chantait :
C'était bien de chansons qu'alors il s'agissait !
Dame mouche s'en va chanter à leurs oreilles,
      Et fait cent sottises pareilles.
Après bien du travail, le coche arrive au haut (3).
Respirons maintenant, dit la mouche aussitôt :
J'ai tant fait que nos gens sont enfin dans la plaine.
Çà, messieurs les chevaux, payez-moi de ma peine.

---

(1) Vers admirables d'harmonie imitative.
(2) *Va, vient*, etc. « Quel mouvement, quelle vérité dans tout ce tableau ! Il serait difficile de rien trouver de plus parfait, même dans la Fontaine. » (Ch. Nodier.)
(3) *Arrive au haut* fait image et peint les efforts.

Ainsi certaines gens, faisant les empressés,
S'introduisent dans les affaires :
Ils font partout les nécessaires,
Et, partout importuns, devraient être chassés (1).

VIII

La Laitière et le Pot au lait.

Perrette, sur sa tête ayant un pot au lait,
    Bien posé sur un coussinet,
Prétendait arriver sans encombre (2) à la ville.
Légère et court vêtue, elle allait à grands pas,
Ayant mis ce jour-là, pour être plus agile,
    Cotillon simple et souliers plats.
    Notre laitière, ainsi troussée,
    Comptait déjà dans sa pensée
Tout le prix de son lait; en employait l'argent;
Achetait un cent d'œufs, faisait triple couvée :
La chose allait à bien par son soin diligent.

(1) Excellent apologue. La mouche du coche est passée en proverbe.
(2) Sans fâcheux accident. Mais le verbe *encombrer* ne s'emploie pas au figuré.

Il m'est, disait-elle, facile
D'élever des poulets autour de ma maison ;
Le renard sera bien habile
S'il ne m'en laisse assez pour avoir un cochon.
Le porc à s'engraisser coûtera peu de son ;
Il était, quand je l'eus, de grosseur raisonnable :
J'aurai, le revendant, de l'argent bel et bon.
Et qui m'empêchera de mettre en notre étable,
Vu le prix dont il est, une vache et son veau,
Que je verrai sauter au milieu du troupeau?
Perrette là-dessus saute aussi, transportée :
Le lait tombe : adieu, veau, vache, cochon, couvée.
La dame de ces biens, quittant d'un œil marri
        Sa fortune ainsi répandue,
     Va s'excuser à son mari,
     En grand danger d'être battue.
     Le récit en farce en fut fait ;
     On l'appela le Pot au lait.

        Quel esprit ne bat la campagne?
        Qui ne fait châteaux en Espagne (1)?
Picrochole (2), Pyrrhus, la laitière, enfin tous,
        Autant les sages que les fous!
Chacun songe en veillant ; il n'est rien de plus doux :
Une flatteuse erreur emporte alors nos âmes ;
        Tout le bien du monde est à nous,
        Tous les honneurs, toutes les femmes.
Quand je suis seul, je fais au plus brave un défi ;
Je m'écarte, je vais détrôner le sophi (3) :
        On m'élit roi, mon peuple m'aime ;
Les diadèmes vont sur ma tête pleuvant.
Quelque accident fait-il que je rentre en moi-même,
        Je suis gros Jean (4) comme devant.

(1) Qui ne forme des projets chimériques ?
(2) Nom d'un prince imaginaire dans Rabelais.
(3) Le roi de Perse.
(4) Un homme de rien.

IX

L'Homme qui court après la Fortune
et l'Homme qui l'attend dans son lit.

Qui ne court après la Fortune?
Je voudrais être en lieu d'où je pusse aisément
Contempler la foule importune
De ceux qui cherchent vainement
Cette fille du sort de royaume en royaume,
Fidèles courtisans d'un volage fantôme (1).
Quand ils sont près du bon moment,
L'inconstante aussitôt à leurs désirs échappe.
Pauvres gens! Je les plains : car on a pour les fous
Plus de pitié que de courroux.
Cet homme, disent-ils, était planteur de choux,
Et le voilà devenu pape!
Ne le valons-nous pas? Vous valez cent fois mieux :

Mais que vous sert votre mérite?
La fortune a-t-elle des yeux?
Et puis la papauté vaut-elle ce qu'on quitte,
Le repos? le repos, trésor si précieux,
Qu'on en faisait jadis le partage des dieux!
Rarement la Fortune à ses hôtes le laisse.
Ne cherchez point cette déesse,
Elle vous cherchera : car elle en use ainsi.

Certain couple d'amis en un bourg établi
Possédait quelque bien. L'un soupirait sans cesse
Pour la fortune ; il dit à l'autre un jour :
Si nous quittions notre séjour?
Vous savez que nul n'est prophète
En son pays ; cherchons notre aventure ailleurs.
Cherchez, dit l'autre ami : pour moi je ne souhaite

(1) Heureuse opposition d'idées et de mots.

Ni climats ni destins meilleurs.
Contentez-vous, suivez votre humeur inquiète :
Vous reviendez bientôt. Je fais vœu cependant
De dormir en vous attendant.
L'ambitieux, ou, si l'on veut, l'avare,
S'en va par voie et par chemin.
Il arriva le lendemain
En un lieu que devait la déesse bizarre
Fréquenter sur tout autre; et ce lieu, c'est la cour.
Là donc pour quelque temps il fixe son séjour,
Se trouvant au coucher, au lever, à ces heures
Que l'on sait être les meilleures :
Bref, se trouvant à tout, et n'arrivant à rien.
Qu'est ceci? se dit-il; cherchons ailleurs du bien.
La Fortune pourtant habite ces demeures;
Je la vois tous les jours entrer chez celui-ci,
Chez celui-là : d'où vient qu'aussi
Je ne puis héberger cette capricieuse?
On me l'avait bien dit, que des gens de ce lieu
L'on n'aime pas toujours l'humeur ambitieuse.
Adieu, messieurs de cour; messieurs de cour, adieu :
Suivez jusques au bout une ombre qui vous flatte.
La Fortune a, dit-on, des temples à Surate (1) :
Allons là. Ce fut un de dire et s'embarquer.
Ames de bronze, humains, celui-là fut sans doute
Armé de diamant, qui tenta cette route,
Et le premier osa l'abîme défier (2)!
Celui-ci, pendant son voyage,
Tourna les yeux vers son village
Plus d'une fois, essuyant les dangers
Des pirates, des vents, du calme et des rochers,
Ministres de la mort : avec beaucoup de peines
On s'en va la chercher en des rives lointaines,
La trouvant assez tôt sans quitter la maison.
L'homme arrive au Mogol : on lui dit qu'au Japon
La Fortune pour lors distribuait ses grâces.
Il y court. Les mers étaient lasses
De le porter; et tout le fruit
Qu'il tira de ces longs voyages,

(1) Ville des Indes.
(2) Vers imités d'Horace.

IX

**L'Homme qui court après la Fortune
et l'Homme qui l'attend dans son lit.**

      Qui ne court après la Fortune?
Je voudrais être en lieu d'où je pusse aisément
      Contempler la foule importune
      De ceux qui cherchent vainement
Cette fille du sort de royaume en royaume,
Fidèles courtisans d'un volage fantôme (1).
      Quand ils sont près du bon moment,
L'inconstante aussitôt à leurs désirs échappe.
Pauvres gens! Je les plains : car on a pour les fous
      Plus de pitié que de courroux.
Cet homme, disent-ils, était planteur de choux,
      Et le voilà devenu pape!
Ne le valons-nous pas? Vous valez cent fois mieux :

      Mais que vous sert votre mérite?
      La fortune a-t-elle des yeux?
Et puis la papauté vaut-elle ce qu'on quitte,
Le repos? le repos, trésor si précieux,
Qu'on en faisait jadis le partage des dieux!
Rarement la Fortune à ses hôtes le laisse.
      Ne cherchez point cette déesse,
Elle vous cherchera : car elle en use ainsi.

Certain couple d'amis en un bourg établi
Possédait quelque bien. L'un soupirait sans cesse
      Pour la fortune; il dit à l'autre un jour :
      Si nous quittions notre séjour?
      Vous savez que nul n'est prophète
En son pays; cherchons notre aventure ailleurs.
Cherchez, dit l'autre ami : pour moi je ne souhaite

(1) Heureuse opposition d'idées et de mots.

Ni climats ni destins meilleurs.
Contentez-vous, suivez votre humeur inquiète :
Vous reviendez bientôt. Je fais vœu cependant
De dormir en vous attendant.
L'ambitieux, ou, si l'on veut, l'avare,
S'en va par voie et par chemin.
Il arriva le lendemain
En un lieu que devait la déesse bizarre
Fréquenter sur tout autre ; et ce lieu, c'est la cour.
Là donc pour quelque temps il fixe son séjour,
Se trouvant au coucher, au lever, à ces heures
Que l'on sait être les meilleures :
Bref, se trouvant à tout, et n'arrivant à rien.
Qu'est ceci ? se dit-il ; cherchons ailleurs du bien.
La Fortune pourtant habite ces demeures ;
Je la vois tous les jours entrer chez celui-ci,
Chez celui-là : d'où vient qu'aussi
Je ne puis héberger cette capricieuse ?
On me l'avait bien dit, que des gens de ce lieu
L'on n'aime pas toujours l'humeur ambitieuse.
Adieu, messieurs de cour ; messieurs de cour, adieu :
Suivez jusques au bout une ombre qui vous flatte.
La Fortune a, dit-on, des temples à Surate (1) :
Allons là. Ce fut un de dire et s'embarquer.
Ames de bronze, humains, celui-là fut sans doute
Armé de diamant, qui tenta cette route,
Et le premier osa l'abîme défier (2) !
Celui-ci, pendant son voyage,
Tourna les yeux vers son village
Plus d'une fois, essuyant les dangers
Des pirates, des vents, du calme et des rochers,
Ministres de la mort : avec beaucoup de peines
On s'en va la chercher en des rives lointaines,
La trouvant assez tôt sans quitter la maison.
L'homme arrive au Mogol : on lui dit qu'au Japon
La Fortune pour lors distribuait ses grâces.
Il y court. Les mers étaient lasses
De le porter ; et tout le fruit
Qu'il tira de ces longs voyages,

---

(1) Ville des Indes.
(2) Vers imités d'Horace.

Ce fut cette leçon que donnent les sauvages :
Demeure en ton pays, par la nature instruit.
Le Japon ne fut pas plus heureux à cet homme
  Que le Mogol l'avait été (1) :
  Ce qui lui fit conclure en somme
Qu'il avait à grand tort son village quitté.
  Il renonce aux courses ingrates,
Revient en son pays, voit de loin ses pénates,
Pleure de joie et dit : Heureux qui vit chez soi,
De régler ses désirs faisant tout son emploi !
  Il ne sait que par ouï-dire
Ce que c'est que la cour, la mer, et ton empire,
Fortune, qui nous fais passer devant les yeux
Des dignités, des biens que jusqu'au bout du monde
On suit, sans que l'effet aux promesses réponde.
Désormais je ne bouge, et ferai cent fois mieux.
  En raisonnant de cette sorte,
Et contre la fortune ayant pris ce conseil,
  Il la trouve assise à la porte
De son ami plongé dans un profond sommeil.

X

L'ingratitude et l'injustice des Hommes envers la Fortune.

Un trafiquant sur mer, par bonheur s'enrichit.
Il triompha des vents pendant plus d'un voyage :
Gouffre, banc, ni rocher, n'exigea de péage (2)
D'aucun de ses ballots ; le Sort l'en affranchit.
Sur tous ses compagnons Atropos (3) et Neptune
Recueillirent leurs droits (4), tandis que la Fortune

(1) La grammaire demanderait *ne l'avait été*.
(2) Droit de passage.
(3) Atropos, celle des Parques qui coupe le fil de la vie. Elle est prise ici pour la mort elle-même.
(4) Exercèrent leurs droits, c'est-à-dire firent périr plusieurs de ses compagnons.

Prenait soin d'amener son marchand à bon port.
Facteurs, associés, chacun lui fut fidèle,
Il vendit son tabac, son sucre, sa cannelle,
　　Ce qu'il voulut, sa porcelaine encor :
Le luxe et la folie (1) enflèrent son trésor ;
　　　　Bref, il plut dans son escarcelle (2).
On ne parlait chez lui que par doubles ducats;
Et mon homme d'avoir chiens, chevaux et carrosses :
　　　　Ses jours de jeûne étaient des noces.
Un sien ami, voyant ces somptueux repas,
Lui dit : Et d'où vient donc un si bon ordinaire ? —
Et d'où me viendrait-il que de mon savoir-faire ? —
Je n'en dois rien qu'à moi, qu'à mes soins, qu'au talent
De risquer à propos et bien placer l'argent.
Le profit lui semblant une fort douce chose,
Il risqua de nouveau le gain qu'il avait fait;
Mais rien, pour cette fois, ne lui vint à souhait.
　　　　Son imprudence en fut la cause :
Un vaisseau mal frété (3) périt au premier vent;
Un autre, mal pourvu des armes nécessaires,
　　　　Fut enlevé par les corsaires;
　　　　Un troisième au port arrivant,
Rien n'eut cours ni débit; le luxe et la folie
　　　　N'étaient plus tels qu'auparavant.
　　　　Enfin ses facteurs le trompant,
Et lui-même ayant fait grand fracas, chère lie,
Mis beaucoup en plaisirs, en bâtiments beaucoup,
　　　　Il devint pauvre tout d'un coup.
Son ami, le voyant en mauvais équipage,
Lui dit : D'où vient cela ? — De la Fortune, hélas ! —
Consolez-vous, dit l'autre; et s'il ne lui plaît pas
Que vous soyez heureux, tout au moins soyez sage.

　　　　Je ne sais s'il crut ce conseil;
Mais je sais que *chacun impute, en cas pareil,*
　　　　Son bonheur à son industrie;
Et si de quelque échec notre faute est suivie,

---

(1) Le luxe et la folie des acheteurs.
(2) Espèce de bourse antique.
(3) « *Fréter*, armer un bâtiment à loyer en totalité ou en partie. » (Acad.)

Nous disons injures au Sort.
Chose n'est ici plus commune.
Le bien, nous le faisons ; le mal, c'est la Fortune :
On a toujours raison, le Destin toujours tort (1).

XI

Les Devineresses (2).

C'est souvent du hasard que naît l'opinion,
Et c'est l'opinion qui fait toujours la vogue.
      Je pourrais fonder ce prologue
Sur gens de tous états : tout est prévention,
Cabale, entêtement ; point ou peu de justice.
C'est un torrent : qu'y faire ? Il faut qu'il ait son cours.
      Cela fut et sera toujours.
Une femme, à Paris, faisait la pythonisse (3) :
      Chez la devineuse (4) on courait
Pour se faire annoncer ce que l'on désirait.
      Son fait consistait en adresse :
Quelques termes de l'art, beaucoup de hardiesse,
Du hasard quelquefois, tout cela concourait,
Tout cela bien souvent faisait crier miracle.
Enfin, quoique ignorante à vingt et trois carats (5),

---

(1) « Maxime pleine de sens dont la concision augmente la force. » (Ch. Nodier.) (V. liv. V, fab. 11, note 3.)

(2) C'est l'histoire d'une prétendue sorcière de son temps, qui fit courir tout Paris à son galetas, que la Fontaine met ici en vers. (Th. Corneille.) On a fait aussi une comédie intitulée : *La Devineresse ou les Faux enchantements.*

(3) Nom de la prêtresse d'Apollon qui rendait des oracles dans le temple de Delphes. Il signifie ici simplement devineresse.

(4) Mot inventé par la Fontaine et admis par l'Académie pour *devineresse.*

(5) « Le carat est une partie d'or fin contenue dans une quantité d'or quelconque que l'on suppose partagée en 24 parties égales. » (Edit. Dezobry.) *Ignorante à vingt et trois carats* signifie donc d'une ignorance à peu près complète.

Elle passait pour un oracle.
L'oracle était logé dedans un galetas :
        Là cette femme emplit sa bourse,
        Et, sans avoir d'autre ressource,
Gagne de quoi donner un rang à son mari :
Elle achète un office, une maison aussi.
        Voilà le galetas rempli
D'une nouvelle hôtesse, à qui toute la ville,
Femmes, filles, valets, gros messieurs, tout enfin
Allait, comme autrefois, demander son destin;
Le galetas devint l'antre de la Sibylle (1).
L'autre femelle avait achalandé ce lieu.
Cette dernière femme eut beau faire, eut beau dire :
Moi devine (2)! on se moque: eh! Messieurs, sais-je lire?
Je n'ai jamais appris que ma Croix de par Dieu (3).
Point de raisons : fallut deviner et prédire,
        Mettre à part force bons ducats,
Et gagner malgré soi plus que deux avocats.
Le meuble et l'équipage aidaient fort à la chose.
Quatre sièges boiteux, un manche de balai,
Tout sentait son sabbat et sa métamorphose (4).
        Quand cette femme aurait dit vrai
        Dans une chambre tapissée,
On s'en serait moqué : la vogue était passée
        Au galetas; il avait le crédit.
        L'autre femme se morfondit (5).

        L'enseigne fait la chalandise (6).
J'ai vu dans le palais une robe mal mise
        Gagner gros : les gens l'avaient prise

(1) Les Sibylles étaient des prêtresses d'Apollon : elles rendaient leurs oracles dans des antres.
(2) Féminin de *devin*; il n'a pas été consacré par l'Académie.
(3) « *Croix de par Dieu*, l'A B C, on alphabet pour apprendre à lire, ainsi nommé parce que le titre est ordinairement orné d'une croix. » (Acad.)
(4) On dit que les sorcières, dans leurs assemblées nocturnes qu'on appelle *sabbat*, volent sur un manche à balai et prennent, en se *métamorphosant*, des figures d'animaux. » (Gérusez.)
(5) Attendit vainement les chalands.
(6) Le concours des chalands.

Pour maître tel, qui traînait après soi
Force écoutants. Demandez-moi pourquoi.

XII

Le Chat, la Belette et le petit Lapin.

Du palais d'un jeune lapin
Dame belette, un beau matin.
S'empara; c'est une rusée.
Le maître était absent, ce lui fut chose aisée.
Elle porta chez lui ses pénates un jour
Qu'il était allé faire à l'aurore sa cour
Parmi le thym et la rosée (1).
Après qu'il eut brouté, trotté, fait tous ses tours,
Jeannot lapin retourne aux souterrains séjours.
La belette avait mis le nez à la fenêtre.
O dieux hospitaliers! que vois-je ici paraître (2)?
Dit l'animal chassé du paternel logis.
Holà! madame la belette,
Que l'on déloge sans trompette,
Ou je vais avertir tous les rats du pays.

(1) Petit tableau plein de fraîcheur et d'agrément.
(2) « Comme cela est dramatique et bien exprimé! » (Ch. Nodier.)

La dame au nez pointu répondit que la terre
  Etait au premier occupant (1).
 C'était un beau sujet de guerre,
Qu'un logis où lui-même il n'entrait qu'en rampant!
  Et quand ce serait un royaume,
Je voudrais bien savoir, dit-elle, quelle loi
  En a pour toujours fait l'octroi
A Jean fils ou neveu de Pierre ou de Guillaume
  Plutôt qu'à Paul, plutôt qu'à moi.
Jean lapin allégua la coutume et l'usage.
Ce sont, dit-il, leurs lois qui m'ont de ce logis
Rendu maître et seigneur, et qui, de père en fils,
L'ont, de Pierre à Simon, puis à moi Jean transmis.
Le premier occupant, est-ce une loi plus sage? —
  Or bien, sans crier davantage,
Rapportons-nous (2), dit-elle, à Raminagrobis (3).
C'était un chat vivant comme un dévot ermite,
  Un chat faisant la chattemite,
Un saint homme de chat bien fourré, gros et gras,
  Arbitre expert sur tous les cas.
  Jean lapin pour juge l'agrée.
  Les voilà tous deux arrivés
  Devant Sa Majesté fourrée.
Grippeminaud leur dit : Mes enfants, approchez,
Approchez, je suis sourd, les ans en sont la cause.
L'un et l'autre approcha, ne craignant nulle chose.
Aussitôt qu'à portée il vit les contestants,
  Grippeminaud le bon apôtre,
Jetant des deux côtés la griffe en même temps,
Mit les plaideurs d'accord en croquant l'un et l'autre.

Ceci ressemble fort aux débats qu'ont parfois
Les petits souverains se rapportants (4) aux rois.

---

(1) « La plaisante chose que de faire débuter cette belette, qui vient de voler le trou d'un lapin, par un axiome qui assure son droit ! Un avocat ne ferait pas mieux. » (Ch. Nodier.)

(2) On dit, dans ce sens, *s'en rappporter*, et non pas *se rapporter*.

(3) *Raminagrobis* et *Grippeminaud* sont des noms de chats empruntés à Rabelais. — *Chattemite* signifie *chatte doucereuse, catta mitis*.

(4) Ce mot doit être ici invariable.

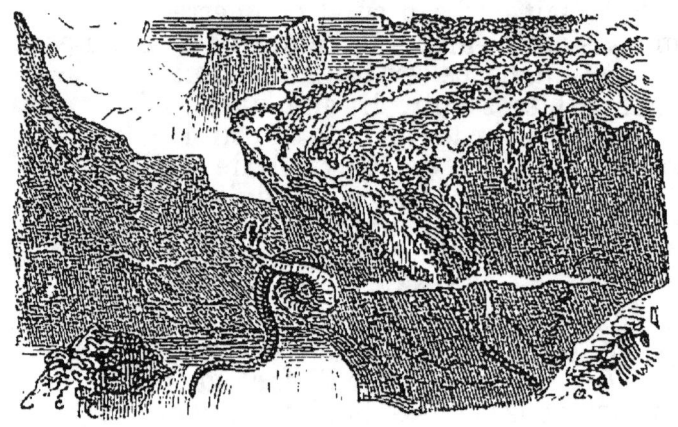

XIII

La Tête et la Queue du Serpent.

Le serpent a deux parties
Du genre humain ennemies,
Tête et queue ; et toutes deux
Ont acquis un nom fameux
Auprès des Parques cruelles :
Si bien qu'autrefois entre elles
Il survint de grands débats
Pour le pas.
La tête avait toujours marché devant la queue.
La queue au Ciel se plaignit,
Et lui dit ;
Je fais mainte et mainte lieue
Comme il plaît à celle-ci :
Croit-elle que toujours j'en veuille user ainsi?
Je suis son humble servante (1).
On m'a faite, Dieu merci,
Sa sœur, et non sa suivante.

(1) Manière ironique d'exprimer son refus.

Toutes deux de même sang,
Traitez-nous de même sorte :
Aussi bien qu'elle je porte
Un poison prompt et puissant (1).
Enfin voilà ma requête :
C'est à vous de commander
Qu'on me laisse précéder
A mon tour ma sœur la tête.
Je la conduirai si bien,
Qu'on ne se plaindra de rien.
Le Ciel eut pour ses vœux une bonté cruelle (2).
Souvent sa complaisance a de méchants effets.
Il devrait être sourd aux aveugles souhaits.
Il ne le fut pas lors ; et la guide nouvelle (3),
Qui ne voyait au grand jour
Pas plus clair que dans un four,
Donnait tantôt contre un marbre,
Contre un passant, contre un arbre ;
Droit aux ondes du Styx elle mena sa sœur.

Malheureux les Etats tombés dans son erreur!

XIV

Un Animal dans la Lune. (4).

Pendant qu'un philosophe (5) assure
Que toujours par leurs sens les hommes sont dupés,

---

(1) La queue du serpent ne porte point de venin; mais, supposé qu'elle en porte, c'est là une assez mauvaise raison à léguer au Ciel.
(2) *Bonté cruelle*, alliance de mots hardie et heureuse.
(3) Ce mot appliqué aux personnes ne s'emploie plus comme féminin.
(4) Le chevalier Paul Neal, de la Société royale de Londres, avait cru voir un animal dans la lune : ce n'était qu'un insecte caché dans l'objectif de la lunette. Cette erreur suggéra à la Fontaine l'idée de sa fable.
(5) Démocrite.

Un autre philosophe (1) jure
Qu'ils ne nous ont jamais trompés.
Tous les deux ont raison; et la philosophie
Dit vrai quand elle dit que les sens tromperont
Tant que sur leur rapport les hommes jugeront;
Mais aussi si l'on rectifie
L'image de l'objet sur son éloignement,
Sur le milieu qui l'environne,
Sur l'organe et sur l'instrument,
Les sens ne tromperont personne.
La nature ordonna ces choses sagement :
J'en dirai quelque jour les raisons amplement (2).
J'aperçois le soleil : quelle en est la figure?
Ici-bas ce grand corps n'a que trois pieds de tour;
Mais si je le voyais là-haut dans son séjour,
Que serait-ce à mes yeux que l'œil de la nature?
Sa distance me fait juger de sa grandeur;
Sur l'angle et les côtés ma main la détermine.
L'ignorant le croit plat, j'épaissis sa rondeur :
Je le rends immobile, et la terre chemine.
Bref, je démens mes yeux en toute sa machine :
Ce sens ne me nuit point par son illusion.
Mon âme, en toute occasion,
Développe le vrai caché sous l'apparence;
Je ne suis point d'intelligence
Avecque mes regards peut-être un peu trop prompts,
Ni mon oreille (3), lente à m'apporter les sons.
Quand l'eau courbe un bâton, ma raison le redresse :
La raison décide en maîtresse.
Mes yeux, moyennant ce secours,
Ne me trompent jamais en me mentant toujours.
Si je crois leur rapport, erreur assez commune,
Une tête de femme est au corps de la lune.
Y peut-elle être? Non. D'où vient donc cet objet?
Quelques lieux inégaux font de loin cet effet.
La lune nulle part n'a sa surface unie :
Montueuse en des lieux, en d'autres aplanie,

---

(1) Épicure.
(2) La Fontaine n'a pas tenu parole, et peut-être a-t-il bien fait.
(3) Ellipse, pour *ni avec mon oreille*.

L'ombre avec la lumière y peut tracer souvent
    Un homme, un bœuf, un éléphant.
Naguère l'Angleterre y vit chose pareille.
La lunette placée, un animal nouveau
    Parut dans cet astre si beau;
    Et chacun de crier merveille.
Il était arrivé là-haut un changement
Qui présageait sans doute un grand événement.
Savait-on si la guerre (1) entre tant de puissances
N'en était point l'effet? Le monarque accourut :
Il favorise en roi ces hautes connaissances.
Le monstre dans la lune à son tour lui parut.
C'était une souris cachée entre les verres;
Dans la lunette était la source de ces guerres.
On en rit. Peuple heureux! quand pourront les François
Se donner, comme vous, entiers à ces emplois !
Mars nous fait recueillir d'amples moissons de gloire.
C'est à nos ennemis de craindre les combats,
A nous de les chercher, certains que la Victoire,
Amante de Louis, suivra partout ses pas.
Ses lauriers nous rendront célèbres dans l'histoire.
    Même les Filles de mémoire
Ne nous ont point quittés ; nous goûtons des plaisirs;
La paix fait nos souhaits, et non point nos soupirs.
Charles (2) en sait jouir; il saurait dans la guerre
Signaler sa valeur, et mener l'Angleterre
A ces jeux, qu'en repos elle voit aujourd'hui.
Cependant s'il pouvait apaiser la querelle,
Que d'encens! Est-il rien de plus digne de lui?
La carrière d'Auguste a-t-elle été moins belle
Que les fameux exploits du premier des Césars?
O peuple trop heureux ! quand la paix viendra-t-elle
Nous rendre, comme vous, tout entiers aux beaux-arts?

(1) La France était alors en guerre avec la Hollande, l'Espagne et l'Empire.
(2) Charles II, roi d'Angleterre.

FIN DU LIVRE SEPTIÈME

LIVRE HUITIÈME

I

La Mort et le Mourant.

La mort ne surprend point le sage :
Il est toujours prêt à partir.
S'étant su lui-même avertir
Du temps où l'on se doit résoudre à ce passage.
    Ce temps, hélas! embrasse tous les temps :
Qu'on le partage en jours, en heures, en moments,
        Il n'en est point qu'il ne comprenne
Dans le fatal tribut, tous sont de son domaine;
Et le premier instant où les enfants des rois
        Ouvrent les yeux à la lumière
        Est celui qui vient quelquefois
        Fermer pour toujours leur paupière.
        Défendez-vous par la grandeur,
Alléguez la beauté, la vertu, la jeunesse,

La mort ravit tout sans pudeur :
Un jour le monde entier accroîtra sa richesse.
Il n'est rien de moins ignoré,
Et, puisqu'il faut que je le die,
Rien où l'on soit moins préparé (1).

Un mourant qui comptait plus de cent ans de vie
Se plaignait à la mort que précipitamment
Elle le contraignait de partir tout à l'heure,
Sans qu'il eût fait son testament,
Sans l'avertir au moins. Est-il juste qu'on meure
Au pied levé? dit-il : attendez quelque peu :
Ma femme ne veut pas que je parte sans elle ;
Il me reste à pourvoir un arrière-neveu ;
Souffrez qu'à mon logis j'ajoute encore une aile.
Que vous êtes pressante, ô déesse cruelle!
Vieillard, lui dit la Mort, je ne t'ai point surpris :
Tu te plains sans raison de mon impatience :
Eh! n'as-tu pas cent ans? Trouve-moi dans Paris
Deux mortels aussi vieux ; trouve-m'en dix en France.
Je devais, te dis-tu, te donner quelque avis
Qui te disposât à la chose :
J'aurais trouvé ton testament tout fait,
Ton petit-fils pourvu, ton bâtiment parfait.
Ne te donna-t-on pas des avis, quand la cause
Du marcher et du mouvement,
Quand les esprits, le sentiment,
Quand tout faillit en toi? Plus de goût, plus d'ouïe ;
Toute chose pour toi semble être évanouie ;
Pour toi l'astre du jour prend des soins superflus ;
Tu regrettes des biens qui ne te touchent plus.
Je t'ai fait voir tes camarades,
Ou morts, ou mourants, ou malades :
Qu'est-ce que tout cela qu'un avertissement?
Allons, vieillard, et sans réplique :
Il n'importe à la république
Que tu fasses ton testament (2).

(1) Tout ce prologue est admirable par l'importance et la gravité des idées, par la noblesse et l'élévation du style. La Fontaine est ici comparable à Bossuet.
(2) Quelle vérité dans ce dialogue ! quelle force dans les raisonnements qu'il renferme !

La mort avait raison : je voudrais qu'à cet âge
On sortît de la vie ainsi que d'un banquet (1),
Remerciant son hôte, et qu'on fît son paquet :
Car de combien peut-on retarder le voyage?
Tu murmures, vieillard ! vois ces jeunes (2) mourir ;
　　　Vois-les marcher, vois-les courir
A des morts, il est vrai, glorieuses et belles,
Mais sûres cependant, et quelquefois cruelles.
J'ai beau te le crier ; mon zèle est indiscret.
Le plus semblable au mort meurt le plus à regret.

II

Le Savetier et le Financier.

Un savetier chantait du matin jusqu'au soir :
　　　C'était merveille de le voir,
Merveille de l'ouïr ; il faisait des passages (3),
　　　Plus content qu'aucun des sept sages.
Son voisin, au contraire, étant tout cousu d'or,
　　　Chantait peu, dormait moins encor :
　　　C'était un homme de finance.
Si sur le point du jour parfois il sommeillait,
Le savetier alors en chantant l'éveillait ;
　　　Et le financier se plaignait
　　　Que les soins de la Providence
N'eussent pas au marché fait vendre le dormir (4),
　　　Comme le manger et le boire.
　　　En son hôtel il fait venir
Le Chanteur, et lui dit : Or çà, sire Grégoire,
Que gagnez-vous par an ? — Par an ! ma foi, Monsieur,
　　　Dit avec un ton de rieur

---

(1) Cette pensée et cette image se trouvent déjà dans Lucrèce et dans Horace. La Fontaine égalerait ses modèles, n'était le trivial *paquet* qui dépare un peu ce morceau.
(2) Ce mot est pris ici substantivement.
(3) Des roulades.
(4) *Le dormir*, infinitif pris substantivement à la manière des Grecs. Nous avons vu dans la fable précédente *du marcher*.

Le gaillard savetier, ce n'est point ma manière
De compter de la sorte; et je n'entasse guère
　　Un jour sur l'autre : il suffit qu'à la fin
　　　　J'attrape le bout de l'année :
　　　　Chaque jour amène son pain. —
Eh bien! que gagnez-vous, dites-moi, par journée?—
Tantôt plus, tantôt moins, le mal est que toujours
(Et sans cela nos gains seraient assez honnêtes),
Le mal est que dans l'an s'entremêlent des jours
　　　　Qu'il faut chômer; on nous ruine en fêtes :
L'une fait tort à l'autre; et monsieur le curé
De quelque nouveau saint charge toujours son prône.
Le financier, riant de sa naïveté,
Lui dit : Je veux vous mettre aujourd'hui sur le trône.
Prenez ces cent écus, gardez-les avec soin,
　　　　Pour vous en servir au besoin (1).
Le savetier crut voir tout l'argent que la terre
　　　　Avait, depuis plus de cent ans,
　　　　Produit pour l'usage des gens.
Il retourne chez lui : dans sa cave il enserre
　　　　L'argent, et sa joie à la fois (2).
　　　　Plus de chant (3) : il perdit la voix
Du moment qu'il gagna ce qui cause nos peines.
　　　　Le sommeil quitta son logis;
　　　　Il eut pour hôtes les soucis,
　　　　Les soupçons, les alarmes vaines.
Tout le jour il avait l'œil au guet : et la nuit,
　　　　Si quelque chat faisait du bruit,
Le chat prenait l'argent (4). A la fin le pauvre homme
S'en courut chez celui qu'il ne réveillait plus :
Rendez-moi, lui dit-il, mes chansons et mon somme,
　　　　Et reprenez vos cent écus (5).

(1) Dialogue plein de naturel et de vérité, de naïveté et de malice.
(2) Alliance de mots analogue à celle-ci de Bossuet : « Versez des larmes avec des prières. »
(3) Coupe ingénieuse qui rappelle celle de la première églogue de Virgile : *Carmina nulla canam.*
(4) Le pauvre savetier est devenu aussi méfiant que l'avare Harpagon dans Molière.
(5) Le sujet traité par la Fontaine dans cette fable ressemble beaucoup à l'aventure de Philippe et de Ména racontée par Horace. (Ep. 7, liv. 1.)

III

Le Lion, le Loup et le Renard.

Le lion, décrépit, goutteux, n'en pouvant plus,
Voulait que l'on trouvât remède à la vieillesse (1).
Alléguer l'impossible aux rois, c'est un abus.
         Celui-ci parmi chaque espèce
Manda des médecins : il en est de tous arts (2).
Médecins au lion viennent de toutes parts;
De tous côtés lui vient (3) des donneurs de recettes.
        Dans les visites qui sont faites,
Le renard se dispense, et se tient clos et coi (4).
Le loup en fait sa cour, daube (5), au coucher du roi,
Son camarade absent. Le prince tout à l'heure
Veut qu'on aille enfumer renard dans sa demeure,

---

(1) Le lion ressemble assez à Louis XI.
(2) Cette fin de vers manque de clarté. Elle veut dire, croyons-nous, qu'il en est dans toutes les classes, dans toutes les espèces d'êtres vivants. Ce qui suit vient à l'appui de notre interprétation.
(3) Il faudrait *lui viennent* ou *il lui vient*.
(4) *Coi*, tranquille, de *quietus*.
(5) *Dauber*, mal parler de quelqu'un.

Qu'on le fasse venir. Il vient, est présenté;
Et sachant que le loup lui faisait cette affaire :
Je crains, Sire, dit-il, qu'un rapport peu sincère
  Ne m'ait à mépris imputé
  D'avoir différé cet hommage;
  Mais j'étais en pèlerinage,
Et m'acquittais d'un vœu fait pour votre santé.
  Même j'ai vu dans mon voyage
Gens experts et savants; leur ai dit la langueur
Dont Votre Majesté craint à bon droit la suite.
  Vous ne manquez que de chaleur;
  Le long âge en vous l'a détruite :
D'un loup écorché vif appliquez-vous la peau
  Toute chaude et toute fumante :
  Le secret sans doute en est beau
  Pour la nature défaillante.
  Messire loup vous servira,
  S'il vous plaît, de robe de chambre.
  Le roi goûte cet avis-là.
  On écorche, on taille, on démembre
Messire loup. Le monarque en soupa,
  Et de sa peau s'enveloppa.

Messieurs les courtisans, cessez de vous détruire :
Faites, si vous pouvez, votre cour sans vous nuire.
Le mal se vend chez vous au quadruple du bien.
Les daubeurs ont leur tour d'une ou d'autre manière :
  Vous êtes dans une carrière
  Où l'on ne se pardonne rien.

IV

Le Pouvoir des Fables.

<small>A M. DE BARILLON (1)</small>

  La qualité d'ambassadeur
Peut-elle s'abaisser à des contes vulgaires?

(1) Ambassadeur de France en Angleterre.

Vous puis-je offrir mes vers et leurs grâces légères?
S'ils osent quelquefois prendre un air de grandeur,
Seront-ils point traités par vous de téméraires?
   Vous avez bien d'autres affaires
   A démêler que les débats
   Du lapin et de la belette.
   Lisez-les, ne les lisez pas :
   Mais empêchez qu'on ne nous mette
   Toute l'Europe sur les bras.
   Que de mille endroits de la terre
   Il nous vienne des ennemis,
   J'y consens; mais que l'Angleterre
Veuille que nos deux rois (1) se lassent d'être amis (2),
   J'ai peine à digérer la chose.
N'est-il point encor temps que Louis se repose?
Quel autre Hercule enfin ne se trouverait las
De combattre cette hydre; et faut-il qu'il oppose
Une nouvelle tête aux efforts de son bras?
   Si votre esprit plein de souplesse,
   Par éloquence et par adresse,
Peut adoucir les cœurs et détourner ce coup,
Je vous sacrifierai cent moutons : c'est beaucoup
   Pour un habitant du Parnasse.
   Cependant faites-moi la grâce
   De prendre en don ce peu d'encens :
   Prenez en gré mes vœux ardents,
Et le récit en vers qu'ici je vous dédie.
Son sujet vous convient; je n'en dirai pas plus :
   Sur les éloges que l'envie
   Doit avouer qui vous sont dus,
   Vous ne voulez pas qu'on appuie.
Dans Athène autrefois, peuple vain et léger,
Un orateur (3), voyant sa patrie en danger,
Courut à la tribune; et, d'un art tyrannique,
Voulant forcer les cœurs dans une république,
Il parla fortement sur le commun salut :
On ne l'écoutait pas. L'orateur recourut

---

(1) Louis XIV et Charles II.
(2) « Le parlement d'Angleterre s'opposait à ce que Charles favorisât la France. » (Gérusez.)
(3) Démade. On attribue le même trait à Démosthène.

A ces figures violentes (1)
Qui savent exciter les âmes les plus lentes.
Il fit parler les morts, tonna, fit ce qu'il put;
Le vent emporta tout, personne ne s'émut.
    L'animal aux têtes frivoles (2),
Étant fait à ces traits, ne daignait l'écouter;
Tous regardaient ailleurs : il en vit s'arrêter
A des combats d'enfants, et point à ses paroles.
Que fit le harangueur? Il prit un autre tour.
Cérès, commença-t-il, faisait voyage un jour
    Avec l'anguille et l'hirondelle.
Un fleuve les arrête, et l'anguille en nageant,
    Comme l'hirondelle en volant,
Le traversa bientôt. L'assemblée à l'instant
Cria tout d'une voix : Et Cérès, que fit-elle?
    Ce qu'elle fit? un prompt courroux
    L'anima d'abord contre vous.
Quoi! de contes d'enfant son peuple s'embarrasse !
    Et du péril qui le menace
Lui seul entre les Grecs il néglige l'effet!
Que ne demandez-vous ce que Philippe (3) fait?
    A ce reproche l'assemblée,
    Par l'apologue réveillée,
    Se donne entière à l'orateur.
    Un trait de fable en eut l'honneur.

Nous sommes tous d'Athène en ce point; et moi-même,
Au moment que je fais cette moralité,
    Si Peau d'âne m'était conté,
    J'y prendrais un plaisir extrême.
Le monde est vieux, dit-on : je le crois; cependant
Il le faut amuser encor comme un enfant.

(1) Les figures de rhétorique.
(2) Le peuple, c'est le même qu'Horace appelle *bellua multorum capitum*.
(3) Roi de Macédoine, ennemi d'Athènes.

V

L'Homme et la Puce.

Par des vœux importuns nous fatiguons les dieux,
Souvent pour des sujets même indignes des hommes :
Il semble que le Ciel sur tous tant que nous sommes
Soit obligé d'avoir incessamment les yeux,
Et que le plus petit de la race mortelle,
A chaque pas qu'il fait, à chaque bagatelle,
Doive intriguer l'Olympe et tous ses citoyens,
Comme s'il s'agissait des Grecs et des Troyens (1).

Un sot par une puce eut l'épaule mordue.
Dans les plis de ses draps elle alla se loger.
Hercule, ce dit-il, tu devais bien purger
La terre de cette hydre au printemps revenue!
Que fais-tu, Jupiter, que du haut de la nue
Tu n'en perdes la race afin de me venger!

Pour tuer une puce, il voulait obliger
Ces dieux à lui prêter leur foudre et leur massue.

(1) Dans la guerre des Grecs contre Troie, qui fait le sujet de l'*Iliade* d'Homère, les dieux prennent parti, qui pour les Troyens, qui pour les Grecs.

VI

Les Femmes et le Secret.

Rien ne pèse tant qu'un secret :
Le porter loin est difficile aux dames,
Et je sais même sur ce fait
Bon nombre d'hommes qui sont femmes.

Pour éprouver la sienne, un mari s'écria,
La nuit étant près d'elle : O dieux ! qu'est-ce cela ?
    Je n'en puis plus ! on me déchire !
Quoi ! j'accouche d'un œuf ! — D'un œuf ? — Oui, le voilà
Frais et nouveau pondu : gardez bien de le dire ;
On m'appellerait poule. Enfin n'en parlez pas.
    La femme, neuve sur ce cas,
    Ainsi que sur mainte autre affaire,
Crut la chose, et promit ses grands dieux de se taire ;
    Mais ce serment s'évanouit
    Avec les ombres de la nuit.
    L'épouse, indiscrète et peu fine,
Sort du lit quand le jour fut à peine levé ;
    Et de courir chez sa voisine :
Ma commère, dit-elle, un cas est arrivé ;
N'en dites rien surtout, car vous me feriez battre :

Mon mari vient de pondre un œuf gros comme quatre (1).
   Au nom de Dieu, gardez-vous bien
    D'aller publier ce mystère. —
Vous moquez-vous? dit l'autre: ah ! vous ne savez guère
   Quelle je suis. Allez, ne craignez rien.
La femme du pondeur s'en retourna chez elle.
L'autre grille déjà d'en conter la nouvelle :
Elle va la répandre en plus de dix endroits :
   Au lieu d'un œuf elle en dit trois.
Ce n'est pas encor tout; car une autre commère
En dit quatre, et raconte à l'oreille le fait :
    Précaution peu nécessaire,
   Car ce n'était plus un secret.
Comme le nombre d'œufs, grâce à la renommée,
   De bouche en bouche allait croissant,
    Avant la fin de la journée
   Ils se montaient à plus d'un cent.

VII

Le Chien qui porte au cou le dîner de son Maître.

Certain chien qui portait la pitance au logis
S'était fait un collier du dîner de son maître.

---

(1) « Observez qu'elle ne se contente pas de raconter le fait, elle l'exagère. » (Ch. Nodier.)

Il était tempérant plus qu'il n'eût voulu l'être
    Quand il voyait un mets exquis;
Mais enfin il l'était : et tous tant que nous sommes,
Nous nous laissons tenter à l'approche des biens.
Chose étrange! on apprend la tempérance aux chiens,
    Et l'on ne peut l'apprendre aux hommes!
Ce chien-ci donc étant de la sorte atourné (1),
Un mâtin passe, et veut lui prendre le dîné.
    Il n'en eut pas toute la joie
Qu'il espérait d'abord : le chien mit bas la proie
Pour la défendre mieux, n'en étant plus chargé.
    Grand combat. D'autres chiens arrivent :
    Ils étaient de ceux-là qui vivent
   Sur le public et craignent peu les coups.
Notre chien se voyant trop faible contre eux tous,
Et que la chair courait un danger manifeste,
Voulut avoir sa part : et, lui sage, il leur dit :
Point de courroux, Messieurs; mon lopin (2) me suffit;
    Faites votre profit du reste.
A ces mots, le premier, il vous happe un morceau;
Et chacun de tirer, le mâtin, la canaille (3),
  A qui mieux mieux : ils firent tous ripaille;
    Chacun d'eux eut part au gâteau.

Je crois voir en ceci l'image d'une ville
Où l'on met les deniers à la merci des gens.
    Echevins, prévôt des marchands (4),
    Tout fait sa main (5) : le plus habile
Donne aux autres l'exemple, et c'est un passe-temps
De leur voir nettoyer un monceau de pistoles.
Si quelque scrupuleux, par des raisons frivoles,
Veut défendre l'argent et dit le moindre mot,
    On lui fait voir qu'il est un sot.
    Il n'a pas de peine à se rendre :
    C'est bientôt le premier à prendre.

(1) Vieux mot, pour *paré, orné.*
(2) Ma part.
(3) Petits chiens, par opposition au mâtin. Ce mot est pris ici dans son sens étymologique; car il vient de *canis.*
(4) *Echevins,* magistrats chargés de la police et des affaires de la commune. *Prévôt des marchands,* chef de l'hôtel de ville.
(5) *Fait sa main,* dilapide.

VIII

Le Rieur et les Poissons.

On cherche les rieurs, et moi je les évite.
Cet art veut, sur tout autre, un suprême mérite :
  Dieu ne créa que pour les sots
  Les méchants diseurs de bons mots (1).
  J'en vais peut-être en une fable
  Introduire un : peut-être aussi
Que quelqu'un trouvera que j'aurai réussi.

  Un rieur était à la table
 D'un financier, et n'avait en son coin
Que des petits poissons : tous les gros étaient loin.
Il prend donc les menus, puis leur parle à l'oreille ;
  Et puis il feint, à la pareille,
D'écouter leur réponse. On demeura surpris :
  Cela suspendit les esprits.
  Le rieur, alors d'un ton sage,
  Dit qu'il craignait qu'un sien ami,
  Pour les grandes Indes parti,
  N'eût depuis un an fait naufrage.
Il s'en informe donc à ce menu fretin (2) :
Mais tous lui répondaient qu'ils n'étaient pas d'un âge
  A savoir au vrai son destin ;
  Les gros en sauraient davantage.
Ne puis-je donc, Messieurs, un gros interroger ?
  De dire si la compagnie
  Prit goût à sa plaisanterie,
J'en doute ; mais enfin il les sut engager
A lui servir d'un monstre assez vieux pour lui dire
Tous les noms des chercheurs de mondes inconnus
  Qui n'en étaient pas revenus,

(1) « Diseur de bons mots, mauvais caractère. » (La Bruyère.)
(2) Le fretin est le petit poisson.

Et que depuis cent ans sous l'abîme avaient vus
  Les anciens (1) du vaste empire.

XI

Le Rat et l'Huître.

Un rat hôte d'un champ, rat de peu de cervelle,
Des lares (2) paternels un jour se trouva saoûl.
Il laisse là le champ, le grain et la javelle,
Va courir le pays, abandonne son trou.
  Sitôt qu'il fut hors de la case :
Que le monde, dit-il, est grand et spacieux !
Voilà les Apennins (3), et voici le Caucase (4) !·
La moindre taupinée était mont à ses yeux.
Au bout de quelques jours le voyageur arrive
En un certain canton où Téthys (5) sur la rive

---

(1) *Anciens* est ici de trois syllabes ; cela est contraire à l'usage.
(2) On appelait ainsi les dieux domestiques ; ce mot désigne ici la maison.
(3) Chaîne de montagnes en Italie ; elle court du nord au sud.
(4) Montagne située entre la mer Noire et la mer Caspienne.
(5) Déesse de la mer, prise ici pour la mer elle-même.

Avait laissé mainte huître; et notre rat d'abord
Crut voir, en les voyant, des vaisseaux de haut bord.
Certes, dit-il, mon père était un pauvre sire (1)!
Il n'osait voyager, craintif au dernier point.
Pour moi, j'ai déjà vu le maritime empire :
J'ai passé les déserts; mais nous n'y bûmes point.
D'un certain magister le rat tenait ces choses,
   Et les disait à travers champs,
N'étant point de ces rats qui, les livres rongeants (2),
  Se font savants jusques aux dents.
  Parmi tant d'huîtres toutes closes
Une s'était ouverte, et, bâillant au soleil,
   Par un doux zéphyr réjouie,
Humait l'air, respirait, était épanouie;
Blanche, grasse, et d'un goût, à la voir, nonpareil.
D'aussi loin que le rat voit cette huître qui bâille :
Qu'aperçois-je? dit-il, c'est quelque victuaille,
Et, si je ne me trompe à la couleur du mets,
Je dois faire aujourd'hui bonne chère, ou jamais.
Là-dessus, maître rat, plein de belle espérance,
Approche de l'écaille, allonge un peu le cou,
Se sent pris comme aux lacs; car l'huître tout d'un coup
Se referme (3). Et voilà ce que fait l'ignorance.

 Cette fable contient plus d'un enseignement :
   Nous y voyons premièrement
 Que ceux qui n'ont du monde aucune expérience
 Sont, aux moindres objets, frappés d'étonnement :
   Et puis nous y pouvons apprendre
   Que tel est pris qui croyait prendre.

(1) Voilà bien la présomption et le dédain de l'ignorance.
(2) Quand le participe a un complément direct, il est invariable.
(3) Enjambement qui fait image.

LIVRE VIII   243

X

L'Ours et l'Amateur des jardins.

Certain ours montagnard, ours à demi léché,
Confiné par le Sort en un bois solitaire,
Nouveau Bellérophon (1), vivait seul et caché.
Il fût devenu fou ; la raison d'ordinaire
N'habite pas longtemps chez les gens séquestrés.
Il est bon de parler, et meilleur de se taire (2) :
Mais tous deux sont mauvais alors qu'ils sont outrés.
      Nul animal n'avait affaire
      Dans les lieux que l'ours habitait ;
      Si bien que, tout ours qu'il était,
Il vint à s'ennuyer de cette triste vie.
Pendant qu'il se livrait à la mélancolie,
      Non loin de là certain vieillard
      S'ennuyait aussi de sa part (3).

(1) Personnage mythologique, vainqueur de la Chimère ; ayant eu le malheur de tuer son frère, il tomba dans une mélancolie profonde et vécut dans la solitude.
(2) Proverbe.
(3) De son côté.

Il aimait les jardins, était prêtre de Flore (1),
  Il l'etait de Pomone (2) encore.
Ces deux emplois sont beaux ; mais je voudrais parmi (3)
  Quelque doux et discret ami.
Les jardins parlent peu, si ce n'est dans mon livre.
  De façon que, lassé de vivre
Avec des gens muets, notre homme, un beau matin,
Va chercher compagnie, et se met en campagne.
  L'ours, porté d'un même dessein,
  Venait de quitter sa montagne.
  Tous deux, par un cas surprenant,
  Se rencontrent en un tournant.
L'homme eut peur : mais comment esquiver ? et que faire ?
Se tirer en Gascon (4) d'une semblable affaire
Est le mieux : il sut donc dissimuler sa peur.
  L'ours, très-mauvais complimenteur,
Lui dit : Viens-t'en me voir. L'autre reprit : Seigneur,
Vous voyez mon logis ; si vous me vouliez faire
Tant d'honneur que d'y prendre un champêtre repas,
J'ai des fruits, j'ai du lait. Ce n'est peut-être pas
De nos seigneurs les ours le manger ordinaire ;
Mais j'offre ce que j'ai. L'ours accepte, et d'aller.
Les voilà bons amis avant que d'arriver ;
Arrivés, les voilà se trouvant bien ensemble :
  Et, bien qu'on soit, à ce qu'il semble,
  Beaucoup mieux seul qu'avec des sots,
Comme l'ours en un jour ne disait pas deux mots,
L'homme pouvait sans bruit vaquer à son ouvrage.
L'ours allait à la chasse, apportait du gibier,
  Faisant son principal métier
D'être bon émoucheur, d'écarter du visage
De son ami dormant ce parasite ailé
  Que nous avons mouche appelé.
Un jour que le vieillard dormait d'un profond somme,
Sur le bout de son nez une allant se placer,
Mit l'ours au désespoir ; il eut beau la chasser.
Je l'attraperai bien, dit-il ; et voici comme.
Aussitôt fait que dit, le fidèle émoucheur

(1) Déesse des fleurs.
(2) Déesse des fruits.
(3) Préposition employée ici adverbialement.
(4) Faire montre de courage sans en avoir réellement.

Vous empoigne un pavé, le lance avec roideur,
Casse la tête à l'homme en écrasant la mouche.
Et, non moins bon archer que mauvais raisonneur,
Roide mort étendu sur la place il le couche.

Rien n'est si dangereux qu'un ignorant ami,
   Mieux vaudrait un sage (1) *ennemi.*

XI

Les deux Amis.

Deux vrais amis vivaient au Monomotapa (2) ;
L'un ne possédait rien qui n'appartînt à l'autre.
   Les amis de ce pays-là
   Valent bien, dit-on, ceux du nôtre.
Une nuit que chacun s'occupait au sommeil (3),
Et mettait à profit l'absence du soleil,
Un de nos deux amis sort du lit en alarme ;
Il court chez son intime, éveille les valets :
Morphée (4) avait touché le seuil de ce palais.
L'ami couché s'étonne ; il prend sa bourse, il s'arme,
Vient trouver l'autre et dit : Il vous arrive peu
De courir quand on dort ; vous me paraissez homme
A mieux user du temps destiné pour le somme :
N'auriez-vous point perdu tout votre argent au jeu ?
En voici. S'il vous est venu quelque querelle,
J'ai mon épée ; allons. Vous ennuyez-vous point ?

---

(1) *Sage* a ici le sens d'*habile*, *éclairé*.
(2) Contrée située dans la partie orientale de l'Afrique. Le poëte choisit à dessein un lieu éloigné et peu connu, pour montrer que les vrais amis sont rares.
(3) Mot heureux. Le sommeil, pour la Fontaine, était, on le sait par son épitaphe, composée par lui-même, une sérieuse occupation. — Cela rappelle le mot de Quinte-Curce traduit par Bossuet : « Quand les rois..... ne *travaillent qu'à la chasse.* »
(4) Dieu du sommeil.

Non, dit l'ami, ce n'est ni l'un ni l'autre point,
  Je vous rends grâces de ce zèle.
Vous m'êtes, en dormant, un peu triste apparu ;
J'ai craint qu'il ne fût vrai (1) : je suis vite accouru.
  Ce maudit songe en est la cause.
Qui d'eux aimait le mieux? que t'en semble, lecteur?
Cette difficulté vaut bien qu'on la propose.

Qu'un ami véritable est une douce chose !
Il cherche vos besoins au fond de votre cœur,
  Il vous épargne la pudeur
  De les lui découvrir vous-même;
  Un songe, un rien, tout lui fait peur
  Quand il s'agit de ce qu'il aime (2).

XII

Le Cochon, la Chèvre et le Mouton.

Une chèvre, un mouton, avec un cochon gras,
Montés sur même char, s'en allaient à la foire.

(1) Que vous étiez triste.
(2) Vers charmants, qui respirent la sensibilité la plus vive et la plus vraie.

Leur divertissement ne les y portait pas;
On s'en allait les vendre, à ce que dit l'histoire.
   Le chartron (1) n'avait pas dessein
    De les mener voir Tabarin (2).
   Dom (3) pourceau criait en chemin
Comme s'il avait eu cent bouchers à ses trousses :
C'était une clameur à rendre les gens sourds.
Les autres animaux, créatures plus douces,
Bonnes gens, s'étonnaient qu'il criât au secours;
    Ils ne voyaient nul mal à craindre.
Le chartron dit au porc : Qu'as-tu tant à te plaindre?
Tu nous étourdis tous : que ne te tiens-tu coi?
Ces deux personnes-ci, plus honnêtes que toi,
Devraient t'apprendre à vivre, ou du moins à te taire :
Regarde ce mouton : a-t-il dit un seul mot?
   Il est sage. — Il est un sot,
Repartit le cochon : s'il savait son affaire,
Il crierait comme moi, du haut de son gosier :
    Et cette autre personne honnête
    Crierait tout du haut de sa tête.
Ils pensent qu'on les veut seulement décharger,
La chèvre de son lait, le mouton de sa laine;
    Je ne sais pas s'ils ont raison;
    Mais quant à moi qui ne suis bon
    Qu'à manger, ma mort est certaine.
    Adieu mon toit et ma maison.
Dom pourceau raisonnait en subtil personnage :

Mais que lui servait-il? *Quand le mal est certain,*
La plainte ni la peur ne changent le destin :
Et le moins prévoyant est toujours le plus sage.

 (1) Le charretier.
 (2) Bouffon du théâtre de Mondor sur la place du Pont-Neuf, au XVIIe siècle.
 (3) *Dom*, c'est-à-dire seigneur pourceau.

XIII

Les obsèques de la Lionne.

La femme du lion mourut ;
Aussitôt chacun accourut
Pour s'acquitter envers le prince
De certains compliments de consolation,
Qui sont surcroît d'affliction.
Il fit avertir sa province
Que les obsèques se feraient
Un tel jour, en tel lieu ; ses prévôts y seraient
Pour régler la cérémonie,
Et pour placer la compagnie.
Jugez si chacun s'y trouva.
Le prince aux cris s'abandonna,
Et tout son antre en résonna :
Les lions n'ont point d'autre temple.
On entendit, à son exemple,
Rugir en leur patois messieurs les courtisans.
Je définis la cour un pays où les gens,
Tristes, gais, prêts à tout, à tout indifférents,
Sont ce qu'il plaît au prince, ou, s'ils ne peuvent l'être,

Tâchent au moins de le paraître.
Peuple caméléon (1), peuple singe du maître;
On dirait qu'un esprit anime mille corps:
C'est bien là que les gens sont de simples ressorts.
   Pour revenir à notre affaire;
Le cerf ne pleura point. Comment eût-il pu faire?
Cette mort le vengeait: la reine avait jadis
   Étranglé sa femme et son fils.
Bref, il ne pleura point. Un flatteur l'alla dire,
   Et soutint qu'il l'avait vu rire.
La colère du roi, comme dit Salomon (2),
Est terrible, et surtout celle du roi lion;
Mais ce cerf n'avait pas accoutumé de lire.
Le monarque lui dit : Chétif hôte des bois,
Tu ris! tu ne suis pas ces gémissantes voix!
Nous n'appliquerons pas sur tes membres profanes
   Nos sacrés ongles! Venez, loups,
   Vengez la reine; immolez, tous,
   Ce traître à ses augustes mânes.
Le cerf reprit alors : Sire, le temps des pleurs
Est passé; la douleur est ici superflue.
Votre digne moitié, couchée entre des fleurs,
   Tout près d'ici m'est apparue;
   Et je l'ai d'abord reconnue.
Ami, m'a-t-elle dit, garde que ce convoi,
Quand je vais chez les dieux, ne t'oblige à des larmes.
Aux champs Élyséens (3) je goûte mille charmes,
Conversant avec ceux qui sont saints comme moi.
Laisse agir quelque temps le désespoir du roi :
J'y prends plaisir. A peine eut-on ouï la chose,
Qu'on se mit à crier : Miracle! Apothéose (4)!
Le cerf eut un présent, bien loin d'être puni.

   Amusez les rois par des songes;
Flattez-les, payez-les d'agréables mensonges :

---

(1) Le caméléon est un lézard de couleur changeante. Ce mot est employé ici adjectivement. — *Singe*, imitateur.
(2) Salomon a écrit les *Proverbes*, livre plein d'excellentes maximes de religion et de morale.
(3) Séjour des âmes heureuses dans les enfers des anciens. Le lieu des supplices était le Tartare.
(4) Mot grec qui signifie *au rang des dieux*.

Quelque indignation dont leur cœur soit rempli,
Ils goberont l'appât; vous serez leur ami.

XIV

Le Rat et l'Éléphant.

Se croire un personnage est fort commun en France ;
  On y fait l'homme d'importance,
  Et l'on n'est souvent qu'un bourgeois.
  C'est proprement le mal françois :
La sotte vanité nous est particulière ;
Les Espagnols sont vains, mais d'une autre manière :
  Leur orgueil me semble, en un mot,
  Beaucoup plus fou, mais pas si sot.
  Donnons quelque image du nôtre,
  Qui sans doute en vaut bien un autre.
Un rat des plus petits voyait un éléphant
Des plus gros, et raillait le marcher un peu lent
  De la bête de haut parage,
  Qui marchait (1) à gros équipage.
  Sur l'animal à triple étage (2)
  Une sultane de renom,
  Son chien, son chat et sa guenon,
Son perroquet, sa vieille, et toute sa maison,
  S'en allait en pèlerinage.
  Le rat s'étonnait que les gens
Fussent touchés de voir cette pesante masse :
Comme si d'occuper ou plus ou moins de place
Nous rendait, disait-il, plus ou moins importants.
Mais qu'admirez-vous tant en lui, vous autres hommes?
Serait-ce ce grand corps qui fait peur aux enfants ?
Nous ne nous prisons pas, tout petits que nous sommes,
  D'un grain moins que les éléphants.

---

(1) *Qui marchait* est trop rapproché de *marcher*.
(2) « C'est-à-dire trois fois haut comme les animaux ordinaires. » (Edit. Dezobry.)

Il en aurait dit davantage;
Mais le chat, sortant de sa cage,
Lui fit voir en moins d'un instant
Qu'un rat n'est pas un éléphant (1).

XV

L'Horoscope.

On rencontre sa destinée
Souvent par des chemins qu'on prend pour l'éviter.
Un père eut pour toute lignée
Un fils, qu'il aimait trop, jusques à consulter
Sur le sort de sa géniture
Les diseurs de bonne aventure.
Un de ces gens lui dit que des lions surtout
Il éloignât l'enfant jusques à certain âge :
Jusqu'à vingt ans, point davantage.
Le père, pour venir à bout
D'une précaution sur qui roulait la vie
De celui qu'il aimait, défendit que jamais
On lui laissât passer le seuil de son palais.
Il pouvait sans sortir contenter son envie,
Avec ses compagnons tout le jour badiner,
Sauter, courir, se promener.
Quand il fut en l'âge où la chasse
Plaît le plus aux jeunes esprits,
Cet exercice avec mépris
Lui fut dépeint; mais quoi qu'on fasse,
Propos, conseil, enseignement,
Rien ne change un tempérament.
Le jeune homme inquiet, ardent, plein de courage,
A peine se sentit des bouillons d'un tel âge,
Qu'il soupira pour ce plaisir.
Plus l'obstacle était grand, plus fort fut le désir.

(1) Voilà une moralité saisissante.

Il savait le sujet des fatales défenses,
Et comme ce logis, plein de magnificences,
Abondait partout en tableaux,
Et que la laine et les pinceaux (1)
Traçaient de tous côtés chasses et paysages,
En cet endroit des animaux,
En cet autre des personnages,
Le jeune homme s'émeut, voyant peint un lion :
Ah! monstre, cria-t-il; c'est toi qui me fais vivre
Dans l'ombre et dans les fers! A ces mots il se livre
Aux transports violents de l'indignation,
Porte le poing sur l'innocente bête.
Sous la tapisserie un clou se rencontra.
Ce clou le blesse, il pénétra
Jusqu'aux ressorts de l'âme; et cette chère tête,
Pour qui l'art d'Esculape en vain fit ce qu'il put,
Dut sa perte à ces soins qu'on prit pour son salut.

Même précaution nuisit au poëte (2) Eschyle (3).
Quelque devin le menaça, dit-on,
De la chute d'une maison.
Aussitôt il quitta la ville,
Mit son lit en plein champ, loin des toits, sous les cieux.
Un aigle qui portait en l'air une tortue,
Passa par là, vit l'homme, et sur sa tête nue,
Qui parut un morceau de rocher à ses yeux,
Etant de cheveux dépourvue,
Laissa tomber sa proie afin de la casser :
Le pauvre Eschyle ainsi sut ses jours avancer.

De ces exemples il en résulte
Que cet art, s'il est vrai, fait tomber dans les maux
Que craint celui qui le consulte;
Mais je l'en justifie, et maintiens qu'il est faux.
Je ne crois point que la Nature
Se soit lié les mains, et nous les lie encor

---

(1) C'est-à-dire les tableaux en tapisserie et les tableaux peints.
(2) *Poëte* est de trois syllabes :
   Si son astre en naissant ne l'a formé poëte.   (Boileau.)
(3) Le père de la tragédie grecque; il nous reste de lui sept pièces.

Jusqu'au point de marquer dans les cieux notre sort :
 Il dépend d'une conjoncture
 De lieux, de personnes, de temps,
Non des conjonctions de tous ces charlatans.
Ce berger et ce roi sont sous même planète;
L'un d'eux porte le sceptre, et l'autre la houlette.
 Jupiter le voulut ainsi.
 Qu'est-ce que Jupiter (1)? Un corps sans connaissance.
 D'où vient donc que son influence
Agit différemment sur ces deux hommes-ci?
Puis comment pénétrer jusques à notre monde?
Comment percer des airs la campagne profonde?
Percer Mars (2), le soleil, et des vides sans fin?
Un atome la (3) peut détourner en chemin :
Où l'iront retrouver les faiseurs d'horoscope?
 L'état où nous voyons l'Europe
Mérite que du moins quelqu'un d'eux l'ait prévu :
Que ne l'a-t-il donc dit? Mais nul d'eux ne l'a su.
L'immense éloignement, le point et sa vitesse,
 Celle aussi de nos passions,
 Permettent-ils à leur faiblesse
De suivre pas à pas toutes nos actions?
Notre sort en dépend; sa course entre-suivie
Ne va, non plus que nous, jamais d'un même pas;
 Et ces gens veulent au compas
 Tracer le cours de notre vie!
 Il ne se faut point arrêter
Aux deux faits ambigus que je viens de conter.
Ce fils par trop chéri, ni le bonhomme Eschyle,
N'y font rien : tout aveugle et menteur qu'est cet art,
Il peut frapper au but une fois entre mille;
 Ce sont des effets du hasard (4).

(1) Jupiter est ici une planète.
(2) *Mars*, autre planète.
(3) *La* se rapporte à l'influence.
(4) La Fontaine avait déjà réfuté ces erreurs en si beaux vers, qu'ils font tort à ceux-ci.

XVI

L'Ane et le Chien.

Il se faut entr'aider : c'est la loi de nature (1).

        L'âne un jour pourtant s'en moqua ;
        Et ne sais comme il y manqua
        Car il est bonne créature.
Il allait par pays, accompagné du chien,
        Bravement sans songer à rien ;
        Tous deux suivis d'un commun maître.
Ce maître s'endormit. L'âne se mit à paître :
        Ils étaient alors dans un pré
        Dont l'herbe était fort à son gré.
Point de chardon pourtant; il s'en passa pour l'heure;
Il ne faut pas toujours être si délicat ;
        Et, faute de servir ce plat,
        Rarement un festin demeure.
        Notre baudet s'en sut enfin
Passer pour cette fois. Le chien, mourant de faim,

(1) Vers devenu proverbe.

Lui dit : Cher compagnon, baisse-toi, je te prie !
Je prendrai mon dîner dans le panier au pain.
Point de réponse ; mot (1) : le roussin d'Arcadie
  Craignit qu'en perdant un moment
  Il ne perdît un coup de dent.
  Il fit longtemps la sourde oreille ;
Enfin il répondit : Ami, je te conseille
D'attendre que ton maître ait fini son sommeil ;
Car il te donnera sans faute, à son réveil,
  Ta portion accoutumée :
  Il ne saurait tarder beaucoup.
  Sur ces entrefaites, un loup
Sort du bois, et s'en vient : autre bête affamée.
L'âne appelle aussitôt le chien à son secours.
Le chien ne bouge et dit : Ami, je te conseille
De fuir en attendant que ton maître s'éveille ;
Il ne saurait tarder : détale vite et cours.
Que si le loup t'atteint, casse-lui la mâchoire ;
On t'a ferré de neuf ; et, si tu veux m'en croire,
Tu l'étendras tout plat (2). Pendant ce beau discours,
Seigneur loup étrangla le baudet sans remède.

  Je conclus qu'il faut qu'on s'entr'aide.

XVII

Le Bassa et le Marchand.

Un marchand grec en certaine contrée
Faisait trafic. Un bassa (3) l'appuyait ;
De quoi le Grec en bassa le payait,
Non en marchand : tant c'est chère denrée

---

(1) Ellipse, pour *pas un mot* selon les uns ; selon d'autres, *mot* est ici pour *motus*, interjection familière qui commande le silence. Nous inclinons pour le dernier sens.
(2) Raillerie cruelle, mais l'âne la mérite.
(3) *Bassa*, *bacha* ou *pacha*, gouverneur de province chez les Turcs.

Qu'un protecteur! Celui-ci coûtait tant,
Que notre Grec s'allait partout plaignant.
Trois autres Turcs d'un rang moindre en puissance
Lui vont offrir leur support en commun.
Eux trois voulaient moins de reconnaissance
Qu'à ce marchand il n'en coûtait pour un.
Le Grec écoute, avec eux il s'engage.
Et le bassa du tout est averti :
Même on lui dit qu'il jouera, s'il est sage,
A ces gens-là quelque méchant parti,
Les prévenant, les chargeant d'un message
Pour Mahomet droit en son paradis,
Et sans tarder; sinon ces gens unis
Le préviendront, bien certains qu'à la ronde
Il a des gens tout prêts pour le venger :
Quelque poison l'enverra protéger
Les trafiquants qui sont en l'autre monde.
Sur cet avis, le Turc se comporta
Comme Alexandre (1), et, plein de confiance,
Chez le marchand tout droit il s'en alla,
Se mit à table. On vit tant d'assurance
En son discours et dans tout son maintien,
Qu'on ne crut point qu'il se doutât de rien.
Ami, dit-il, je sais que tu me quittes;
Même l'on veut que j'en craigne les suites,
Mais je te crois un trop homme de bien;
Tu n'as pas l'air d'un donneur de breuvage (2).
Je n'en dis pas là-dessus davantage.
Quant à ces gens qui pensent t'appuyer,
Écoute-moi : sans tant de dialogue
Et de raisons qui pourraient t'ennuyer,
Je ne te veux conter qu'un apologue.

Il était un berger, son chien et son troupeau.
Quelqu'un lui demanda ce qu'il prétendait faire
   D'un dogue de qui l'ordinaire
Était un pain entier. Il fallait bien et beau

---

(1) Ce prince avala sans hésiter un breuvage que lui présentait son médecin Philippe, au moment même où on venait de l'avertir par lettre que celui-ci voulait l'empoisonner.
(2) Empoisonneur.

Donner cet animal au seigneur du village.
      Lui, berger, pour plus de ménage (1),
      Aurait deux ou trois mâtinaux,
Qui, lui dépensant moins, veilleraient aux troupeaux
      Bien mieux que cette bête seule.
Il mangeait plus que trois ; mais on ne disait pas
      Qu'il avait aussi triple gueule
      Quand les loups livraient des combats.
Le berger s'en défait ; il prend trois chiens de taille
A lui dépenser moins, mais à fuir la bataille.
Le troupeau s'en sentit ; et tu te sentiras
      Du choix de semblable canaille.
    Si tu fais bien, tu reviendras à moi.
Le Grec le crut. *Ceci montre aux provinces*
Que, tout compté, mieux vaut en bonne foi
S'abandonner à quelque puissant roi
Que s'appuyer de plusieurs petits princes.

XVIII

L'Avantage de la Science.

    Entre deux bourgeois d'une ville
    S'émut (2) jadis un différend :
    L'un était pauvre, mais habile ;
    L'autre riche, mais ignorant.
    Celui-ci sur son concurrent
    Voulait emporter l'avantage ;
    Prétendait que tout homme sage
    Etait tenu de l'honorer.
C'était tout homme sot : car pourquoi révérer
    Des biens dépourvus de mérite ?
    La raison m'en semble petite.
    Mon ami, disait-il souvent
      Au savant,

(1) Économie.
(2) Survint.

Vous vous croyez considérable ;
Mais, dites-moi, tenez-vous table ?
Que sert à vos pareils de lire incessamment (1) ?
Ils sont toujours logés à la troisième chambre (2),
Vêtus au mois de juin comme au mois de décembre,
Ayant pour tout laquais leur ombre seulement.
La république a bien affaire
De gens qui ne dépensent rien.
Je ne sais d'homme nécessaire
Que celui dont le luxe épand beaucoup de bien.
Nous en usons Dieu sait ! notre plaisir occupe
L'artisan, le vendeur, celui qui fait la jupe,
Et celle qui la porte, et vous qui dédiez
A messieurs les gens de finance
De méchants livres bien payés.
Ces mots remplis d'impertinence
Eurent le sort qu'ils méritaient.
L'homme lettré se tut ; il avait trop à dire.
La guerre le vengea bien mieux qu'une satire.
Mars détruisit le lieu que nos gens habitaient ;
L'un et l'autre quitta la ville.
L'ignorant resta sans asile ;
Il reçut partout des mépris :
L'autre reçut partout quelque faveur nouvelle.
Ceci décida leur querelle.
Laissez dire les sots : le savoir a son prix.

XIX

Jupiter et les Tonnerres.

Jupiter, voyant nos fautes,
Dit un jour du haut des airs :
Remplissons de nouveaux hôtes
Les cantons de l'univers

(1) Sans cesse.
(2) Au troisième étage.

Habités par cette race
Qui m'importune et me lasse.
Va-t'en, Mercure (1), aux enfers,
Amène-moi la Furie
La plus cruelle des trois.
Race que j'ai trop chérie,
Tu périras cette fois !
Jupiter ne tarda guère
A modérer son transport.

O vous, rois qu'il voulut faire
Arbitres de notre sort,
Laissez, entre la colère
Et l'orage qui la suit,
L'intervalle d'une nuit.

Le dieu dont l'aile est légère,
Et la langue a des douceurs,
Alla voir les noires sœurs (2).
A Tisiphone et Mégère
Il préféra, ce dit-on,
L'impitoyable Alecton.
Ce choix la rendit si fière,
Qu'elle jura par Pluton
Que toute l'engeance humaine
Serait bientôt du domaine
Des déités de là-bas.
Jupiter n'approuva pas
Le serment de l'Euménide (3).
Il la renvoie ; et pourtant
Il lance un foudre à l'instant
Sur certain peuple perfide.
Le tonnerre, ayant pour guide
Le père même de ceux
Qu'il menaçait de ses feux,
Se contenta de leur crainte ;
Il n'embrasa que l'enceinte

(1) Mercure est le messager du ciel et le dieu de l'éloquence.
(2) Les trois Furies.
(3) Surnom des Furies.

D'un désert inhabité :
Tout père frappe à côté (1).
Qu'arriva-t-il? Notre engeance
Prit pied sur cette indulgence.
Tout l'Olympe s'en plaignit.
Et l'assembleur de nuages (2)
Jura le Styx (3) et promit
De former d'autres orages :
Ils seraient sûrs. On sourit.
On lui dit qu'il était père,
Et qu'il laissât, pour le mieux,
A quelqu'un des autres dieux
D'autres tonnerres à faire.
Vulcain entreprit l'affaire.
Ce dieu remplit ses fourneaux
De deux sortes de carreaux (4) :
L'un jamais ne se fourvoie ;
Et c'est celui que toujours
L'Olympe en corps nous envoie.
L'autre s'écarte en son cours ;
Ce n'est qu'aux monts qu'il en coûte ;
Bien souvent même il se perd ;
Et ce dernier en sa route
Nous vient du seul Jupiter.

(1) Vers ingénieux qui exprime bien l'indulgence paternelle.
(2) Epithète de Jupiter dans Homère.
(3) C'était un serment terrible parmi les dieux.
(4) Grosse flèche à pointe triangulaire ; les poëtes ont fait ce mot synonyme de *foudre*.

XX

Le Faucon et le Chapon.

Une traîtresse voix bien souvent vous appelle :
Ne vous pressez donc nullement :
Ce n'était pas un sot, non, non, et croyez-m'en,
Que le chien de Jean de Nivelle (1).

Un citoyen du Mans (2), chapon de son métier,
Etait sommé de comparaître
Par-devant les lares du maître,
Au pied d'un tribunal que nous nommons foyer.

---

(1) *Qui s'enfuit quand on l'appelle*, dit le proverbe. Voici l'origine de ce mot, selon un commentateur : « Jean II, duc de Montmorency, voyant que la guerre allait se rallumer entre Louis XI et le duc de Bourgogne, fit sommer à son de trompe ses deux fils, *Jean de Nivelle* et *Louis de Fosseuse*, de quitter la Flandre, où ils avaient des biens considérables, et de venir servir leur roi : aucun des deux ne voulut se rendre à cette sommation. Leur père, irrité, les traita de *chiens*, et les déshérita. » (Walckenaer.)

(2) Le Mans est renommé pour ses excellents chapons.

Tous les gens lui criaient, pour déguiser la chose
Petit, petit, petit! mais loin de s'y fier,
Le Normand et demi (1) laissait les gens crier.
Serviteur, disait-il; votre appât est grossier :
   On ne m'y tient pas, et pour cause.
Cependant un faucon (2) sur sa perche voyait
   Notre Manceau qui s'enfuyait.
Les chapons ont en nous fort peu de confiance,
   Soit instinct, soit expérience.
Celui-ci, qui ne fut qu'avec peine attrapé,
Devait, le lendemain, être d'un grand soupé,
Fort à l'aise en un plat, honneur dont la volaille
   Se serait passée aisément.
L'oiseau chasseur lui dit : Ton peu d'entendement
Me rend tout étonné. Vous n'êtes que racaille,
Gens grossiers, sans esprit, à qui l'on n'apprend rien.
Pour moi, je sais chasser et revenir au maître.
   Le vois-tu pas à la fenêtre?
Il t'attend : es-tu sourd? — Je n'entends que trop bien,
Repartit le chapon : mais que me veut-il dire?
Et ce beau cuisinier armé d'un grand couteau?
   Reviendrais-tu pour cet appeau (3)?
   Laisse-moi fuir; cesse de rire
De l'indocilité qui me fait envoler,
Lorsque d'un ton si doux on s'en vient m'appeler.
   Si tu voyais mettre à la broche
   Tous les jours autant de faucons
   Que j'y vois mettre de chapons,
Tu ne me ferais pas un semblable reproche.

(1) C'est-à-dire que le Manceau est encore plus rusé que le Normand.
(2) Oiseau de proie qu'on exerce à chasser dans les airs et à rapporter le gibier.
(3) Piége.

XXI

Le Chat et le Rat.

Quatre animaux divers, le chat grippe-fromage,
Triste oiseau le hibou, ronge-maille le rat,
    Dame belette au long corsage,
    Toutes gens d'esprit scélérat,
Hantaient le tronc pourri d'un pin vieux et sauvage.
Tant y furent, qu'un soir à l'entour de ce pin
L'homme tendit ses rets. Le chat, de grand matin,
    Sort pour aller chercher sa proie.
Les derniers traits de l'ombre empêchent qu'il ne voie
Le filet (1) : il y tombe, en danger de mourir;
Et mon chat de crier; et le rat d'accourir :
L'un plein de désespoir, et l'autre plein de joie;
Il voyait dans les lacs son mortel ennemi.
    Le pauvre chat dit : Cher ami,
    Les marques de ta bienveillance
    Sont communes en mon endroit (2);
Viens m'aider à sortir du piége où l'ignorance
    M'a fait tomber. C'est à bon droit
Que seul entre les tiens, par amour singulière,
Je t'ai toujours choyé, t'aimant comme mes yeux.
Je n'en ai point regret, et j'en rends grâce aux dieux.
    J'allais leur faire ma prière,
Comme tout dévot chat en use les matins.
Ce réseau me retient : ma vie est en tes mains;
Viens dissoudre ces nœuds. — Et quelle récompense
    En aurai-je? reprit le rat.
    — Je jure éternelle alliance
    Avec toi, repartit le chat.
Dispose de ma griffe, et sois en assurance :

---

(1) *Le filet.* « Cette suspension est pleine de goût. Le chat est pris. » (Chamfort.)
(2) A mon égard.

Envers et contre tous je te protégerai;
    Et la belette mangerai
    Avec l'époux de la chouette (1) :
Ils t'en veulent tous deux (2). Le rat dit : Idiot!
Moi ton libérateur! Je ne suis pas si sot.
    Puis il s'en va vers sa retraite.
    La belette était près du trou.
Le rat grimpe plus haut ; il y voit le hibou.
Dangers de toutes parts : le plus pressant l'emporte.
Ronge-maille retourne au chat, et fait en sorte
Qu'il détache un chaînon, puis un autre, et puis tant
    Qu'il dégage enfin l'hypocrite.
    L'homme paraît en cet instant;
Les nouveaux alliés prennent tous deux la fuite.
A quelque temps de là notre chat vit de loin
Son rat, qui se tenait alerte et sur ses gardes :
Ah! mon frère, dit-il, viens m'embrasser; ton soin
    Me fait injure : tu regardes
    Comme ennemi ton allié.
    Penses-tu que j'aie oublié
    Qu'après Dieu je te dois la vie?
Et moi, reprit le rat, penses-tu que j'oublie
    Ton naturel? Aucun traité
Peut-il forcer un chat à la reconnaissance?

    S'assure-t-on sur l'alliance
    Qu'a faite la nécessité ?

XXII

Le Torrent et la Rivière.

    Avec grand bruit et grand fracas
    Un torrent tombait des montagnes :
Tout fuyait devant lui; l'horreur suivait ses pas;

(1) Le hibou.
(2) Toute cette prière du chat est d'un ton excellent; elle peint au naturel l'hypocrisie.

Il faisait trembler les campagnes (1).
Nul voyageur n'osait passer
Une barrière si puissante;
Un seul (2) vit des voleurs, et, se sentant presser,
Il mit entre eux et lui cette onde menaçante.
Ce n'était que menace et bruit sans profondeur;
Notre homme enfin n'eut que la peur.
Ce succès lui donnant courage,
Et les mêmes voleurs le poursuivant toujours,
Il rencontra sur son passage
Une rivière dont le cours,
Image d'un sommeil doux, paisible et tranquille,
Lui fit croire d'abord ce trajet fort facile :
Point de bords escarpés, un sable pur et net (3).
Il entre ; et son cheval le met
A couvert des voleurs, mais non de l'onde noire :
Tous deux au Styx allèrent boire;
Tous deux, à nager malheureux,
Allèrent traverser, au séjour ténébreux,
Bien d'autres fleuves que les nôtres.

Les gens sans bruit sont dangereux :
Il n'en est pas ainsi des autres.

XXIII

L'Éducation.

Laridon et César, frères dont l'origine
Venait de chiens fameux, beaux, bien faits et hardis,

---

(1) « Cette peinture est pleine de vie ; l'oreille est frappée de ce mugissement lointain; le vers gronde comme ce torrent impétueux. » (Guillon.)

(2) *Un* voyageur *seul*, isolé. « Ellipse un peu forte. » (Gérusez.)

(3) « Comme cette peinture de la rivière est rassurante et tranquille, et contraste bien avec celle du torrent ! » (Chamfort.)

A deux maîtres divers échus au temps jadis,
Hantaient, l'un les forêts, et l'autre la cuisine.
Ils avaient eu d'abord chacun un autre nom ;
　　　　Mais la diverse nourriture (1)
Fortifiant en l'un cette heureuse nature,
En l'autre l'altérant, un certain marmiton
　　　　Nomma celui-ci Laridon.
Son frère, ayant couru mainte haute aventure,
Mis maint cerf aux abois, maint sanglier abattu,
Fut le premier César que la gent chienne ait eu.
On eut soin d'empêcher qu'une indigne maîtresse
Ne fît en ses enfants dégénérer son sang.
Laridon, négligé, témoignait sa tendresse
　　　　A l'objet le premier passant.
　　　　Il peupla tout de son engeance :
Tourne-broches par lui rendus communs en France
Y font un corps à part, gens fuyant les hasards ;
　　　　Peuple antipode des Césars.

On ne suit pas toujours ses aïeux ni son père :
Le peu de soins, le temps, tout fait qu'on dégénère.
Faute de cultiver la nature et ses dons,
Oh ! combien de Césars deviendront Laridons !

---

(1) *Nourriture* était autrefois synonyme d'*éducation*. On dit encore au figuré *se nourrir de bonnes lectures, de saines doctrines.*

XXIV

Les deux Chiens et l'Ane mort.

Les vertus devraient être sœurs,
Ainsi que les vices sont frères :
Dès que l'un de ceux-ci s'empare de nos cœurs,
Tous viennent à la file ; il ne s'en manque guères :
J'entends de ceux qui, n'étant pas contraires,
Peuvent loger sous même toit.
A l'égard des vertus, rarement on les voit
Toutes en un sujet éminemment placées,
Se tenir par la main sans être dispersées.
L'un est vaillant, mais prompt ; l'autre est prudent, mais
Parmi les animaux, le chien se pique d'être   [froid.
Soigneux et fidèle à son maître ;
Mais il est sot, il est gourmand :
Témoin ces deux mâtins qui, dans l'éloignement,
Virent un âne mort qui flottait sur les ondes.
Le vent de plus en plus l'éloignait de nos chiens.
Ami, dit l'un, tes yeux sont meilleurs que les miens :
Porte un peu tes regards sur ces plaines profondes (1) ;

(1) Vers imitatif.

J'y crois voir quelque chose. Est-ce un bœuf, un cheval?
  Eh! qu'importe quel animal?
Dit l'un de ces mâtins; voilà toujours curée.
Le point est de l'avoir : car le trajet est grand,
Et, de plus, il nous faut nager contre le vent.
Buvons toute cette eau; notre gorge altérée
En viendra bien à bout : ce corps demeurera
  Bientôt à sec, et ce sera
  Provision pour la semaine.
Voilà mes chiens à boire : ils perdirent l'haleine,
  Et puis la vie; ils firent tant,
  Qu'on les vit crever à l'instant.
L'homme est ainsi bâti : quand un sujet l'enflamme,
L'impossibilité disparaît à son âme.
Combien fait-il de vœux, combien perd-il de pas,
S'outrant (1) pour acquérir des biens ou de la gloire!
  Si j'arrondissais mes Etats!
Si je pouvais remplir mes coffres de ducats!
Si j'apprenais l'hébreu, les sciences, l'histoire!
  Tout cela, c'est la mer à boire (2);
  Mais rien à l'homme ne suffit.

Pour fournir aux projets que forme un seul esprit,
Il faudrait quatre corps; encor, loin d'y suffire,
A mi-chemin je crois que tous demeureraient :
Quatre Mathusalem (3) bout à bout ne pourraient
  Mettre à fin ce qu'un seul désire.

XXV

Démocrite et les Abdéritains.

Que j'ai toujours haï les pensers du vulgaire (4)!
Qu'il me semble profane, injuste et téméraire,

(1) S'excédant.
(2) Cette locution est devenue proverbiale.
(3) Aïeul de Noé. C'est celui des patriarches qui vécut le plus longtemps.
(4) C'est le mot d'Horace :
 Odi profanum vulgus et arceo. (Od. 1, livr. III.

Mettant de faux milieux entre la chose et lui,
Et mesurant par soi ce qu'il voit en autrui!
Le maître d'Épicure (1) en fit l'apprentissage.
Son pays le crut fou. Petits esprits! Mais quoi!
      Aucun n'est prophète chez soi.
Ces gens étaient les fous, Démocrite le sage.
L'erreur alla si loin, qu'Abdère (2) députa
      Vers Hippocrate, et l'invita,
      Par lettres et par ambassade,
A venir rétablir la raison du malade.
Notre concitoyen, disaient-ils en pleurant,
Perd l'esprit : la lecture a gâté Démocrite ;
Nous l'estimerions plus s'il était ignorant :
Aucun nombre, dit-il, les mondes ne limite :
      Peut-être même ils sont remplis
      De Démocrites infinis (3).
Non content de ce songe, il y joint les atomes,
Enfants d'un cerveau creux, invisibles fantômes;
Et, mesurant les cieux sans bouger d'ici-bas,
Il connaît l'univers, et ne se connaît pas.
Un temps fut qu'il savait accorder les débats :
      Maintenant il parle à lui-même.
Venez, divin mortel ; sa folie est extrême.
Hippocrate n'eut pas trop de foi pour ces gens.
Cependant il partit. Et voyez, je vous prie,
      Quelles rencontres dans la vie
Le sort cause! Hippocrate arriva dans le temps
Que celui qu'on disait n'avoir raison ni sens
      Cherchait dans l'homme et dans la bête
Quel siége a la raison, soit le cœur, soit la tête.
Sous un ombrage épais, assis près d'un ruisseau,
      Les labyrinthes (4) d'un cerveau
L'occupaient. Il avait à ses pieds maint volume,
Et ne vit presque pas son ami s'avancer,
      Attaché selon sa coutume.
Leur compliment fut court, ainsi qu'on peut penser :

(1) Démocrite avait transmis à Epicure son système des atomes et du vide, qu'il tenait de Leucippe.
(2) Ville de Thrace, sur la côte de la mer Égée.
(3) C'est-à-dire en nombre infini. *Démocrites* est ici pour *hommes*.
(4) Les détours, les sinuosités.

Le sage est ménager du temps et des paroles.
Ayant donc mis à part les entretiens frivoles,
Et beaucoup raisonné sur l'homme et sur l'esprit,
    Ils tombèrent sur la morale.
    Il n'est pas besoin que j'étale
    Tout ce que l'un et l'autre dit.

    Le récit précédent suffit
Pour montrer que le peuple est juge récusable.
    En quel sens est donc véritable
    Ce que j'ai lu dans certain lieu,
    Que sa voix est la voix de Dieu (1)?

XXVI

Le Loup et le Chasseur.

Fureur d'accumuler, monstre de qui les yeux
Regardent comme un point tous les bienfaits des dieux,
Te combattrai-je en vain sans cesse en cet ouvrage!
Quel temps demandes-tu pour suivre mes leçons?
L'homme, sourd à ma voix comme à celle du sage,
Ne dira-t-il jamais : C'est assez, jouissons (2)?
Hâte-toi, mon ami, tu n'as pas tant à vivre.
Je te rebats ce mot, car il vaut tout un livre :
Jouis.— Je le ferai.— Mais quand donc?— Dès demain.
— Eh! mon ami, la mort peut te prendre en chemin (3):

(1) « *Vox populi, vox Dei*. Cela n'est pas vrai pour la science. » (Gérusez.)
  (2) Hâtons-nous aujourd'hui de jouir de la vie :
        Qui sait si nous serons demain?
C'est la *foule impie* qui parle ainsi dans Racine. Cette morale n'est donc pas bonne en elle-même. Mais il suffit peut-être ici que la Fontaine ait raison contre l'avare.
  (3) Remarquez la vivacité de ce dialogue, et comparez les vers biens connus de Boileau :
  Debout, dit l'avarice....
  Eh! laisse-moi. — Debout! — Un moment! — Tu répliques!
                (Sat. 8.)

Jouis dès aujourd'hui ; redoute un sort semblable
A celui du chasseur et du loup de ma fable.

Le premier de son arc avait mis bas un daim.
Un faon de biche passe, et le voilà soudain
Compagnon du défunt : tous deux gisent sur l'herbe.
La proie était honnête, un daim avec un faon ;
Tout modeste chasseur (1) en eût été content :
Cependant un sanglier, monstre énorme et superbe,
Tente encor notre archer, friand de tels morceaux.
Autre habitant du Styx (2) : la Parque et ses ciseaux
Avec peine y mordaient ; la déesse infernale
Reprit à plusieurs fois l'heure au monstre fatale.
De la force du coup pourtant il s'abattit.
C'était assez de biens. Mais quoi ! rien ne remplit
Les vastes appétits d'un faiseur de conquêtes.
Dans le temps que le porc revint à soi, l'archer
Voit le long d'un sillon une perdrix marcher,
  Surcroît chétif aux autres têtes :
De son arc toutefois il bande les ressorts.
Le sanglier, rappelant les restes de sa vie,
Vient à lui, le découd (3), meurt vengé sur son corps,
  Et la perdrix le remercie.
Cette part du récit s'adresse au convoiteux ;
L'avare aura pour lui le reste de l'exemple.

Un loup vit en passant ce spectacle piteux :
O Fortune ! dit-il, je te promets un temple.
Quatre corps étendus ! que de biens ! mais pourtant
Il faut les ménager ; ces rencontres sont rares.
  (Ainsi s'excusent les avares.)
J'en aurai, dit le loup, pour un mois, pour autant :
Un, deux, trois, quatre corps ; ce sont quatre semaines,
  Si je sais compter, toutes pleines.
Commençons dans deux jours ; et mangeons cependant
La corde de cet arc : il faut que l'on l'ait faite
De vrai boyau, l'odeur me le témoigne assez.

(1) Modéré dans ses désirs.
(2) Je vais en faire, se disait-il, un autre habitant du Styx,
le tuer.
(3) Le blesse ; c'est un terme de vénerie, qu'on emploie en
parlant des blessures faites par les défenses du sanglier.

En disant ces mots il se jette
Sur l'arc, qui se détend, et fait de la sagette (1)
Un nouveau mort : mon loup a les boyaux percés.

Je reviens à mon texte : *Il faut que l'on jouisse ;*
Témoin ces deux gloutons punis d'un sort commun :
La convoitise perdit l'un,
L'autre périt par l'avarice.

(1) Flèche, du latin *sagitta*.

FIN DU LIVRE HUITIÈME

LIVRE NEUVIÈME

I

Le Dépositaire infidèle.

Grâce aux Filles de Mémoire (1),
J'ai chanté les animaux ;
Peut-être d'autres héros
M'auraient acquis moins de gloire.
Le loup, en langue des dieux (2),
Parle au chien dans mes ouvrages ;
Les bêtes, à qui mieux mieux,
Y font divers personnages,
Les uns fous, les autres sages ;
De telle sorte pourtant
Que les fous vont l'emportant :

(1) Les Muses.
(2) Ces mots désignent la poésie.

La mesure en est plus pleine.
Je mets aussi sur la scène
Des trompeurs, des scélérats,
Des tyrans et des ingrats,
Mainte imprudente pécore (1),
Force sots, force flatteurs ;
Je pourrais y joindre encore
Des légions de menteurs :
Tout homme ment, dit le Sage (2).
S'il n'y mettait seulement
Que les gens de bas étage,
On pourrait aucunement (3)
Souffrir ce défaut aux hommes ;
Maisque tous, tant que nous sommes,
Nous mentions, grand et petit,
Si quelque autre l'avait dit,
Je soutiendrais le contraire ;
Et même qui mentirait
Comme Esope et comme Homère,
Un vrai menteur ne serait :
Le doux charme de maint songe
Par leur bel art inventé
Sous les habits du mensonge
Nous offre la vérité.
L'un et l'autre a fait un livre
Que je tiens digne de vivre
Sans fin, et plus, s'il se peut.
Comme eux ne ment pas qui veut.
Mais mentir comme sut faire
Un certain dépositaire
Payé par son propre mot,
Est d'un méchant et d'un sot.

Voici le fait :

Un trafiquant de Perse,
Chez son voisin, s'en allant en commerce,
Mit en dépôt un cent de fer un jour.
Mon fer ? dit-il, quand il fut de retour. —

(1) *Bête*, de *pecus*, *pecoris*.
(2) Salomon.
(3) En quelque façon, jusqu'à un certain point.

Votre fer ! il n'est plus : j'ai regret de vous dire
      Qu'un rat l'a mangé tout entier.
J'en ai grondé mes gens; mais qu'y faire? un grenier
A toujours quelque trou. Le trafiquant admire
Un tel prodige, et feint de le croire pourtant.
Au bout de quelques jours il détourne l'enfant
Du perfide voisin, puis à souper convie
Le père, qui s'excuse, et lui dit en pleurant :
      Dispensez-moi, je vous supplie;
      Tous plaisirs pour moi sont perdus.
      J'aimais un fils plus que ma vie :
Je n'a ique lui; que dis-je, hélas! je ne l'ai plus!
On me l'a dérobé : plaignez mon infortune.
Le marchand repartit : Hier (1) au soir, sur la brune,
Un chat-huant s'en vint votre fils enlever;
Vers un vieux bâtiment je le lui vis porter.
Le père dit : Comment voulez-vous que je croie
Qu'un hibou pût jamais emporter cette proie?
Mon fils en un besoin eût pris le chat-huant.
Je ne vous dirai point, reprit l'autre, comment :
Mais enfin je l'ai vu, vu de mes yeux, vous dis-je;
      Et ne vois rien qui vous oblige
D'en douter un moment après ce que je dis.
      Faut-il que vous trouviez étrange
      Que les chats-huants d'un pays
Où le quintal (2) de fer par un seul rat se mange (3)
Enlèvent un garçon pesant un demi-cent?
L'autre vit où tendait cette feinte aventure :
      Il rendit le fer au marchand,
      Qui lui rendit sa géniture (4).

Même dispute avint entre deux voyageurs.
      L'un d'eux était de ces conteurs
Qui n'ont jamais rien vu qu'avec un microscope;
Tout est géant chez eux : écoutez-les, l'Europe,

---

(1) *Hier* était alors d'une seule syllabe.
(2) Poids de cent livres.
(3) *Se mange*, c'est-à-dire est mangé.
Racine a dit de même :
    Où *se garde* caché....
      Ce formidable amas de lances et d'épées.
(4) Son fils.

Comme l'Afrique, aura des monstres à foison.
Celui-ci se croyait l'hyperbole permise :
J'ai vu, dit-il, un chou plus gros qu'une maison.
Et moi, dit l'autre, un pot aussi grand qu'une église.
Le premier se moquant, l'autre reprit : Tout doux ;
    On le fit pour cuire vos choux.

L'homme au pot fut plaisant, l'homme au fer fut habile.
Quand l'absurde est outré, l'on lui fait trop d'honneur
De vouloir par raison combattre son erreur :
Enchérir est plus court, sans s'échauffer la bile.

II

Les deux Pigeons.

Deux pigeons s'aimaient d'amour tendre :
L'un d'eux, s'ennuyant au logis,
Fut assez fou pour entreprendre
Un voyage en lointain pays.
L'autre lui dit : Qu'allez-vous faire ?
Voulez-vous quitter votre frère ?
L'absence est le plus grand des maux :
Non pas pour vous, cruel ! Au moins que les travaux,

Les dangers, les soins du voyage,
Changent un peu votre courage (1).
Encor, si la saison s'avançait davantage !
Attendez les zéphyrs (2) : qui vous presse ? Un corbeau
Tout à l'heure annonçait malheur à quelque oiseau.
Je ne songerai plus que rencontre funeste,
Que faucons, que réseaux. Hélas, dirai-je, il pleut :
Mon frère a-t-il tout ce qu'il veut,
Bon souper, bon gîte, et le reste (3) ?
Ce discours ébranle le cœur
De notre imprudent voyageur.
Mais le désir de voir et l'humeur inquiète
L'emportèrent enfin. Il dit : Ne pleurez point ;
Trois jours au plus rendront mon âme satisfaite :
Je reviendrai dans peu conter de point en point
Mes aventures à mon frère ;
Je le désennuierai. Quiconque ne voit guère
N'a guère à dire aussi (4). Mon voyage dépeint
Vous sera d'un plaisir extrême.
Je dirai : J'étais là ; telle chose m'avint :
Vous y croirez être vous-même.
A ces mots, en pleurant, ils se dirent adieu.
Le voyageur s'éloigne : et voilà qu'un nuage
L'oblige de chercher retraite en quelque lieu.
Un seul arbre s'offrit, tel encor que l'orage
Maltraita le pigeon en dépit du feuillage.
L'air devenu serein, il part tout morfondu,
Sèche du mieux qu'il peut son corps chargé de pluie,
Dans un champ à l'écart voit du blé répandu,
Voit un pigeon auprès : cela lui donne envie ;

---

(1) *Courage* se prenait au XVIIe siècle pour *disposition du cœur* ; de même dans *Polyeucte* :
Que deux fois en un jour il change de courage.
(2) C'est la raison que Didon fait valoir à Énée pour le retenir :
Et mediis properas aquilonibus ire per altum,
Crudelis !
(3) Quelle touchante sollicitude, et que ce langage est bien celui de l'amitié !
(4) C'est la contre-partie de ce que le poëte a dit plus haut, dans *l'Hirondelle et les Petits Oiseaux* :
Quiconque a beaucoup vu,
Peut avoir beaucoup retenu. (Liv. I, f. 8.

Il y vole, il est pris : ce blé couvrait d'un lacs (1)
    Les menteurs et traîtres appâts.
Le lacs était usé ; si bien que de son aile,
De ses pieds, de son bec, l'oiseau le rompt enfin :
Quelque plume y périt, et le pis du destin
Fut qu'un certain vautour, à la serre cruelle,
Vit notre malheureux, qui, traînant la ficelle
Et les morceaux du lacs qui l'avait attrapé,
    Semblait un forçat échappé.
Le vautour s'en allait le lier (2), quand des nues
Fond à son tour un aigle aux ailes étendues.
Le pigeon profita du conflit des voleurs,
S'envola, s'abattit auprès d'une masure,
    Crut pour ce coup que ses malheurs
    Finiraient par cette aventure ;
Mais un fripon d'enfant (cet âge est sans pitié) (3),
Prit sa fronde, et d'un coup tua plus d'à moitié
    La volatile malheureuse,
  Qui, maudissant sa curiosité,
    Traînant l'aile et tirant le pied,
    Demi-morte et demi-boiteuse,
    Droit au logis s'en retourna :
    Que bien, que mal (4), elle arriva
    Sans autre aventure fâcheuse (5).

(1) Filet.
(2) Le *lier* de ses serres.
(3) Nous avons déjà remarqué que la Fontaine n'aimait pas les enfants.
(4) *Que bien, que mal*, signifie *tant bien que mal ;* mais le premier est imitatif.
(5) « Se lassera-t-on jamais de relire la fable des *Deux Pigeons ?* ce morceau dont l'impression est si délicieuse, à qui peut-être on donnerait la palme sur les autres, si parmi tant de chefs-d'œuvre on avait la conscience de juger ou la force de choisir. » (Chamfort.)

III

Le Singe et le Léopard.

  Le singe avec le léopard
   Gagnaient de l'argent à la foire.
   Ils affichaient chacun à part.
L'un d'eux disait : Messieurs, mon mérite et ma gloire
Sont connus en bon lieu. Le roi m'a voulu voir,
   Et, si je meurs, il veut avoir
Un manchon de ma peau : tant elle est bigarrée,
   Pleine de taches, marquetée,
   Et vergetée, et mouchetée.
La bigarrure plaît, partant chacun le vit.
Mais ce fut bientôt fait; bientôt chacun sortit.
Le singe, de sa part, disait : Venez, de grâce;
Venez, Messieurs, je fais cent tours de passe-passe.
Cette diversité dont on vous parle tant,
Mon voisin léopard l'a sur soi seulement :
Moi, je l'ai dans l'esprit. Votre serviteur Gille,
   Cousin et gendre de Bertrand,
   Singe du pape en son vivant,
   Tout fraîchement en cette ville
Arrive en trois bateaux (1), exprès pour vous parler;
Car il parle; on l'entend : il sait danser, baller (2),
   Faire des tours de toute sorte,
Passer en des cerceaux; et le tout pour six blancs :
Non, Messieurs, pour un sou; si vous n'êtes contents,
Nous rendrons à chacun son argent à la porte.
Le singe avait raison. Ce n'est pas sur l'habit
Que la diversité me plaît : c'est dans l'esprit :
L'une fournit toujours des choses agréables;
L'autre en moins d'un moment lasse les regardants.

(1) Expression proverbiale et comique, imitée de Rabelais,
(2) Vieux mot qui signifie *danser*. Nous avons encore les mots analogues: *Bal, ballet, baladin.*

*Oh! que de grands seigneurs, au léopard semblables,
N'ont que l'habit pour tous talents!*

IV

Le Gland et la Citrouille.

Dieu fait bien ce qu'il fait. Sans en chercher la preuve
En tout cet univers, et l'aller parcourant,
    Dans les citrouilles je la treuve.

    Un villageois, considérant
Combien ce fruit est gros et sa tige menue :
A quoi songeait, dit-il, l'auteur de tout cela ?
Il a bien mal placé cette citrouille-là !
    H! parbleu, je l'aurais pendue
    A l'un des chênes que voilà ;
    C'eût été justement l'affaire :
    Tel fruit, tel arbre, pour bien faire.
C'est dommage, Garo, que tu n'es point entré
Au conseil de Celui que prêche ton curé ;
Tout en eût été mieux : car pourquoi, par exemple,
Le gland, qui n'est pas gros comme mon petit doigt,
    Ne pend-il pas en cet endroit?
    Dieu s'est mépris : plus je contemple

Ces fruits ainsi placés, plus il semble à Garo
Que l'on a fait un quiproquo.
Cette réflexion embarrassant notre homme :
On ne dort point, dit-il, quand on a tant d'esprit (1).
Sous un chêne aussitôt il va prendre son somme.
Un gland tombe : le nez du dormeur en pâtit.
Il s'éveille, et, portant la main sur son visage,
Il trouve encor le gland pris au poil du menton.
Son nez meurtri le force à changer de langage.
Oh! oh! dit-il, je saigne! et que serait-ce donc
S'il fût tombé de l'arbre une masse plus lourde,
Et que ce gland eût été gourde?
Dieu ne l'a pas voulu : sans doute il eut raison;
J'en vois bien à présent la cause.
En louant Dieu de toute chose,
Garo retourne à la maison.

V

L'Écolier, le Pédant et le Maître d'un jardin.

Certain enfant qui sentait son collége,
Doublement sot et doublement fripon,
Par le jeune âge et par le privilége
Qu'ont les pédants de gâter la raison (2),
Chez un voisin dérobait, ce dit-on,
Et fleurs et fruits. Ce voisin, en automne,
Des plus beaux dons que nous offre Pomone

---

(1) C'est une allusion au proverbe : « On ne vit pas longtemps quand on a tant d'esprit. »

« Tout ce discours de Garo est d'un naturel admirable ; il exprime bien la ridicule satisfaction d'un ignorant content de lui-même, qui s'étend avec complaisance sur ses idées. » (Ch. Nodier.)

(2) Trait mordant emprunté à Rabelais. « Malgré ces railleries, on n'en va pas moins à l'école et on a raison. » (Gérusez.)

Avait la fleur, les autres le rebut.
Chaque saison apportait son tribut :
Car au printemps il jouissait encore
Des plus beaux dons que nous présente Flore (1).
Un jour dans son jardin il vit notre écolier,
Qui, grimpant sans égard sur un arbre fruitier,
Gâtait jusqu'aux boutons, douce et frêle espérance,
Avant-coureurs des biens que promet l'abondance :
Même il ébranchait l'arbre, et fit tant à la fin
  Que le possesseur du jardin
Envoya faire plainte au maître de la classe.
Celui-ci vint suivi d'un cortége d'enfants :
  Voilà le verger plein de gens
Pires que le premier. Le pédant, de sa grâce (2),
  Accrut le mal en amenant
  Cette jeunesse mal instruite :
Le tout, à ce qu'il dit, pour faire un châtiment
Qui pût servir d'exemple, et dont toute sa suite
Se souvînt à jamais comme d'une leçon.
Là-dessus il cita Virgile et Cicéron,
  Avec force traits de science.
Son discours dura tant, que la maudite engeance
Eut le temps de gâter en cent lieux le jardin.

* Je hais les pièces d'éloquence*
Hors de leur place, et qui n'ont point de fin,
* Et ne sais bête au monde pire*
* Que l'écolier, si ce n'est le pédant.*
Le meilleur de ces deux pour voisin, à vrai dire,
* Ne me plairait aucunement.*

(1) Petit tableau imité de l'épisode du vieillard de Tarente dans les *Géorgiques* de Virgile, liv. IV.
(2) Gratuitement, sans nécessité.

VI

Le Statuaire et la Statue de Jupiter (1).

Un bloc de marbre était si beau,
Qu'un statuaire en fit l'emplette.
Qu'en fera, dit-il, mon ciseau ?
Sera-t-il dieu, table ou cuvette ?

Il sera dieu : même je veux
Qu'il ait en sa main un tonnerre.
Tremblez, humains ! faites des vœux (2) :
Voilà le maître de la terre.

L'artisan (3) exprima si bien
Le caractère de l'idole,
Qu'on trouva qu'il ne manquait rien
A Jupiter que la parole.

(1) Imité d'Horace. (Sat. 8, liv. I.)
(2) Le ton et le mouvement de cette stance sont dignes de la plus haute poésie.
(3) Nous avons déjà vu *artisan* pour *artiste*.

Même l'on dit que l'ouvrier
Eut à peine achevé l'image,
Qu'on le vit frémir le premier,
Et redouter son propre ouvrage.

A la faiblesse du sculpteur
Le poëte (1) autrefois n'en dut guère,
Des dieux dont il fut l'inventeur
Craignant la haine et la colère.

Il était enfant en ceci :
Les enfants n'ont l'âme occupée
Que du continuel souci
Qu'on ne fâche point leur poupée.

Le cœur suit aisément l'esprit :
De cette source est descendue
L'erreur païenne, qui se vit
Chez tant de peuples répandue.

Ils embrassaient violemment
Les intérêts de leur chimère :
Pygmalion devint amant
De la Vénus dont il fut père.

Chacun tourne en réalités,
Autant qu'il peut, ses propres songes :
L'homme est de glace aux vérités ;
Il est de feu pour les mensonges.

VII

Le Fou qui vend la Sagesse.

Jamais auprès des fous ne te mets à portée :
Je ne te puis donner un plus sage conseil.
Il n'est enseignement pareil
A celui-là, de fuir une tête éventée.

(1) *Poëte* fait maintenant trois syllabes.

On en voit souvent dans les cours :
Le prince y prend plaisir; car ils donnent toujours
Quelque trait aux fripons, aux sots, aux ridicules.

Un fol allait criant par tous les carrefours
Qu'il vendait la sagesse : et les mortels crédules
De courir à l'achat; chacun fut diligent.
  On essuyait force grimaces,
  Puis on avait pour son argent,
Avec un bon soufflet, un fil long de deux brasses.
La plupart s'en fâchaient; mais que leur servait-il?
C'étaient les plus moqués; le mieux était de rire,
  Ou de s'en aller sans rien dire
  Avec son soufflet et son fil.
  De chercher du sens à la chose,
On se fût fait siffler ainsi qu'un ignorant.
  La raison est-elle garant
De ce que fait un fou? Le hasard est la cause
De tout ce qui se passe en un cerveau blessé.
Du fil et du soufflet pourtant embarrassé,
Un des dupes (1) un jour alla trouver un sage,
  Qui, sans hésiter davantage,
Lui dit : Ce sont ici hiéroglyphes (2) tout purs.
Les gens bien conseillés, et qui voudront bien faire,
Entre eux et les gens fous mettront, pour l'ordinaire,
La longueur de ce fil; sinon je les tiens sûrs
  De quelque semblable caresse.
Vous n'êtes point trompé; ce fou vend la sagesse.

(1) C'est-à-dire un de ceux qui étaient dupes; autrement ce serait une faute, car *dupe* est féminin.
(2) « Signes symboliques à l'aide desquels les Égyptiens peignaient leurs idées. » (Gérusez.)

VIII

L'Huître et les Plaideurs.

Un jour deux pèlerins sur le sable rencontrent
Une huître que le flot y venait d'apporter :
Ils l'avalent des yeux, du doigt ils se la montrent ;
A l'égard de la dent, il fallut contester.
L'un se baissait déjà pour amasser (1) la proie ;
L'autre le pousse et dit : Il est bon de savoir
    Qui de nous en aura la joie.
Celui qui le premier a pu l'apercevoir
En sera le gobeur, l'autre le verra faire. —
    Si par là l'on juge l'affaire,
Reprit son compagnon, j'ai l'œil bon, Dieu merci. —
    Je ne l'ai pas mauvais aussi,
Dit l'autre ; et je l'ai vue avant vous, sur ma vie (2). —
Eh bien ! vous l'avez vue ; et moi je l'ai sentie !
    Pendant tout ce bel incident,

(1) On dit maintenant *ramasser*.
(2) Dialogue plein de vivacité, de franchise et de naïveté.

Perrin Dandin (1) arrive : ils le prennent pour juge.
Perrin, fort gravement, ouvre l'huître et la gruge,
  Nos deux messieurs le regardant.
Ce repas fait, il dit d'un ton de président :
Tenez, la cour vous donne à chacun une écaille
Sans dépens(2); et qu'en paix chacun chez soi s'en aille.

Mettez ce qu'il en coûte à plaider aujourd'hui;
Comptez ce qu'il en reste à beaucoup de familles :
Vous verrez que Perrin tire l'argent à lui,
Et ne laisse aux plaideurs que le sac et les quilles (3).

IX

Le Loup et le Chien maigre.

  Autrefois (4) carpillon fretin
  Eut beau prêcher, il eut beau dire,
  On le mit dans la poêle à frire.
Je fis voir que *lâcher ce qu'on a dans la main,*
  Sans espoir de grosse aventure,
  Est imprudence toute pure.
Le pêcheur eut raison ; carpillon n'eut pas tort ;
Chacun dit ce qu'il peut pour défendre sa vie.
  Maintenant il faut que j'appuie
Ce que j'avançais lors, de quelque trait encor.

Certain loup aussi sot que le pêcheur fut sage,
  Trouvant un chien hors du village,
S'en allait l'emporter. Le chien représenta
Sa maigreur. Jà (5) ne plaise à Votre Seigneurie

---

(1) Nom emprunté à Rabelais ; on le trouve aussi dans *les Plaideurs* de Racine.
(2) Ironie charmante.
(3) C'est-à-dire ne leur laisse rien ; c'est une expression proverbiale.
(4) Voy. liv. V.
(5) Déjà, à présent.

De me prendre en cet état-là ;
Attendez : mon' maître marie
Sa fille unique, et vous jugez
Qu'étant de noce il faut (1) malgré moi que j'engraisse.
Le loup le croit, le loup le laisse.
Le loup, quelques jours écoulés,
Revient voir si son chien(2) n'est pas meilleur à prendre.
Mais le drôle était au logis.
Il dit au loup par un treillis :
Ami, je vais sortir ; et si tu veux attendre,
Le portier du logis et moi
Nous serons tout à l'heure à toi.
Ce portier du logis était un chien énorme,
Expédiant les loups en forme.
Celui-ci s'en douta. Serviteur au portier,
Dit-il ; et de courir. Il était fort agile ;
Mais il n'était pas fort habile :
Ce loup ne savait pas encor bien son métier.

X

Rien de trop.

Je ne vois point de créature
Se comporter modérément.
Il est certain tempérament
Que le maître de la nature
Veut que l'on garde en tout (3). Le fait-on ? Nullement :
Soit en bien, soit en mal, cela n'arrive guère.
Le blé, riche présent de la blonde Cérès,
Trop touffu bien souvent épuise les guérets :

(1) Douce contrainte pour le chien !
(2) *Son* chien est plaisant. Il est à lui comme le lièvre qui court encore est au chasseur.
(3) *Sunt certi denique fines*
Quos ultra citraque nequit consistere rectum.
(Hor., sat 1. liv. I.)

En superfluités s'épandant d'ordinaire,
    Et poussant trop abondamment,
    Il ôte à son fruit l'aliment.
L'arbre n'en fait pas moins, tant le luxe sait plaire!
Pour corriger le blé, Dieu permit aux moutons
De retrancher l'excès des prodigues moissons (1).
    Tout au travers ils se jetèrent,
    Gâtèrent tout, et tout broutèrent,
    Tant (2) que le Ciel permit aux loups
D'en croquer quelques-uns : ils les croquèrent tous;
S'ils ne le firent pas, du moins ils y tâchèrent.
    Puis le Ciel permit aux humains
De punir ces derniers : les humains abusèrent (3)
    A leur tour des ordres divins.

De tous les animaux l'homme a le plus de pente
    A se porter dedans l'excès.
    Il faudrait faire le procès
Aux petits comme aux grands. Il n'est âme vivante
Qui ne pèche en ceci. RIEN DE TROP (4) *est un point*
Dont on parle sans cesse, et qu'on n'observe point.

XI

Le Cierge.

C'est du séjour des dieux que les abeilles viennent.
Les premières, dit-on, s'en allèrent loger

(1)   *Luxuriem segetum tenera depascit in herba.*
                                (Virg., *Georg.* I.)
La Fontaine est original en imitant.
  (2) C'est-à-dire ils firent tant.
  (3) C'est montrer pour les loups un peu plus de tendresse que de raison.
  (4)   *Num id arbitror*
Apprime in vita esse utile, ut ne quid nimis.
                          (Térence, *Andr.*, act. I, sc. I, v, 60.)

Au mont Hymette (1), et se gorger
Des trésors qu'en ce lieu les zéphyrs entretiennent.
Quand on eut des palais de ces filles du ciel
Enlevé l'ambroisie en leurs chambres enclose (2),
  Ou, pour dire en français la chose,
  Après que les ruches sans miel
N'eurent plus que la cire, on fit mainte bougie :
  Maint cierge aussi fut façonné.
Un d'eux voyant la terre en brique au feu durcie
Vaincre l'effort des ans, il eut la même envie ;
Et, nouvel Empédocle (3), aux flammes condamné
  Par sa propre et pure folie,
Il se lança dedans. Ce fut mal raisonné ;
Ce cierge ne savait grain de philosophie.

Tout en tout est divers : ôtez-vous de l'esprit
Qu'aucun être ait été composé sur le vôtre.
L'Empédocle de cire au brasier se fondit :
  Il n'était pas plus fou que l'autre (4).

XII

Jupiter et le Passager.

Oh! combien le péril enrichirait les dieux
Si nous nous souvenions des vœux qu'il nous fait faire!

---

(1) Montagne de l'Attique célèbre par le miel qu'on y recueillait.

(2) Vers charmants dans une fable d'ailleurs faible.

(3) « Empédocle était un philosophe ancien qui, ne pouvant comprendre les merveilles du mont Etna, se jeta dedans par une vanité ridicule ; et, trouvant l'action belle, de peur d'en perdre le fruit et que la postérité ne l'ignorât, laissa ses pantoufles au pied du mont. » (*Note de la Fontaine.*) Le cierge qui devient un Empédocle est quelque chose de forcé.

(4) « En conscience, on ne peut guère exiger d'un cierge qu'il soit philosophe ; les hommes ont assez de peine à l'être. » (Gérusez.)

*Mais, le péril passé, l'on ne se souvient guère
De ce qu'on a promis aux cieux;*
On compte seulement ce qu'on doit à la terre.
Jupiter, dit l'impie, est un bon créancier;
Il ne se sert jamais d'huissier.
Eh! qu'est-ce donc que le tonnerre?
Comment appelez-vous ces avertissements?

Un passager pendant l'orage
Avait voué cent bœufs au vainqueur des Titans (1).
Il n'en avait pas un : vouer cent éléphants
N'aurait pas coûté davantage.
Il brûla quelques os quand il fut au rivage !
Au nez de Jupiter la fumée en monta.
Sire Jupin, dit-il, prends mon vœu; le voilà :
C'est un parfum de bœuf que ta grandeur respire.
La fumée est ta part; je ne te dois plus rien.
Jupiter fit semblant de rire;
Mais, après quelques jours, le dieu l'attrapa bien (2),
Envoyant un songe lui dire
Qu'un tel trésor était en tel lieu. L'homme au vœu
Courut au trésor comme au feu.
Il trouva des voleurs; et, n'ayant dans sa bourse
Qu'un écu pour toute ressource,
Il leur promit cent talents d'or (3),
Bien comptés, et d'un tel trésor;
On l'avait enterré dedans telle bourgade.
L'endroit parut suspect aux voleurs; de façon
Qu'à notre prometteur l'un dit : Mon camarade,
Tu te moques de nous; meurs, et va chez Pluton
Porter tes cent talents en don.

(1) Géants, fils du Ciel et de la Terre. Ils voulurent détrôner Jupiter; mais celui-ci les foudroya.
(2) Oui, mais Jupiter est réduit à mentir. On sait que les dieux du paganisme avaient tous les vices des hommes.
(3) Le talent d'or attique valait 55,609 fr.

XIII

Le Renard et le Chat.

Le chat et le renard, comme beaux petits saints,
  S'en allaient en pèlerinage.
C'étaient deux vrais tartufs (1), deux archipatelins,
Deux francs patte-pelus (2), qui des frais du voyage,
Croquant mainte volaille, escroquant maint fromage,
  S'indemnisaient à qui mieux mieux.
Le chemin était long, et partant ennuyeux ;
  Pour l'accourcir ils disputèrent.
  La dispute est d'un grand secours :
  Sans elle on dormirait toujours :
  Nos pèlerins s'égosillèrent ;
Ayant bien discuté, l'on parla du prochain (3).
  Le renard au chat dit enfin :

(1) Licence poétique pour *tartufes*, c'est-à-dire de vrais hypocrites.
(2) Selon le Duchat, ce mot composé est formé par allusion à l'artifice de Jacob, qui se couvrit les mains de peaux de bêtes, et surprit la bénédiction d'Isaac à la place d'Esaü.
(3) On en médit.

Tu prétends être fort habile :
En sais-tu tant que moi ? J'ai cent ruses au sac.
Non, dit l'autre : je n'ai qu'un tour dans mon bissac ;
   Mais je soutiens qu'il en vaut mille.
Eux de recommencer la dispute à l'envi.
 Sur le que si, que non, tous deux étant ainsi,
   Une meute apaisa la noise.
Le chat dit au renard : Fouille en ton sac, ami ;
  Cherche en ta cervelle matoise
Un stratagème sûr : pour moi, voici le mien.
A ces mots, sur un arbre il grimpa bel et bien.
   L'autre fit cent tours inutiles,
Entra dans cent terriers, mit cent fois en défaut
   Tous les confrères de Brifaut.
   Partout il tenta des asiles,
   Et ce fut partout sans succès :
La fumée y pourvut (1), ainsi que les bassets.
Au sortir d'un terrier deux chiens aux pieds agiles
   L'étranglèrent du premier bond.

Le trop d'expédients peut gâter une affaire :
On perd du temps au choix, on tente, on veut tout faire :
N'en ayons qu'un, mais qu'il soit bon.

XIV

Le Trésor et les deux Hommes.

Un homme n'ayant plus ni crédit ni ressource,
  Et logeant le diable en sa bourse (2),
   C'est-à-dire n'y logeant rien,
   S'imagina qu'il ferait bien

---

(1) Quand le renard est dans son terrier, on l'en chasse en l'enfumant.
(2) Expression proverbiale dont on trouve l'origine dans un petit conte de Mellin de Saint-Gelais, poëte du XVIe siècle.

De se pendre, et finir lui-même sa misère,
Puisque aussi bien sans lui la faim le viendrait faire :
   Genre de mort qui ne duit (1) pas
Aux gens peu curieux de goûter le trépas.
Dans cette intention une vieille masure
Fut la scène où devait se passer l'aventure :
Il y porte une corde, et veut avec un clou
Au haut d'un certain mur attacher le licou.
   La muraille, vieille et peu forte,
S'ébranle aux premiers coups, tombe avec un trésor.
Notre désespéré le ramasse, et l'emporte,
Laisse là le licou, s'en retourne avec l'or
Sans compter : ronde ou non, la somme plut au sire.
Tandis que le galant à grands pas se retire,
L'homme au trésor arrive, et trouve son argent
   Absent (2).
Quoi! dit-il, sans mourir je perdrai cette somme!
Je ne me pendrai pas! Eh! vraiment si ferai,
   Ou de corde je manquerai.
Le lacs était tout prêt; il n'y manquait qu'un homme :
Celui-ci se l'attache, et se pend bien et beau.
   Ce qui le consola peut-être,
Fut qu'un autre eût pour lui fait les frais du cordeau.

L'avare rarement finit ses jours sans pleurs ;
Il a le moins de part aux trésors qu'il enserre,
   Thésaurisant pour les voleurs,
  Pour ses parents, ou pour la terre.

Aussi bien que l'argent le licou trouva maître.
Mais que dire du troc que la Fortune fit?
Ce sont là de ses traits, elle s'en divertit :
Plus le tour est bizarre, et plus elle est contente.
   Cette déesse inconstante
   Se mit alors en l'esprit
   De voir un homme se pendre ;
   Et celui qui se pendit
   S'y devait le moins attendre.

(1) Du vieux verbe *duire*, plaire, convenir.
(2) « Ce petit vers exprime très-bien le vide dont les yeux de l'homme au trésor sont frappés. » (Ch. Nodier.)

IXVI

Le Singe et le Chat.

Bertrand avec Raton, l'un singe et l'autre chat,
Commensaux d'un logis, avaient un commun maître.
D'animaux malfaisants c'était un très-bon plat :
Ils n'y craignaient tous deux aucun, quel qu'il pût être.
Trouvait-on quelque chose au logis de gâté,
L'on ne s'en prenait point aux gens du voisinage :
Bertrand dérobait tout ; Raton, de son côté,
Etait moins attentif aux souris qu'au fromage.
Un jour, au coin du feu, nos deux maîtres fripons
   Regardaient rôtir des marrons.
Les escroquer était une très-bonne affaire :
Nos galands y voyaient double profit à faire :
Leur bien premièrement, et puis le mal d'autrui (1).
Bertrand dit à Raton : Frère (2), il faut aujourd'hui

(1) « Ce vers résume toute la morale des méchants ; aussi est-il devenu proverbe. » (Gérusez.)
(2) Il l'appelle *frère* parce qu'il a besoin de lui ; c'est de l'artifice oratoire.

Que tu fasses un coup de maître ;
Tire-moi ces marrons. Si Dieu m'avait fait naître
  Propre à tirer marrons du feu,
  Certes marrons verraient beau jeu.
Aussitôt fait que dit : Raton, avec sa patte,
  D'une manière délicate,
Écarte un peu la cendre, et retire les doigts ;
  Puis les reporte à plusieurs fois ;
Tire un marron, puis deux, et puis trois en escroque ;
  Et cependant Bertrand les croque.
Une servante vient : adieu mes gens. Raton
  N'était pas content, ce dit-on.

Ainsi ne le sont pas la plupart de ces princes
  Qui, flattés d'un pareil emploi,
  Vont s'échauder en des provinces
  Pour le profit de quelque roi (1).

XVI

Le Milan et le Rossignol.

Après que le milan, manifeste voleur,
Eut répandu l'alarme en tout le voisinage,
Et fait crier sur lui les enfants du village,
Un rossignol tomba dans ses mains (2) par malheur.
Le héros du printemps lui demande la vie.
Aussi bien, que manger en qui n'a que le son (3) ?
    Écoutez plutôt ma chanson :
Je vous raconterai Térée et son envie. —
Qui Térée ? est-ce un mets propre pour les milans ?
— Non pas ; c'était un roi dont les feux violents

---

(1) Fable charmante d'un bout à l'autre.
(2) C'est-à-dire en son pouvoir.
(3) Dans un fabliau du moyen âge intitulé *le Lai de l'oiselet*, l'oiseau tient le même langage au *vilain* qui l'a pris.

Me firent ressentir leur ardeur criminelle.
Je m'en vais vous en dire une chanson si belle,
Qu'elle vous ravira. Mon chant plaît à chacun.
  Le milan alors lui réplique :
Vraiment, nous voici bien! lorsque je suis à jeun,
  Tu me viens parler de musique! —
J'en parle bien aux rois. — Quand un roi te prendra,
  Tu peux lui conter ces merveilles :
  Pour un milan, il s'en rira.

Ventre affamé n'a point d'oreilles (1).

XVII

Le Berger et son Troupeau.

  Quoi! toujours il me manquera
  Quelqu'un de ce peuple imbécile (2)!
  Toujours le loup m'en gobera!
J'aurai beau les compter! Ils étaient plus de mille,
Et m'ont laissé ravir notre pauvre Robin!
  Robin mouton, qui par la ville
  Me suivait pour un peu de pain,
Et qui m'aurait suivi jusques au bout du monde!
Hélas! de ma musette il entendait le son;
Il me sentait venir de cent pas à la ronde.
  Ah! le pauvre Robin mouton!
Quand Guillot eut fini cette oraison funèbre,
Et rendu de Robin la mémoire célèbre,
  Il harangua tout le troupeau,
Les chefs, la multitude, et jusqu'au moindre agneau,
  Les conjurant de tenir ferme ;
Cela seul suffirait pour écarter les loups.
Foi de peuple d'honneur, ils lui promirent tous
  De ne bouger non plus qu'un terme.

(1) Vers devenu proverbe.
(2) Dans le sens latin, *faible.*

Nous voulons, dirent-ils, étouffer le glouton
    Qui nous a pris Robin mouton.
    Chacun en répond sur sa tête.
    Guillot les crut, et leur fit fête.
    Cependant, devant qu'il fût (1) nuit,
    Il arriva nouvel encombre :
Un loup parut : tout le troupeau s'enfuit.
Ce n'était pas un loup, ce n'en était que l'ombre (2).

Haranguez de méchants soldats,
Ils promettront de faire rage :
Mais au moindre danger, adieu tout leur courage,
Votre exemple et vos cris ne les retiendront pas.

(1) *Devant que* pour *avant que.*
(2) « Voyez quel effet de surprise produit ce dernier vers, et avec quelle force, quelle vivacité ce tour peint la fuite et la timidité des moutons. » (Chamfort.)

FIN DU LIVRE NEUVIÈME

LIVRE DIXIÈME

I

Les deux Rats, le Renard et l'Œuf.

DISCOURS A MADAME DE LA SABLIÈRE (1)

Iris (2), je vous louerais ; il n'est que trop aisé :
Mais vous avez cent fois notre encens refusé ;
En cela peu semblable au reste des mortelles,
Qui veulent tous les jours des louanges nouvelles.
Pas une ne s'endort à ce bruit si flatteur.
Je ne les blâme point ; je souffre cette humeur :
Elle est commune aux dieux, aux monarques, aux belles.
Ce breuvage vanté par le peuple rimeur,

(1) Femme d'un secrétaire du roi, et amie de la Fontaine, qu'elle logea chez elle pendant près de vingt ans.
(2) Nom fictif que le poëte donne à sa bienfaitrice.

Le nectar, que l'on sert au maître du tonnerre,
Et dont nous enivrons tous les dieux de la terre,
C'est la louange, Iris. Vous ne la goûtez point ;
D'autres propos chez vous récompensent ce point :
      Propos, agréables commerces,
Où le hasard fournit cent matières diverses ;
      Jusque-là qu'en votre entretien
La bagatelle a part : le monde n'en croit rien.
      Laissons le monde et sa croyance.
      La bagatelle, la science,
Les chimères, le rien, tout est bon ; je soutiens
      Qu'il faut de tout aux entretiens :
   C'est un parterre où Flore épand ses biens ;
Sur différentes fleurs l'abeille s'y repose,
      Et fait du miel de toute chose (1).
Ce fondement posé, ne trouvez pas mauvais
Qu'en ces fables aussi j'entremêle des traits
      De certaine philosophie,
      Subtile, engageante et hardie.
On l'appelle nouvelle : en avez-vous ou non
      Ouï parler ? Ils disent (2) donc
      Que la bête est une machine ;
Qu'en elle tout se fait sans choix et par ressorts :
Nul sentiment, point d'âme ; en elle tout est corps.
      Telle est la montre qui chemine
A pas toujours égaux, aveugle et sans dessein.
      Ouvrez-la, lisez dans son sein :
Mainte roue y tient lieu de tout l'esprit du monde ;
      La première y meut la seconde ;
Une troisième suit : elle sonne à la fin.
Au dire de ces gens, la bête est toute telle.
      L'objet la frappe en un endroit ;
      Ce lieu frappé s'en va tout droit,
Selon nous, au voisin en porter la nouvelle.
Le sens de proche en proche aussitôt la reçoit.
L'impression se fait : mais comment se fait-elle ?
      Selon eux, par nécessité,

---

(1) « Elles pillotent de çà de là les fleurs, dit Montaigu, et font le miel, qui est tout leur. Ce n'est plus thym ni marjolaine. »

(2) Descartes et ceux de son école.

Sans passion, sans volonté :
L'animal se sent agité
Des mouvements que le vulgaire appelle
Tristesse, joie, amour, plaisir, douleur cruelle,
Ou quelque autre de ces états.
Mais ce n'est point cela : ne vous y trompez pas.
Qu'est-ce donc? une montre. Et nous? c'est autre chose.
Voici de la façon que Descartes l'expose :
Descartes, ce mortel dont on eût fait un dieu
Chez les païens, et qui tient le milieu
Entre l'homme et l'esprit; comme entre l'huître et l'homme
Le tient tel de nos gens, franche bête de somme;
Voici, dis-je, comment raisonne cet auteur.
Sur tous les animaux (1), enfants du Créateur,
J'ai le don de penser, et je sais que je pense.
Or vous savez, Iris, de certaine science,
Que quand la bête penserait,
La bête ne réfléchirait
Sur l'objet ni sur sa pensée.
Descartes va plus loin, et soutient nettement
Qu'elle ne pense nullement.
Vous n'êtes point embarrassée
De le croire, ni moi. Cependant quand aux bois
Le bruit des cors, celui des voix,
N'a donné nul relâche à la fuyante proie,
Qu'en vain elle a mis ses efforts
A confondre et brouiller la voie,
L'animal chargé d'ans, vieux cerf, et de dix cors,
En suppose (2) un plus jeune, et l'oblige par force
A présenter aux chiens une nouvelle amorce.
Que de raisonnements pour conserver ses jours !
Le retour sur ses pas, les malices, les tours,
Et le change (3), et cent stratagèmes
Dignes des plus grands chefs, dignes d'un meilleur sort.
On le déchire après sa mort :
Ce sont tous ses honneurs suprêmes.

Quand la perdrix
Voit ses petits

(1) Seul entre tous les animaux.
(2) C'est-à-dire met en sa place, substitue.
(3) Le change qu'il leur donne.

En danger, et n'ayant qu'une plume nouvelle,
Qui ne peut fuir encor par les airs le trépas,
Elle fait la blessée, et va traînant de l'aile,
Attirant le chasseur et le chien sur ses pas,
Détourne le danger, sauve ainsi sa famille;
Et puis quand le chasseur croit que son chien la pille (1),
Elle lui dit adieu, prend sa volée, et rit
De l'homme, qui, confus, des yeux en vain la suit.

Non loin du Nord il est un monde
Où l'on sait que les habitants
Vivent ainsi qu'aux premiers temps,
Dans une ignorance profonde :
Je parle des humains; car, quant aux animaux,
Ils y construisent des travaux
Qui des torrents grossis arrêtent le ravage,
Et font communiquer l'un et l'autre rivage.
L'édifice résiste et dure en son entier.
Après un lit de bois est un lit de mortier.
Chaque castor agit : commune en est la tâche;
Le vieux y fait marcher le jeune sans relâche;
Maint maître d'œuvre (2) y court, et tient haut le bâton.
La république de Platon
Ne serait rien que l'apprentie
De cette famille amphibie.
Ils savent en hiver élever leurs maisons,
Passent les étangs sur des ponts
Fruit de leur art, savant ouvrage;
Et nos pareils ont beau le voir,
Jusqu'à présent tout leur savoir
Est de passer l'onde à la nage.
Que ces castors ne soient qu'un corps vide d'esprit
Jamais on ne pourra m'obliger à le croire.
Mais voici beaucoup plus; écoutez ce récit,
Que je tiens d'un roi plein de gloire.
Le défenseur du Nord vous sera mon garant :
Je vais citer un prince aimé de la Victoire;
Son nom seul est un mur à l'empire ottoman.

(1) Se jette dessus, c'est un terme de chasse.
(2) Directeur des travaux.

C'est le roi polonais (1). Jamais un roi ne ment.
　　　Il dit donc que, sur sa frontière,
Des animaux entre eux ont guerre de tout temps :
Le sang qui se transmet des pères aux enfants
　　　　En renouvelle la matière.
Ces animaux, dit-il, sont germains du renard.
　　　　　Jamais la guerre avec tant d'art
　　　　　Ne s'est faite parmi les hommes,
　　　　Non pas même au siècle où nous sommes.
Corps de garde avancés, vedettes, espions,
Embuscades, partis, et mille inventions
D'une pernicieuse et maudite science,
　　　Fille du Styx, et mère des héros,
　　　　Exercent de ces animaux
　　　　Le bon sens et l'expérience.
Pour chanter leurs combats, l'Achéron nous devrait
　　　　Rendre Homère. Ah! s'il le rendait,
Et s'il rendait aussi le rival d'Epicure (2),
Que dirait ce dernier sur ces exemples-ci ?
Ce que j'ai dit déjà : qu'aux bêtes la nature
Peut par les seuls ressorts opérer tout ceci ;
　　　　Que la mémoire est corporelle ;
Et que, pour en venir aux exemples divers
　　　　Que j'ai mis en jour dans ces vers,
　　　　L'animal n'a besoin que d'elle.
L'objet, lorsqu'il revient, va dans son magasin
　　　　Chercher, par le même chemin,
　　　　L'image auparavant tracée,
Qui sur les mêmes pas revient pareillement,
　　　　Sans le secours de la pensée,
　　　　Causer un même événement.
　　　　Nous agissons tout autrement :
　　　　La volonté nous détermine,
Non l'objet, ni l'instinct. Je parle, je chemine;
　　　　Je sens en moi certain agent;
　　　　Tout obéit dans ma machine
　　　　A ce principe intelligent.
Il est distinct du corps, se conçoit nettement,

---

(1) Jean III Sobieski, roi de Pologne en 1674. Il vainquit les Turcs à Choczim.
(2) Descartes

304   FABLES

   Se conçoit mieux que le corps même :
De tous nos mouvements c'est l'arbitre suprême.
   Mais comment le corps l'entend-il?
   C'est là le point. Je vois l'outil
Obéir à la main ; mais la main, qui la guide?
Eh! qui guide les cieux et leur course rapide?
Quelque ange est attaché peut-être à ces grands corps.
Un esprit vit en nous, et meut tous nos ressorts (1);
L'impression se fait : le moyen, je l'ignore,
On ne l'apprend qu'au sein de la Divinité ;
Et, s'il faut en parler avec sincérité,
   Descartes l'ignorait encore.
Nous et lui là-dessus nous sommes tous égaux :
Ce que je sais, Iris, c'est qu'en ces animaux
   Dont je viens de citer l'exemple,
Cet esprit n'agit pas : l'homme seul est son temple,
Aussi faut-il donner à l'animal un point
   Que la plante après tout n'a point.
   Cependant la plante respire.
Mais que répondra-t-on à ce que je vais dire?

Deux rats cherchaient leur vie ; ils trouvèrent un œuf.
Ce dîner suffisait à gens de cette espèce ;
Il n'était pas besoin qu'ils trouvassent un bœuf.
   Pleins d'appétit et d'allégresse,
Ils allaient de leur œuf manger chacun sa part,
Quand un quidam parut : c'était maître renard ;
   Rencontre incommode et fâcheuse :
Car comment sauver l'œuf? le bien empaqueter,
Puis des pieds de devant ensemble le porter,
   Ou le rouler, ou le traîner,
C'était chose impossible autant que hasardeuse.
   Nécessité l'ingénieuse
   Leur fournit une invention.
Comme ils pouvaient gagner leur habitation,
L'écornifleur (2) étant à demi-quart de lieue,

---

(1) L'union de l'âme et du corps et l'action réciproque de l'un sur l'autre est un fait incontestable, mais en même temps un mystère incompréhensible.

(2) Parasite, individu qui cherche à vivre aux dépens d'autrui.

L'un se mit sur le dos, prit l'œuf entre ses bras ;
Puis, malgré quelques heurts (1) et quelques mauvais
      L'autre le traîna par la queue.   [pas,
Qu'on m'aille soutenir, après un tel récit,
      Que les bêtes n'ont point d'esprit !
      Pour moi, si j'en étais le maître,
Je leur en donnerais aussi bien qu'aux enfants.
Ceux-ci pensent-ils pas dès leurs plus jeunes ans ?
Quelqu'un peut donc penser ne se pouvant connaître.
      Par un exemple tout égal,
      J'attribuerais à l'animal,
Non point une raison selon notre manière,
Mais beaucoup plus aussi qu'un aveugle ressort :
Je subtiliserais un morceau de matière,
Que l'on ne pourrait plus concevoir sans effort,
Quintessence d'atome, extrait de la lumière,
Je ne sais quoi plus vif et plus mobile encor
Que le feu : car enfin si le bois fait la flamme,
La flamme en s'épurant peut-elle pas de l'âme
Nous donner quelque idée ? et sort-il pas de l'or
Des entrailles du plomb ? Je rendrais mon ouvrage
Capable de sentir, juger, rien davantage,
      Et juger imparfaitement,
Sans qu'un singe jamais fît le moindre argument.
      A l'égard de nous autres hommes,
Je ferais notre lot infiniment plus fort ;
      Nous aurions un double trésor :
L'un, cette âme pareille en tous tant que nous sommes,
      Sages, fous, enfants, idiots,
Hôtes de l'univers sous le nom d'animaux ;
L'autre, encore une autre âme, entre nous et les anges
      Commune en un certain degré ;
      Et ce trésor à part créé
Suivrait parmi les airs les célestes phalanges,
Entrerait dans un point sans en être pressé,
Ne finirait jamais, quoique ayant commencé ;
      Choses réelles, quoique étranges.
      Tant que l'enfance durerait,
Cette fille du ciel en nous ne paraîtrait
      Qu'une tendre et faible lumière :

---

(1) Quelques chocs.

L'organe étant plus fort, la raison percerait
    Les ténèbres de la matière,
    Qui toujours envelopperait
L'autre âme imparfaite et grossière.

II

L'Homme et la Couleuvre.

    Un homme vit une couleuvre :
Ah! méchante, dit-il, je m'en vais faire une œuvre
    Agréable à tout l'univers!
    A ces mots l'animal pervers
    (C'est le serpent que je veux dire (1),
Et non l'homme : on pourrait aisément s'y tromper),
A ces mots, le serpent, se laissant attraper,
Est pris, mis en un sac; et, ce qui fut le pire,
On résolut sa mort, fût-il coupable ou non.
Afin de le payer toutefois de raison,
    L'autre lui fit cette harangue :
Symbole des ingrats! être bon aux méchants
C'est être sot; meurs donc : ta colère et tes dents
Ne me nuiront jamais. Le serpent, en sa langue,
Reprit du mieux qu'il put : S'il fallait condamner
    Tous les ingrats qui sont au monde,
    A qui pourrait-on pardonner?
Toi-même tu te fais ton procès : je me fonde
Sur tes propres leçons; jette les yeux sur toi.
Mes jours sont en tes mains, tranche-les; ta justice
C'est ton utilité, ton plaisir, ton caprice.
    Selon ces lois, condamne-moi;
    Mais trouve bon qu'avec franchise
    En mourant au moins je te dise

---

(1) [Piquante épigramme sous une apparence de naïveté, mais un peu affaiblie par le vers suivant, qui ne laisse pas assez deviner au lecteur l'intention mordante du poëte.

Que le symbole des ingrats,
Ce n'est point le serpent, c'est l'homme. Ces paroles
Firent arrêter l'autre ; il recula d'un pas.
Enfin il repartit : Tes raisons sont frivoles (1).
Je pourrais décider, car ce droit m'appartient ;
Mais rapportons-nous-en (2). — Soit fait, dit le reptile.
Une vache était là : on l'appelle, elle vient :
Le cas est proposé. C'était chose facile :
Fallait-il pour cela, dit-elle, m'appeler ?
La couleuvre a raison : pourquoi dissimuler ?
Je nourris celui-ci depuis longues années ;
Il n'a sans mes bienfaits passé nulles journées :
Tout n'est que pour lui seul ; mon lait et mes enfants
Le font à la maison revenir les mains pleines :
Même j'ai rétabli sa santé, que les ans
    Avaient altérée ; et mes peines
Ont pour but son plaisir ainsi que son besoin.
Enfin me voilà vieille ; il me laisse en un coin,
Sans herbe (3) : s'il voulait encor me laisser paître !
Mais je suis attachée : et, si j'eusse eu pour maître
Un serpent, eût-il su jamais pousser si loin
L'ingratitude ? Adieu : j'ai dit ce que je pense.
L'homme, tout étonné d'une telle sentence,
Dit au serpent : Faut-il croire ce qu'elle dit ?
C'est une radoteuse ; elle a perdu l'esprit.
Croyons ce bœuf. — Croyons, dit la rampante bête.
Ainsi dit, ainsi fait. Le bœuf vient à pas lents.
Quand il eut ruminé tout le cas en sa tête,
    Il dit que du labeur des ans
Pour nous seuls il portait les soins les plus pesants,
Parcourant sans cesser ce long cercle de peines
Qui, revenant sur soi, ramenait dans nos plaines
Ce que Cérès nous donne et vend aux animaux ;
    Que cette suite de travaux

(1) L'homme parle comme le loup dans la fable *le Loup et l'Agneau* ; il condamne les raisons du serpent, et le serpent n'a pas même encore donné de raison.
(2) Sous-entendu : à quelqu'un que nous prendrons pour juge. Nous avons déjà vu ce verbe employé sans complément.
(3) Le discours de la vache est touchant. Ce rejet *sans herbe* est du plus heureux effet, et marque bien le délaissement du pauvre animal.

Pour récompense avait, de tous tant que nous sommes,
Force coups, peu de gré; puis, quand il était vieux,
On croyait l'honorer chaque fois que les hommes
Achetaient de son sang l'indulgence des dieux.
Ainsi parla le bœuf. L'homme dit : Faisons taire
   Cet ennuyeux déclamateur;
Il cherche de grands mots, et vient ici se faire,
   Au lieu d'arbitre, accusateur.
Je le récuse aussi. L'arbre étant pris pour juge,
Ce fut bien pis encore. Il servait de refuge
Contre le chaud, la pluie et la fureur des vents;
Pour nous seuls il ornait les jardins et les champs :
L'ombrage n'était pas le seul bien qu'il sût faire (1) :
Il courbait sous les fruits. Cependant pour salaire
Un rustre l'abattait; c'était là son loyer (2);
Quoique pendant tout l'an, libéral, il nous donne,
Ou des fleurs au printemps, ou du fruit en automne;
L'ombre l'été, l'hiver les plaisirs du foyer.
Que ne l'émondait-on, sans prendre la cognée (3)?
De son tempérament, il eût encor vécu.
L'homme, trouvant mauvais que l'on l'eût convaincu,
Voulut à toute force avoir cause gagnée.
Je suis bien bon, dit-il, d'écouter ces gens-là!
Du sac et du serpent aussitôt il donna
   Contre les murs, tant qu'il tua la bête.
  On en use ainsi chez les grands :
La raison les offense, ils se mettent en tête
Que tout est né pour eux, quadrupèdes, et gens,
   Et serpents.
  Si quelqu'un desserre les dents,
C'est un sot. J'en conviens ; mais que faut-il donc faire?
  Parler de loin, ou bien se taire (4).

(1) « Quel heureux choix d'expressions et d'images! « (Ch. Nodier.)

(2) C'était là sa récompense. On a déjà vu *loyer* employé en ce sens.

(3) C'est-à-dire sans l'abattre.

(4) Cette fable est sans contredit une des plus belles de la Fontaine. Le discours de la vache, du bœuf et de l'arbre sont surtout très-remarquables.

III

La Tortue et les deux Canards.

Une tortue était, à la tête légère,
Qui, lasse de son trou, voulut voir le pays.
Volontiers on fait cas d'une terre étrangère,
Volontiers gens boiteux haïssent le logis.
   Deux canards à qui la commère
    Communiqua ce beau dessein,
Lui dirent qu'ils avaient de quoi la satisfaire.
   Voyez-vous ce large chemin?
Nous vous voiturerons, par l'air, en Amérique :
   Vous verrez mainte république,
Maint royaume, maint peuple; et vous profiterez
Des différentes mœurs que vous remarquerez.
Ulysse (1) en fit autant. On ne s'attendait guère
   De voir Ulysse dans cette affaire.
La tortue écouta la proposition.

(1) Ulysse, roi d'Ithaque; après la prise de Troie, il erra dix ans sur les mers. Ses voyages et son retour à Ithaque font le sujet de l'*Odyssée* d'Homère.

Marché fait, les oiseaux forgent une machine
   Pour transporter la pèlerine.
Dans la gueule, en travers, on lui passe un bâton.
Serrez bien, dirent-ils, gardez de lâcher prise.
Puis chaque canard prend ce bâton par un bout.
La tortue enlevée, on s'étonne partout
   De voir aller en cette guise
   L'animal lent et sa maison,
Justement au milieu de l'un et l'autre oison (1).
Miracle! criait-on : venez voir dans les nues
   Passer la reine des tortues. —
La reine! vraiment oui : je la suis en effet ;
Ne vous en moquez point. Elle eût beaucoup mieux fait
De passer son chemin sans dire aucune chose ;
Car, lâchant le bâton en desserrant les dents,
Elle tombe (2), elle crève aux pieds des regardants.
Son indiscrétion de sa perte fut cause.

Imprudence, babil, et sotte vanité,
  Et vaine curiosité,
  Ont ensemble étroit parentage :
  Ce sont enfants tous d'un lignage.

---

(1) *Oison* est impropre. Ce mot ne se dit que du petit d'une oie.
(2) *Elle tombe,* fait image et peint la chose aux yeux.

IV

Les Poissons et le Cormoran (1).

Il n'était point d'étang dans tout le voisinage
Qu'un cormoran n'eût mis à contribution :
Viviers et réservoirs lui payaient pension.
Sa cuisine allait bien ; mais, lorsque le long âge
     Eut glacé le pauvre animal,
     La même cuisine alla mal.
Tout cormoran se sert de pourvoyeur lui-même.
Le nôtre, un peu trop vieux pour voir au fond des eaux,
     N'ayant ni filets ni réseaux,
     Souffrait une disette extrême.
Que fit-il ? le besoin, docteur en stratagème,
Lui fournit celui-ci. Sur le bord d'un étang
     Cormoran vit une écrevisse.
Ma commère, dit-il, allez tout à l'instant
    Porter un avis important
    A ce peuple : il faut qu'il périsse ;

---

(1) Oiseau aquatique qui se nourrit ordinairement de poisson.

Le maître de ce lien dans huit jours pêchera.
L'écrevisse en hâte s'en va
Conter le cas. Grande est l'émute (1);
On court, on s'assemble, on députe
A l'oiseau : Seigneur Cormoran,
D'où vous vient cet avis? Quel est votre garant ?
Êtes-vous sûr de cette affaire?
N'y savez-vous remède? Et qu'est-il bon de faire? —
Changer de lieu, dit-il. — Comment le ferons-nous?—
N'en soyez point en soin (2) : je vous porterai tous,
L'un après l'autre, en ma retraite.
Nul que Dieu seul et moi n'en connaît les chemins :
Il n'est demeure plus secrète.
Un vivier que Nature y creusa de ses mains,
Inconnu des traîtres humains,
Sauvera votre république.
On le crut. Le peuple aquatique
L'un après l'autre fut porté
Sous ce rocher peu fréquenté.
Là, cormoran le bon apôtre,
Les ayant mis en un endroit
Transparent, peu creux, fort étroit,
Vous les prenait sans peine, un jour l'un, un jour l'autre.

Il leur apprit à leurs dépens
Que l'on ne doit jamais avoir de confiance
En ceux qui sont mangeurs de gens.
Ils y perdirent peu, puisque l'humaine engeance
En aurait aussi bien croqué sa bonne part.
Qu'importe qui vous mange, homme ou loup? toute panse
Me paraît une à cet égard :
Un jour plus tôt, un jour plus tard,
Ce n'est pas grande différence.

(1) *Emute* pour *emeute*, licence poétique; nous l'avons vu précédemment.
(2) N'en soyez pas en peine.

V

L'Enfouisseur et son Compère.

Un pince-maille (1) avait tant amassé
Qu'il ne savait où loger sa finance.
L'avarice, compagne et sœur de l'ignorance,
  Le rendait fort embarrassé
  Dans le choix d'un dépositaire ;
Car il en voulait un, et voici sa raison :
L'objet tente ; il faudra que ce monceau s'altère
  Si je le laisse à la maison (2) :
Moi-même de mon bien je serai le larron. —
Le larron? Quoi! jouir, c'est se voler soi-même?
Mon ami, j'ai pitié de ton erreur extrême.
  Apprends de moi cette leçon :
Le bien n'est bien qu'en tant que l'on s'en peut défaire;
Sans cela c'est un mal. Veux-tu le réserver
Pour un âge et des temps qui n'en ont plus que faire?
La peine d'acquérir, le soin de conserver,
Otent le prix à l'or, qu'on croit si nécessaire.
    Pour se décharger d'un tel soin,
Notre homme eût pu trouver des gens sûrs au besoin.
Il aima mieux la terre ; et prenant son compère,
Celui-ci l'aide. Ils vont enfouir le trésor.
Au bout de quelque temps l'homme va voir son or;

---

(1) On appelait *maille* une petite monnaie de moindre valeur que le denier. De là l'expression : « N'avoir ni sou ni maille. » Un *pince-maille* est un avare.

(2) Nous retrouvons encore ici les idées de la première satire d'Horace :
  Quod si comminuas, vilem redigatur ad assem.
  At ni id fit, quid habet pulchri constructus acervus ?...
  Nescis quo valeat nummus ? quem præbeat usum ?
et la Fontaine lui-même a dit au liv. IV (*l'Avare qui a perdu son trésor*) :
  L'usage seulement fait la possession.

Il ne retrouva que le gîte.
Soupçonnant à bon droit le compère, il va vite
Lui dire : Apprêtez-vous ; car il me reste encor
Quelques deniers : je veux les joindre à l'autre masse.
Le compère aussitôt va remettre en sa place
   L'argent volé, prétendant bien
Tout reprendre à la fois sans qu'il y manquât rien.
   Mais pour ce coup l'autre fut sage :
Il retint tout chez lui, résolu de jouir,
  Plus n'entasser, plus n'enfouir,
Et le pauvre voleur, ne trouvant plus son gage,
   Pensa tomber de sa hauteur.

Il n'est pas malaisé de tromper un trompeur (1).

VI

Le Loup et les Bergers.

  Un loup rempli d'humanité
  (S'il en est de tels dans le monde)
  Fit un jour sur sa cruauté,
Quoiqu'il ne l'exerçât que par nécessité,
   Une réflexion profonde.
Je suis haï, dit-il ; et de qui? de chacun.
   Le loup est l'ennemi commun :
Chiens, chasseurs, villageois, s'assemblent pour sa
Jupiter est là-haut étourdi de leurs cris : [perte ;
C'est par là que de loups l'Angleterre (2) est déserte ;
   On y mit notre tête à prix.

---

(1) Cette conclusion est au moins contestable.
(2) « Edgard, roi d'Angleterre, qui régnait vers le milieu du xe siècle, fit faire tous les ans de grandes chasses pour la destruction des loups, et convertit le tribut en argent que son prédécesseur Athelstane avait imposé aux souverains de la principauté de Galles, en un tribut annuel de trois cents têtes de loups. Par ces moyens, Edgard détruisit les loups dans toute l'Angleterre. » (Walckenaer.)

Il n'est hobereau (1) qui ne fasse
Contre nous tels bans (2) publier ;
Il n'est marmot osant crier,
Que du loup aussitôt sa mère ne menace (3).
Le tout pour un âne rogneux,
Pour un mouton pourri, pour quelque chien hargneux,
Dont j'aurai passé mon envie.
Eh bien ! ne mangeons plus de chose ayant eu vie ;
Paissons l'herbe, broutons, mourons de faim plutôt.
Est-ce une chose si cruelle ?
Vaut-il mieux s'attirer la haine universelle ?
Disant ces mots, il vit des bergers, pour leur rôt,
Mangeant un agneau cuit en broche.
Oh ! oh ! dit-il, je me reproche
Le sang de cette gent : voilà ses gardiens
S'en repaissant eux et leurs chiens ;
Et moi, loup, j'en ferais scrupule !
Non, par tous les dieux ! non ; je serais ridicule :
Thibault (4) l'agnelet passera,
Sans qu'à la broche je le mette ;
Et non-seulement lui, mais la mère qu'il tette,
Et le père qui l'engendra !

Ce loup avait raison. Est-il dit qu'on nous voie
Faire festin de toute proie,
Manger les animaux ; et nous les réduirons
Aux mets de l'âge d'or autant que nous pourrons !
Ils n'auront ni croc ni marmite !
Bergers, bergers, le loup n'a tort
Que quand il n'est pas le plus fort :
Voulez-vous qu'il vive en ermite (5) ?

---

(1) Petit gentilhomme campagnard.
(2) Proclamation ordonnant ou défendant quelque chose.
(3) Voy. liv. IV, *le Loup, la Mère et l'Enfant.*
(4) « Le petit agneau qu'on nomme Thibault. » (Gérusez.)
(5) « Moralité détestable ; l'exemple du mal n'autorise pas le mal. » (Gérusez.)
Nous avons déjà eu occasion de remarquer que la Fontaine prend un peu trop à cœur l'intérêt de ses chers animaux.

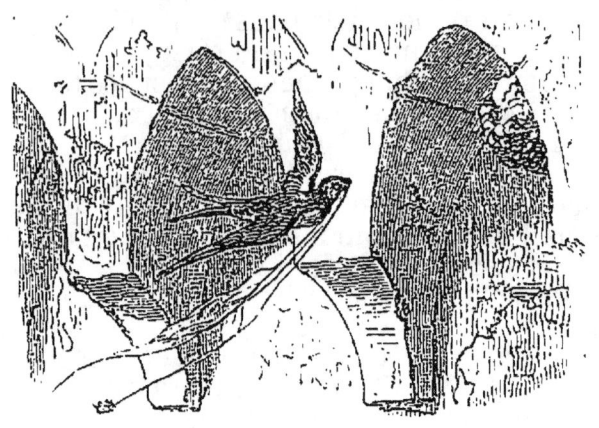

VII

L'Araignée et l'Hirondelle.

O Jupiter, qui sus de ton cerveau,
Par un secret d'accouchement nouveau,
Tirer Pallas (1), jadis mon ennemie (2),
Entends ma plainte une fois en ta vie !
Progné (3) me vient enlever les morceaux ;
Caracolant, frisant l'air et les eaux (4),
Elle me prend mes mouches à ma porte :
Miennes je puis les dire : et mon réseau

---

(1) On sait que Pallas sortit tout armée du cerveau de Jupiter.
(2) Arachné, habile dans l'art de la tapisserie, avait défié et vaincu Pallas dans cet art ; et celle-ci l'avait frappée de sa navette. Dans son désespoir, Arachné se pendit, et la déesse la changea en araignée.
(3) On a vu ailleurs que Progné avait été changée en hirondelle.
(4) Vers imitatif qui rappelle :
      Le moindre vent qui d'aventure
      Fait rider la face de l'eau.
dans la fable *le Chêne et le Roseau*.

En serait plein sans ce maudit oiseau :
Je l'ai tissu de matière assez forte.
　　Ainsi, d'un discours insolent,
Se plaignait l'araignée, autrefois tapissière,
　　Et qui lors étant filandière
Prétendait enlacer tout insecte volant.
La sœur de Philomèle, attentive à sa proie,
Malgré le bestion (1), happait mouches dans l'air
Pour ses petits, pour elle, impitoyable joie (2),
Que ses enfants gloutons, d'un bec toujours ouvert,
D'un ton demi-formé, bégayante couvée,
Demandaient par des cris encor mal entendus.
　　La pauvre aragne (3) n'ayant plus
Que la tête et les pieds, artisans superflus,
　　Se vit elle-même enlevée :
L'hirondelle, en passant, emporta toile et tout,
　　Et l'animal pendant au bout (4).

Jupin pour chaque état mit deux tables au monde :
L'adroit, le vigilant et le fort sont assis
　　A la première ; et les petits
　　Mangent leur reste à la seconde.

VIII

La Perdrix et les Coqs.

Parmi de certains coqs incivils, peu galants,
　　Toujours en noise, et turbulents,
　　Une perdrix était nourrie.
　　Son sexe, et l'hospitalité,
De la part de ces coqs, peuple à l'amour porté,
Lui faisaient espérer beaucoup d'honnêteté :
Ils feraient les honneurs de la ménagerie.
Ce peuple cependant, fort souvent en furie,

(1) La petite bête.
(2) « Alliance de mots qui touche au sublime. » (Ch. Nodier.)
(3) Ce mot vient d'Arachné, et est le même qu'*araignée*.
(4) Vers pittoresque.

Pour la dame étrangère ayant peu de respect,
Lui donnait fort souvent d'horribles coups de bec.
   D'abord elle en fut affligée;
Mais sitôt qu'elle eut vu cette troupe enragée
S'entre-battre elle-même et se percer les flancs,
Elle se consola. Ce sont leurs mœurs, dit-elle;
Ne les accusons point, plaignons plutôt ces gens:
      Jupiter sur un seul modèle
      N'a pas formé tous les esprits:
Il est des naturels de coqs et de perdrix.
S'il dépendait de moi, je passerais ma vie
      En plus honnête compagnie.
Le maître de ces lieux en ordonne autrement;
      Il nous prend avec des tonnelles (1),
Nous loge avec des coqs, et nous coupe les ailes:
C'est de l'homme qu'il faut se plaindre seulement (2).

IX

Le Chien à qui on a coupé les oreilles.

   Qu'ai-je fait pour me voir ainsi
   Mutilé par mon propre maître?

(1) Sorte de filets, ainsi nommés à cause de leur forme.
(2) Décidément la Fontaine, à force d'être indulgent pour les animaux, pousse trop loin la sévérité à l'égard de l'homme.

Le bel état où me voici !
Devant les autres chiens oserai-je paraître ?
O rois des animaux, ou plutôt leurs tyrans,
　　　Qui vous ferait choses pareilles (1)?
Ainsi criait Mouflar (2), jeune dogue ; et les gens,
Peu touchés de ses cris douloureux et perçants,
Venaient de lui couper sans pitié les oreilles.
Mouflar y croyait perdre. Il vit avec le temps
Qu'il y gagnait beaucoup ; car, étant de nature
A piller ses pareils (3), mainte mésaventure
　　　L'aurait fait retourner chez lui
Avec cette partie en cent lieux altérée ;
Chien hargneux a toujours l'oreille déchirée (4).

Le moins qu'on peut laisser de prise aux dents d'autrui
C'est le mieux. Quand on n'a qu'un endroit à défendre,
　　　On le munit, de peur d'esclandre.
Témoin maître Mouflar armé d'un gorgerin (5) ;
Du reste ayant d'oreille autant que sur ma main,
　　　Un loup n'eût su par où le prendre.

X

Le Berger et le Roi.

Un roi vit un troupeau qui couvrait tous les champs,
Bien broutant, en bon corps (6), rapportant tous les ans,
Grâce aux soins du berger, de très-notables sommes.
Le berger plut au roi par ses soins diligents.
Tu mérites, dit-il, d'être pasteur de gens (7) :

---

(1) Début vif et dramatique, comme en rencontre plusieurs dans la Fontaine.
(2) Nom emprunté à Rabelais, et formé du mot mufle.
(3) Se jetter sur eux.
(4) Vers proverbial.
(5) Collier garni de pointes de fer.
(6) En bon état.
(7) Imitation d'Homère, qui appelle les rois *pasteurs d'hommes.*

Laisse là tes moutons, viens conduire des hommes:
　　　Je te fais juge souverain.
Voilà notre berger la balance à la main (1).
Quoiqu'il n'eût guère vu d'autres gens qu'un ermite,
Son troupeau, ses mâtins, le loup, et puis c'est tout,
Il avait du bon sens; le reste vient ensuite.
　　　Bref, il en vint fort bien à bout.
L'ermite son voisin accourut pour lui dire :
Veillé-je? et n'est-ce point un songe que je vois? —
Vous, favori! vous, grand! Défiez-vous des rois;
Leur faveur est glissante (2) : on s'y trompe; et le pire
C'est qu'il en coûte cher : de pareilles erreurs
Ne produisent jamais que d'illustres malheurs (3).
Vous ne connaissez pas l'attrait qui vous engage ;
Je vous parle en ami: craignez tout. L'autre rit,
　　　Et notre ermite poursuivit :
Voyez combien déjà la cour vous rend peu sage.
Je crois voir cet aveugle à qui, dans un voyage,
　　　Un serpent engourdi de froid
Vint s'offrir sous la main : il le prit pour un fouet;
Le sien s'était perdu, tombant de sa ceinture.
Il rendait grâce au Ciel de l'heureuse aventure,
Quand un passant cria : Que tenez-vous, ô dieux!
Jetez cet animal traître et pernicieux,
Ce serpent!—C'est un fouet.—C'est un serpent, vous dis-je.
A me tant tourmenter quel intérêt m'oblige?
　Prétendez-vous garder ce trésor? — Pourquoi non?
　Mon fouet était usé ; j'en retrouve un fort bon :
　　　Vous n'en parlez que par envie.
　　　L'aveugle enfin ne le crut pas,
　　　Il en perdit bientôt la vie :
L'animal dégourdi piqua son homme au bras.
　　　Quant à vous, j'ose vous prédire
Qu'il vous arrivera quelque chose de pire. —
Eh! que me saurait-il arriver que la mort? —
Mille dégoûts viendront, dit le prophète ermite.

(1) Allusion à l'usage de la mythologie de représenter Thémis, déesse de la justice, une balance à la main.
(2) Dans le discours des Scythes à Alexandre, d'après Quinte-Curce, on trouve: *Lubrica est fortuna.*
(3) *Illustres malheurs*, encore une alliance de mots d'une grande hardiesse.

Il en vint en effet : l'ermite n'eut pas tort.
Mainte peste de cour fit tant, par maint ressort,
Que la candeur du juge ainsi que son mérite
Furent suspects au prince. On cabale, on suscite
Accusateurs, et gens grevés par ses arrêts.
De nos biens, dirent-ils, il s'est fait un palais.
Le prince voulut voir ces richesses immenses.
Il ne trouva partout que médiocrité,
Louanges du désert et de la pauvreté.
   C'étaient là ses magnificences.
Son fait, dit on, consiste en des pierres de prix :
Un grand coffre en est plein, fermé de dix serrures.
Lui-même ouvrit ce coffre, et rendit bien surpris
   Tous les machineurs (1) d'impostures.
Le coffre étant ouvert, on y vit des lambeaux,
   L'habit d'un gardeur de troupeaux,
Petit chapeau, jupon, panetière, houlette,
   Et, je pense, aussi sa musette.
Doux trésors, ce dit-il, chers gages, qui jamais
N'attirâtes sur vous l'envie et le mensonge,
Je vous reprends : sortons de ces riches palais
   Comme l'on sortirait d'un songe (2),
Sire, pardonnez-moi cette exclamation :
J'avais prévu ma chute en montant sur le faîte (3).
Je m'y suis trop complu : *mais qui n'a dans la tête*
   Un petit grain d'ambition?

XI

Les deux Perroquets, le Roi et son Fils.

Deux perroquets, l'un père et l'autre fils,
Du rôt d'un roi faisaient leur ordinaire;

---

(1) On dit maintenant machinateur.
(2) Ce morceau, comme on l'a remarqué, est un de ceux où il semble que le cœur de la Fontaine prenne plaisir à s'épancher.
(3) Ce vers rappelle celui de Corneille :
 Et, monté sur le faîte, il aspire à descendre.

Deux demi-dieux, l'un fils et l'autre père,
De ces oiseaux faisaient leurs favoris.
L'âge liait une amitié sincère
Entre ces gens : les deux pères s'aimaient;
Les deux enfants, malgré leur cœur frivole,
L'un avec l'autre aussi s'accoutumaient,
Nourris ensemble, et compagnons d'école.
C'était beaucoup d'honneur au jeune perroquet,
Car l'enfant était prince, et son père monarque.
Par le tempérament que lui donna la Parque (1),
Il aimait les oiseaux. Un moineau fort coquet,
Et le plus éveillé de toute la province,
Faisait aussi sa part des délices du prince.
Ces deux rivaux un jour ensemble se jouants,
  Comme il arrive aux jeunes gens,
  Le jeu devint une querelle.
  Le passereau, peu circonspect,
  S'attira de tels coups de bec,
  Que, demi-mort et traînant l'aile,
  On crut qu'il n'en pourrait guérir.
  Le prince, indigné, fit mourir
Son perroquet. Le bruit en vint au père.
L'infortuné vieillard crie et se désespère,
Le tout en vain, ses cris sont superflus;
L'oiseau parleur est déjà dans la barque (2) :
Pour dire mieux, l'oiseau ne parlant plus
Fait qu'en fureur sur le fils du monarque
Son père s'en va fondre et lui crève les yeux.
Il se sauve aussitôt, et choisit pour asile
Le haut d'un pin : là, dans le sein des dieux,
Il goûte sa vengeance (3) en lieu sûr et tranquille.
Le roi lui-même y court, et dit pour l'attirer :
Ami, reviens chez moi : que nous sert de pleurer?
Haine, vengeance et deuil, laissons tout à la porte.
  Je suis contraint de déclarer,
  Encor que ma douleur soit forte,

(1) La Parque règle notre destinée.
(2) La barque de Caron, nocher des enfers. Dans la Fonaine, il y a une autre vie pour les animaux.
(3) « *Goûter sa vengeance* est une expression superbe; mais c'est une invention bien malheureuse que ce roi qui vient haranguer un perroquet. » (Ch. Nodier.)

Que le tort vient de nous ; mon fils fut l'agresseur ;
Mon fils, non ; c'est le Sort qui du coup est l'auteur.
La Parque avait écrit de tout temps en son livre
Que l'un de nos enfants devait cesser de vivre ;
      L'autre de voir, par ce malheur.
Consolons-nous tous deux, et reviens dans ta cage.
      Le perroquet dit : Sire roi,
      Crois-tu qu'après un tel outrage
      Je me doive fier à toi ?
Tu m'allègues le Sort : prétends-tu, par ta foi,
Me leurrer de l'appât d'un profane langage ?
Mais que la Providence, ou bien que le Destin (1)
      Règle les affaires du monde,
Il est écrit là-haut qu'au faîte de ce pin,
      Ou dans quelque forêt profonde,
J'achèverai mes jours loin du fatal objet
      Qui doit t'être un juste sujet
De haine et de fureur. Je sais que la vengeance
Est un morceau de roi ; car vous vivez en dieux.
      Tu veux oublier cette offense ;
Je le crois ; cependant il me faut, pour le mieux,
      Eviter ta main et tes yeux.
Sire roi, mon ami, va-t'en, tu perds ta peine ;
      Ne me parle point de retour :

L'absence est aussi bien un remède à la haine
      Qu'un appareil contre l'amour.

---

(1) Ce perroquet raisonne trop savamment sur le Destin et la Providence.

XII

La Lionne et l'Ourse.

Mère lionne avait perdu son faon :
Un chasseur l'avait pris. La pauvre infortunée
    Poussait un tel rugissement,
Que toute la forêt était importunée.
    La nuit ni son obscurité,
    Son silence et ses autres charmes,
De la reine des bois n'arrêtaient les vacarmes :
Nul animal n'était du sommeil visité.
    L'ourse enfin lui dit : Ma commère (1),
    Un mot sans plus ; tous les enfants
    Qui sont passés entre vos dents
    N'avaient-ils ni père ni mère ? —
    Ils en avaient. — S'il est ainsi,
Et qu'aucun de leur mort n'ait nos têtes rompues (2);

---

(1) « *Ma commère*, rapprochée de la *reine des bois*, deux vers plus haut, fait un contraste plus plaisant que juste. » (Guillon.)

(2) Les Latins disaient : *Habeo urbem captam*, j'ai (je possède) la ville prise, pour *cepi urbem*, j'ai pris la ville. Le

Si tant de mères se sont tues,
Que ne vous taisez-vous aussi? —
Moi, me taire! moi, malheureuse!
Ah! j'ai perdu mon fils! il me faudra traîner
Une vieillesse douloureuse! —
Dites-moi, qui vous force à vous y condamner? —
Hélas! c'est le Destin, qui me hait. — Ces paroles
Ont été de tout temps dans la bouche de tous.

Misérables humains, ceci s'adresse à vous.
Je n'entends résonner que des plaintes frivoles (1).
Quiconque en pareil cas se croit haï des cieux,
Qu'il considère Hécube (2), *il rendra grâce aux dieux.*

XIII

Les deux Aventuriers et le Talisman.

Aucun chemin de fleurs ne conduit à la gloire (3).

Je n'en veux pour témoins qu'Hercule et ses travaux.
    Ce dieu n'a guère de rivaux :
J'en vois peu dans la Fable, encor moins dans l'histoire.

verbe *avoir*, en perdant son sens possessif, pour prendre simplement le sens auxiliaire, a continué de se construire de même avec le substantif pour complément et le participe s'accordant avec le substantif; on en trouve plusieurs exemples dans Corneille. Mais aujourd'hui, même avec l'inversion, le participe demeure invariable, et régit le substantif au lieu de s'y rapporter.

(1) Pourquoi *que des plaintes frivoles?* n'y a-t-il donc pas des malheurs réels et des douleurs permises?

(2) Femme de Priam, roi de Troie; après avoir vu périr son époux et ses enfants, elle alla elle-même mourir en captivité; mais c'est là une consolation qui ne console pas.

(3)   *Ardua per præceps gloria vadit iter,*
a dit Ovide; et Corneille :
    Le ciel par les travaux veut qu'on monte à la gloire.

En voici pourtant un, que de vieux talismans
Firent chercher fortune au pays des romans.
   Il voyageait de compagnie.
Son camarade et lui trouvèrent un poteau
   Ayant au haut cet écriteau :
« Seigneur aventurier, s'il te prend quelque envie
« De voir ce que n'a vu nul chevalier errant,
   « Tu n'as qu'à passer ce torrent ;
« Puis, prenant dans tes bras un éléphant de pierre
   « Que tu verras couché par terre,
« Le porter d'une haleine au sommet de ce mont
« Qui menace les cieux de son superbe front. »
L'un des deux chevaliers saigna du nez (1). Si l'onde
   Est rapide autant que profonde,
Dit-il..... et supposé qu'on la puisse passer,
Pourquoi de l'éléphant s'aller embarrasser ?
   Quelle ridicule entreprise !
Le sage l'aura fait par tel art et de guise (2)
Qu'on le pourra porter peut-être quatre pas :
Mais jusqu'au haut du mont, d'une haleine, il n'est pas
Au pouvoir d'un mortel ; à moins que la figure
Ne soit d'un éléphant nain, pygmée, avorton,
   Propre à mettre au bout d'un bâton :
Auquel cas, où l'honneur d'une telle aventure ?
On nous veut attraper dedans cette écriture :
Ce sera quelque énigme à tromper un enfant ;
C'est pourquoi je vous laisse avec votre éléphant.
Le raisonneur parti, l'aventureux se lance
   Les yeux clos à travers cette eau.
   Ni profondeur ni violence
Ne purent l'arrêter ; et, selon l'écriteau,
Il vit son éléphant couché sur l'autre rive.
Il le prend, il l'emporte, au haut du mont arrive,
Rencontre une esplanade et puis une cité.
Un cri par l'éléphant est aussitôt jeté :
   Le peuple aussitôt sort en armes.
Tout autre aventurier, au bruit de ces alarmes,
Aurait fui : celui-ci, loin de tourner le dos,

---

(1) Au figuré : *saigner du nez* signifie *avoir peur, reculer devant une difficulté.*
(2) De manière.

Veut vendre au moins sa vie, et mourir en héros.
Il fut tout étonné d'ouïr cette cohorte
Le proclamer monarque au lieu de son roi mort.
Il ne se fit prier que de la bonne sorte (1),
Encor que le fardeau fût, dit-il, un peu fort.
Sixte (2) en disait autant quand on le fit saint-père :
  (Serait-ce bien une misère
  Que d'être pape ou d'être roi (3)?)
On reconnut bientôt son peu de bonne foi.

Fortune aveugle suit aveugle hardiesse.
Le sage quelquefois fait bien d'exécuter
Avant que de donner le temps à la sagesse
D'envisager le fait, et sans la consulter.

XIV
Les Lapins.

DISCOURS A M. LE DUC DE LA ROCHEFOUCAULD (4)

Je me suis souvent dit, voyant de quelle sorte
  L'homme agit, et qu'il se comporte

(1) De manière à ne pas refuser entièrement.
(2) Sixte-Quint, élu pape en 1585.
(3) « Nul en ce monde, dit l'*Imitation*, fût-il roi ou pape, n'est exempt de souffrances. »
(4) Ami et protecteur de la Fontaine, né en 1613, mort en 1680.

328 FABLES

En mille occasions comme les animaux :
Le roi de ces gens-là n'a pas moins de défauts
    Que ses sujets; et la Nature
    A mis dans chaque créature
Quelque grain d'une masse où puisent les esprits :
J'entends les esprits-corps, et pétris de matière.
    Je vais prouver ce que je dis (1).

A l'heure de l'affût, soit lorsque la lumière
Précipite ses traits dans l'humide séjour,
Soit lorsque le soleil rentre dans sa carrière,
Et que, n'étant plus nuit, il n'est pas encor jour (2),
Au bord de quelque bois sur un arbre je grimpe,
Et, nouveau Jupiter, du haut de cet Olympe,
    Je foudroie à discrétion
    Un lapin qui n'y pensait guère.
Je vois fuir aussitôt toute la nation
    Des lapins, qui, sur la bruyère,
    L'œil éveillé, l'oreille au guet,
S'égayaient, et de thym parfumaient leur banquet.
    Le bruit du coup fait que la bande
    S'en va chercher sa sûreté
    Dans la souterraine cité :
Mais le danger s'oublie, et cette peur si grande
S'évanouit bientôt; je revois les lapins,
Plus gais qu'auparavant, revenir sous mes mains.

Ne reconnaît-on pas en cela les humains ?
    Dispersés par quelque orage,
    A peine ils touchent le port,
    Qu'ils vont hasarder encor
    Même vent, même naufrage (3);
    Vrais lapins, on les revoit
    Sous les mains de la fortune.

Joignons à ces exemples une chose commune.
Quand les chiens étrangers passent par quelque endroit

---

(1) Ce début nous reporte à la théorie développée dans la première fable du livre X.
(2) Tableau charmant de grâce et de fraîcheur.
(3)   *Mox reficit rates*
    Quassas, indocilis pauperiem pati. (Hor., *Od.* I, 1.)

Qui n'est pas de leur détroit (1),
Je laisse à penser quelle fête !
Les chiens du lieu, n'ayant en tête
Qu'un intérêt de gueule, à cris, à coups de dents,
Vous accompagnent ces passants
Jusqu'aux confins du territoire.

Un intérêt de biens, de grandeur et de gloire,
Aux gouverneurs d'États, à certains courtisans,
A gens de tous métiers, en fait tout autant faire.
On nous voit tous, pour l'ordinaire,
Piller le survenant, nous jeter sur sa peau.
La coquette et l'auteur sont de ce caractère :
Malheur à l'écrivain nouveau !
Le moins de gens qu'on peut à l'entour du gâteau ;
C'est le droit du jeu, c'est l'affaire.

Cent exemples pourraient appuyer mon discours.
Mais les ouvrages les plus courts
Sont toujours les meilleurs. En cela j'ai pour guides (2)
Tous les maîtres de l'art, et tiens qu'il faut laisser
Dans les plus beaux sujets quelque chose à penser :
Ainsi ce discours doit cesser.
Vous qui m'avez donné ce qu'il a de solide,
Et dont la modestie égale la grandeur,
Qui ne pûtes jamais écouter sans pudeur
La louange la plus permise,
La plus juste et la mieux acquise ;
Vous enfin dont à peine ai-je encore obtenu
Que votre nom reçût ici quelques hommages ;
Du temps et des censeurs défendant mes ouvrages,
Comme un nom qui, des ans et des peuples connu,
Fait honneur à la France, en grands noms plus féconde
Qu'aucun climat de l'univers,
Permettez-moi du moins d'apprendre à tout le monde
Que vous m'avez donné le sujet de ces vers.

(1) Pour *district*, domaine.
(2) *Guides* étant au pluriel ne peut rimer avec *solides* ; c'est une inadvertance.

XV

Le Marchand, le Gentilhomme, le Pâtre et le Fils de roi.

Quatre chercheurs de nouveaux mondes,
Presque nus, échappés à la fureur des ondes,
Un trafiquant, un noble, un pâtre, un fils de roi,
    Réduits au sort de Bélisaire (1),
    Demandaient aux passants de quoi
    Pouvoir soulager leur misère.
De raconter quel sort les avait assemblés,
Quoique sous divers points (2) tous quatre ils fussent nés,
    C'est un récit de longue haleine.
Ils s'assirent enfin au bord d'une fontaine :
Là le conseil se tint entre les pauvres gens.
Le prince s'étendit sur le malheur des grands.
Le pâtre fut d'avis qu'éloignant la pensée
    De leur aventure passée,
Chacun fît de son mieux, et s'appliquât au soin
    De pourvoir au commun besoin.
La plainte, ajouta-t-il, guérit-elle son homme?
Travaillons : c'est de quoi nous mener jusqu'à Rome.
Un pâtre ainsi parler? Ainsi parler? croit-on
Que le Ciel n'ait donné qu'aux têtes couronnées
    De l'esprit et de la raison,
Et que de tout berger comme de tout mouton
    Les connaissances soient bornées?
L'avis de celui-ci fut d'abord trouvé bon
Par les trois échoués au bord de l'Amérique.
L'un (c'était le marchand) savait l'arithmétique :
A tant par mois, dit-il, j'en donnerai leçon. —

---

(1) Général de l'empereur Justinien. Selon certains récits, étant tombé en disgrâce, il se vit réduit à mendier ; mais cette assertion est erronée.
(2) Dans divers pays.

J'enseignerai la politique,
Reprit le fils de roi. Le noble poursuivit :
Moi, je sais le blason (1), j'en veux tenir école.
Comme si devers l'Inde on eût dedans l'esprit
La sotte vanité de ce jargon frivole !
Le pâtre dit : Amis, vous parlez bien ; mais quoi !
Le mois a trente jours ! jusqu'à cette échéance
   Jeûnerons-nous, par votre foi ?
  Vous me donnez une espérance
Belle, mais éloignée ; et cependant j'ai faim :
Qui pourvoira de nous au dîner de demain ?
   Ou plutôt sur quelle assurance
Fondez-vous, dites-moi, le souper aujourd'hui ?
   Avant tout autre, c'est celui
   Dont il s'agit. Votre science
Est courte là-dessus : ma main y suppléera.
   A ces mots, le pâtre s'en va
Dans un bois : il y fit des fagots, dont la vente,
Pendant cette journée et pendant la suivante,
Empêcha qu'un long jeûne à la fin ne fît tant,
Qu'ils allassent là-bas (2) exercer leur talent.

  Je conclus de cette aventure
Qu'il ne faut pas tant d'art pour conserver ses jours,
  Et, grâce aux dons de la nature,
La main est le plus sûr et le plus prompt secours.

(1) Science des armoiries.
(2) Chez les morts.

FIN DU LIVRE DIXIÈME

LIVRE ONZIÈME

I

Le Lion.

Sultan léopard autrefois
Eut, ce dit-on, par mainte aubaine (1),
Force bœufs dans ses prés, force cerfs dans ses bois,
Force moutons parmi la plaine.
Il naquit un lion dans la forêt prochaine.
Après les compliments et d'une et d'autre part,
Comme entre grands il se pratique,
Le sultan fit venir son vizir (2) le renard,
Vieux routier et bon politique.

---

(1) Droit de succession qu'avait le souverain aux biens d'un étranger mort dans ses Etats.
(2) Ministre.

Tu crains, ce lui dit-il (1), lionceau, (2) mon voisin ;
    Son père est mort : que peut-il faire ?
    Plains plutôt le pauvre orphelin.
    Il a chez lui plus d'une affaire,
    Et devra beaucoup au Destin
S'il garde ce qu'il a, sans tenter de conquête.
    Le renard dit, branlant la tête :
Tels orphelins, Seigneur, ne me font point pitié ;
Il faut de celui-ci conserver l'amitié,
    Ou s'efforcer de le détruire
    Avant que la griffe et la dent
Lui soit crue, et qu'il soit en état de nous nuire.
    N'y perdez pas un seul moment.
J'ai fait son horoscope : il croîtra par la guerre ;
    Ce sera le meilleur lion
    Pour ses amis qui soit sur terre ;
    Tâchez donc d'en être ; sinon
Tâchez de l'affaiblir. La harangue fut vaine.
Le sultan dormait lors (3); et dedans son domaine
Chacun dormait aussi, bêtes, gens ; tant qu'enfin
Le lionceau devint vrai lion. Le tocsin (4)
Sonne aussitôt sur lui ; l'alarme se promène
    De toutes parts ; et le vizir,
Consulté là-dessus, dit avec un soupir :
Pourquoi l'irritez-vous ? la chose est sans remède.
En vain nous appelons mille gens à notre aide :
Plus ils sont, plus il coûte (5); et je ne les tiens bons
    Qu'à manger leur part des moutons.
Apaisez le lion : seul il passe en puissance
Ce monde d'alliés vivant sur notre bien.
Le lion en a trois qui ne lui coûtent rien,
Son courage, sa force, avec sa vigilance.
Jetez-lui promptement sous la griffe un mouton ;
S'il n'en est pas content, jetez-en davantage :

(1) *Ce lui dit-il*, pour *lui dit-il. Ce* est explétif.
(2) *Lionceau* devient ici une sorte de nom propre.
(3) *Lors* pour *alors*.
(4) « Coupe hardiment imitative ! c'est le tocsin lui-même qui retentit au-dessus du vers. Au suivant remarquez *l'alarme qui se promène*, comme *le glaive qui marche*, d'Athalie ! » (Ch. Nodier.)
(5) Pour : plus il en coûte.

Joignez-y quelque bœuf; choisissez pour ce don
    Tout le plus gras du pâturage.
Sauvez le reste ainsi. Ce conseil ne plut pas.
        Il en prit mal ; et force Etats
        Voisins du sultan en pâtirent :
        Nul n'y gagna, tous y perdirent.
        Quoi que fît ce monde ennemi,
        Celui qu'ils craignaient fut le maître.

Proposez-vous d'avoir le lion pour ami,
    Si vous voulez le laisser craître (1).

II

Le Fermier, le Chien et le Renard.

Le loup et le renard sont d'étranges voisins !
Je ne bâtirai point autour de leur demeure.
        Ce dernier guettait à toute heure
Les poules d'un fermier ; et, quoique des plus fins,

(1) *Craître* pour *croître*, pour la rime et par licence poétique.

Il n'avait pu donner d'atteinte à la volaille.
D'une part l'appétit, de l'autre le danger,
N'étaient pas au compère un embarras léger.
   Hé quoi! dit-il, cette canaille
   Se moque impunément de moi!
  Je vais, je viens, je me travaille (1),
J'imagine cent tours : le rustre, en paix chez soi,
Vous fait argent de tout, convertit en monnoie
Ses chapons, sa poulaille; il en a même au croc;
Et moi, maître passé, quand j'attrape un vieux coq,
   Je suis au comble de la joie (2)!
Pourquoi sire Jupin m'a-t-il donc appelé
Au métier de renard? Je jure les puissances
De l'Olympe et du Styx, il en sera parlé.
   Roulant en son cœur ces vengeances (3),
Il choisit une nuit libérale en pavots (4) :
Chacun était plongé dans un profond repos;
Le maître du logis, les valets, le chien même,
Poules, poulets, chapons, tout dormait (5). Le fermier,
   Laissant ouvert son poulailler,
   Commit une sottise extrême.
Le voleur tourne tant, qu'il entre au lieu guetté,
Le dépeuple, remplit de meurtres la cité.
   Les marques de sa cruauté
Parurent avec l'aube : on vit un étalage
   De corps sanglants et de carnage.
   Peu s'en fallut que le soleil
Ne rebroussât d'horreur vers le manoir liquide (6).
   Tel, et d'un spectacle pareil,

---

(1) Ce style coupé marque bien le mouvement que se donne le renard.

(2) *Joie* et *monnoie* ne riment plus même pour les yeux, car on écrit *monnaie*.

(3) Style digne de l'épopée; ce vers, du reste, semble imité de Virgile :
  Talia flammato secum dea corde volans.
     (*Æn.*, lib. I, v. 50.)

(4) Le pavot est l'attribut du sommeil, parce que c'est de cette plante que se tire l'opium.

(5) Coupe heureuse.

(6) Suivant la Fable, le soleil recula d'horreur pour ne pas voir l'horrible festin d'Atrée.

Apollon, irrité contre le fier Atride (1),
Joncha son camp de morts : on vit presque détruit
L'ost (2) des Grecs ; et ce fut l'ouvrage d'une nuit.
  Tel encore autour de sa tente
  Ajax, à l'âme impatiente,
De moutons et de boucs fit un vaste débris,
Croyant tuer en eux son concurrent Ulysse (3)
  Et les auteurs de l'injustice
  Par qui l'autre emporta le prix.
Le renard, autre Ajax, aux volailles funeste,
Emporte ce qu'il peut, laisse étendu le reste.
Le maître ne trouva de recours qu'à crier
Contre ses gens, son chien ; c'est l'ordinaire usage.
Ah ! maudit animal, qui n'es bon qu'à noyer,
Que n'avertissais-tu dès l'abord du carnage ? —
Que ne l'évitiez-vous ? C'eût été plus tôt fait :
Si vous, maître et fermier, à qui touche le fait,
Dormez sans avoir soin que la porte soit close,
Voulez-vous que moi, chien, qui n'ai rien à la chose,
Sans aucun intérêt je perde le repos ?
  Ce chien parlait très à propos :
  Son raisonnement pouvait être
  Fort bon dans la bouche d'un maître ;
  Mais n'étant que d'un simple chien,
  On trouva qu'il ne valait rien :
  On vous sangla le pauvre drille.

Toi donc, qui que tu sois, ô père de famille
(Et je ne t'ai jamais envié cet honneur),
T'attendre aux yeux d'autrui quand tu dors, c'est
Couche-toi le dernier, et vois fermer ta porte. [*erreur.*
  Que si quelque affaire t'importe,
  Ne la fais point par procureur.

(1) Agamemnon, fils d'Atrée ; il avait outragé le grand prêtre d'Apollon ; le dieu, irrité, envoya dans l'armée des Grecs une peste cruelle.
(2) *Ost*, vieux mot pour armée.
(4) Ulysse lui avait disputé les armes d'Achille, et les avait obtenues. Ajax alors, dans un accès de frénésie, se jeta sur un troupeau qu'il massacra.

III

Le Songe d'un habitant du Mogol.

Jadis certain Mogol (1) vit en songe un vizir
Aux champs Elyséens possesseur d'un plaisir
Aussi pur qu'infini, tant en prix qu'en durée :
Le même songeur vit en une autre contrée
    Un ermite entouré de feux,
Qui touchait de pitié même les malheureux (2).
Le cas parut étrange et contre l'ordinaire ;
Minos (3) en ces deux morts semblait s'être mépris.
Le dormeur s'éveilla, tant il en fut surpris.
Dans ce songe, pourtant, soupçonnant du mystère,
    Il se fit expliquer l'affaire.
L'interprète lui dit : Ne vous étonnez point ;
Votre songe a du sens ; et, si j'ai sur ce point
    Acquis tant soit peu d'habitude,
C'est un avis des dieux. Pendant l'humain séjour (4),
Ce vizir quelquefois cherchait la solitude ;
Cet ermite aux vizirs allait faire sa cour.
Si j'osais ajouter aux mots de l'interprète,
J'inspirerais ici l'amour de la retraite ;
Elle offre à ses amants des biens sans embarras,
Biens purs, présents du Ciel, qui naissent sous les pas.
Solitude, où je trouve une douceur secrète,
Lieux que j'aimai toujours, ne pourrai-je jamais,
Loin du monde et du bruit, goûter l'ombre et le frais !

(1) C'est-à-dire un habitant du Mogol.
(2) Pourquoi *même*? Il semble, au contraire, que plus on a connu le malheur par soi-même, plus on est sensible au malheur des autres :
    Haud ignara mali, miseris succurrere disco.
                      (Virg. Æn., lib. I.)
(3) *Minos* et les *champs Elyséens* sont inconnus au Mogol, aussi bien que l'*ermite*; c'est une distraction de la Fontaine.
(4) Pendant son séjour parmi les hommes.

Oh! qui m'arrêtera sous vos sombres asiles (1)!
Quand pourront les neuf Sœurs, loin des cours et des
M'occuper tout entier et m'apprendre des cieux [villes
Les divers mouvements inconnus à nos yeux,
Les noms et les vertus de ces clartés errantes
Par qui sont nos destins et nos mœurs différentes!
Que si je ne suis né pour d'aussi grands projets,
Du moins que les ruisseaux m'offrent de doux objets!
Que je peigne en mes vers quelque rive fleurie!
La Parque à filets d'or n'ourdira point ma vie,
Je ne dormirai point sous de riches lambris :
Mais voit-on que le somme en perde de son prix?
En est-il moins profond et moins plein de délices?
Je lui voue au désert de nouveaux sacrifices;
Quand le moment viendra d'aller trouver les morts,
J'aurai vécu sans soins et mourrai sans remords.

(1) Imitation de Virgile :
Me vero primum dulces ante omnia Musæ
Accipiant, cœlique vias et sidera monstrent
. . . . *O ubi campi*
. . . . . *O qui me gelidis in vallibus Hœmi.*
Sistat, et ingenti ramorum protegat umbra !

(Géorg., II.)

André Chénier a dit après la Fontaine :
Oh! qui m'arrêtera sous vos ombrages frais !

IV

Le Lion, le Singe et les deux Anes.

Le lion, pour bien gouverner,
  Voulant apprendre la morale,
  Se fit un beau jour amener
Le singe, maître ès arts chez la gent animale.
La première leçon que donna le régent
Fut celle-ci : Grand roi, pour régner sagement
  Il faut que tout prince préfère
Le zèle de l'Etat à certain mouvement
  Qu'on appelle communément
  Amour-propre; car c'est le père,
  C'est l'auteur de tous les défauts
  Que l'on remarque aux animaux.
Vouloir que de tout point ce sentiment vous quitte,
  Ce n'est pas chose si petite
Qu'on en vienne à bout en un jour :
C'est beaucoup de pouvoir modérer cet amour.
  Par là votre personne auguste
  N'admettra jamais rien en soi
  De ridicule ni d'injuste.—
  Donne-moi, repartit le roi,

Des exemples de l'un et l'autre. —
Toute espèce, dit le docteur,
Et je commence par la nôtre,
Toute profession s'estime dans son cœur,
Traite les autres d'ignorantes,
Les qualifie d'impertinentes;
Et semblables discours (1), qui ne nous coûtent rien.
L'amour-propre, au rebours (2), fait qu'au degré suprême
On porte ses pareils; car c'est un bon moyen
De s'élever aussi soi-même.
De tout ce que dessus (3) j'argumente très-bien
Qu'ici-bas maint talent n'est que pure grimace,
Cabale, et certain art de se faire valoir,
Mieux su des ignorants que des gens de savoir.

L'autre jour, suivant à la trace
Deux ânes qui, prenant tour à tour l'encensoir,
Se louaient tour à tour, comme c'est la manière,
J'ouïs que l'un des deux disait à son confrère :
Seigneur, trouvez-vous pas bien injuste et bien sot
L'homme, cet animal si parfait? Il profane
Notre auguste nom, traitant d'âne
Quiconque est ignorant, d'esprit lourd, idiot;
Il abuse encore d'un mot :
Il traite notre rire et nos discours de braire.
Les humains sont plaisants de prétendre exceller
Par-dessus nous! Non, non, c'est à vous de parler,
A leurs orateurs de se taire :
Voilà les vrais braillards. Mais laissons là ces gens.
Vous m'entendez, je vous entends;
Il suffit. Et, quant aux merveilles
Dont votre divin chant vient frapper les oreilles,
Philomèle est au prix novice dans cet art :
Vous surpassez Lambert (4). L'autre baudet repart :
Seigneur, j'admire en vous des qualités pareilles.

(1) C'est-à-dire, et tient de semblables discours, etc.
(2) « Non pas au rebours, puisque ce défaut n'est qu'un raffinement du premier. » (Ch. Nodier.)
(3) De tout ce qui précède ; terme de pratique.
(4) Célèbre maître de musique de la chapelle de Louis XIV, et beau-frère de Lulli; cité aussi par Boileau.

Ces ânes, non contents de s'être ainsi grattés (1),
        S'en allèrent dans les cités
L'un l'autre se prôner : chacun d'eux croyait faire,
En prisant ses pareils, une fort bonne affaire,
Prétendant que l'honneur en reviendrait sur lui.

        J'en connais beaucoup aujourd'hui,
Non parmi les baudets, mais parmi les puissances,
Que le Ciel voulut mettre en de plus hauts degrés,
Qui changeraient entre eux les simples Excellences,
        S'ils osaient, en des Majestés.

J'en dis peut-être plus qu'il ne faut, et suppose
Que Votre Majesté gardera le secret.
Elle avait souhaité d'apprendre quelque trait
        Qui lui fît voir, entre autre chose,
L'amour-propre donnant du ridicule aux gens.
L'injuste aura son tour : il y faut plus de temps.
Ainsi parla ce singe. On ne m'a pas su dire
S'il traita l'autre point, car il est délicat ;
Et notre maître ès arts, qui n'était pas un fat,
Regardait ce lion comme un terrible sire.

V

Le Loup et le Renard.

Mais d'où vient qu'au renard Ésope accorde un point,
C'est d'exceller en tours pleins de matoiserie ?
J'en cherche la raison, et ne la trouve point.
Quand le loup a besoin de défendre sa vie,
        Ou d'attaquer celle d'autrui,
        N'en sait-il pas autant que lui ?
Je crois qu'il en sait plus, et j'oserais peut-être
Avec quelque raison contredire mon maître (2).

(1) C'est un souvenir du proverbe latin : *Asinus asinum fricat.*

(2) « Cet étrange scrupule vient bien tard à la Fontaine, qui a toujours accordé, d'après Esope et avec tous les poëtes du moyen âge, la finesse et la ruse au renard. » (Géruzez.)

Voici pourtant un cas où tout l'honneur échut
A l'hôte des terriers. Un soir il aperçut
La lune au fond d'un puits : l'orbiculaire image
    Lui parut un ample fromage.
    Deux seaux alternativement
    Puisaient le liquide élément :
Notre renard, pressé par une faim canine,
S'accommode en celui qu'au haut de la machine
    L'autre seau tenait suspendu.
    Voilà l'animal descendu,
    Tiré d'erreur, mais fort en peine,
    Et voyant sa perte prochaine :
Car comment remonter, si quelque autre affamé,
    De la même image charmé,
    Et succédant à sa misère,
Par le même chemin ne le tirait d'affaire?
Deux jours s'étaient passés sans qu'aucun vînt au puits.
Le temps, qui toujours marche, avait, pendant deux
    Echancré, selon l'ordinaire,   [nuits
De l'astre au front d'argent la face circulaire (1).
    Sire renard était désespéré.
    Compère loup, le gosier altéré,
    Passe par là. L'autre dit : Camarade,
Je veux vous régaler : voyez-vous cet objet?
C'est un fromage exquis. Le dieu Faune (2) l'a fait :
    La vache Io (3) donna le lait.
    Jupiter, s'il était malade,
Reprendrait l'appétit en tâtant d'un tel mets.
    J'en ai mangé cette échancrure :
Le reste vous sera suffisante pâture.
Descendez dans un seau que j'ai là mis exprès.
Bien qu'au moins mal qu'il pût il ajustât l'histoire,
    Le loup fut un sot de le croire :
Il descend ; et son poids, emportant l'autre part,
    Reguinde (4) en haut maître renard.

Ne nous en moquons point ; nous nous laissons séduire
    Sur aussi peu de fondement ;

---

(1) Style riche de poésie.
(2) Dieu champêtre.
(3) Nymphe que Jupiter changea en vache.
(4) Remonte.

*Et chacun croit fort aisément
Ce qu'il craint et ce qu'il désire* (1).

VI

Le Paysan du Danube.

*Il ne faut point juger des gens sur l'apparence.
Le conseil en est bon; mais il n'est pas nouveau.*

Jadis l'erreur du souriceau
Me servit à prouver le discours que j'avance :
    J'ai, pour le fonder à présent,
Le bon Socrate, Esope, et certain paysan
Des rives du Danube, homme dont Marc-Aurèle (2)
    Nous fait un portrait fort fidèle.
On connaît les premiers : quant à l'autre, voici
    Le personnage en raccourci :
Son menton nourrissait une barbe touffue;
    Toute sa personne velue
Représentait un ours, mais un ours mal léché (3) :
Sous un sourcil épais il avait l'œil caché,
Le regard de travers, nez tortu, grosse lèvre,
    Portait sayon (4) de poil de chèvre
    Et ceinture de joncs marins.
Cet homme ainsi bâti fut député des villes
Que lave le Danube. Il n'était point d'asiles
    Où l'avarice des Romains
Ne pénétrât alors et ne portât les mains.

---

(1) « On croit aisément ce qu'on espère, » dit Massillon; et c'est une vérité à peu près proverbiale.
(2) Empereur romain surnommé *le Philosophe*, né l'an 121, mort l'an 180. Il n'y a rien de cet apologue dans ses œuvres. La Fontaine l'attribue à ce prince d'après une fiction de Guevare, auteur de l'*Horloge des Princes*.
(3) Difforme.
(4) Du latin *sagum*, espèce de manteau à manches.

Le député vint donc, et fit cette harangue :
Romains, et vous sénat assis pour m'écouter,
Je supplie avant tout les dieux de m'assister :
Veuillent-les immortels, conducteurs de ma langue,
Que je ne dise rien qui doive être repris !
Sans leur aide, il ne peut entrer dans les esprits
      Que tout mal et toute injustice :
Faute d'y recourir, on viole leurs lois.
Témoin nous que punit la romaine avarice !
Rome est, par nos forfaits plus que par ses exploits,
      L'instrument de notre supplice.
Craignez, Romains, craignez que le Ciel quelque jour
Ne transporte chez vous les pleurs et la misère,
Et, mettant en nos mains, par un juste retour,
Des armes dont se sert sa vengeance sévère,
      Il ne vous fasse, en sa colère,
      Nos esclaves à votre tour.
Et pourquoi sommes-nous les vôtres ? Qu'on me die
En quoi vous valez mieux que cent peuples divers.
Quel droit vous a rendus maîtres de l'univers ?
Pourquoi venir troubler une innocente vie ?
Nous cultivions en paix d'heureux champs, et nos mains
Etaient propres aux arts, ainsi qu'au labourage.
      Qu'avez-vous appris aux Germains ?
      Ils ont l'adresse et le courage :
      S'ils avaient eu l'avidité,
      Comme vous, et la violence,
Peut-être en votre place ils auraient la puissance,
Et sauraient en user sans inhumanité.
Celle que vos préteurs (1) ont sur nous exercée
      N'entre qu'à peine en la pensée.
      La majesté de vos autels
      Elle-même en est offensée ;
      Car sachez que les immortels
Ont les regards sur nous. Grâces à vos exemples,
Ils n'ont devant les yeux que des objets d'horreur,
      Du mépris d'eux et de leurs temples,
D'avarice qui va jusques à la fureur.
Rien ne suffit aux gens qui nous viennent de Rome :

---

(1) Gouverneurs de provinces, qui commettaient souvent de révoltantes déprédations.

La terre et le travail de l'homme
Font pour les assouvir des efforts superflus.
    Retirez-les : on ne veut plus
    Cultiver pour eux les campagnes.
Nous quittons les cités, nous fuyons aux montagnes ;
    Nous laissons nos chères compagnes :
Nous ne conversons plus qu'avec des ours affreux,
Découragés de mettre au jour des malheureux,
Et de peupler pour Rome un pays qu'elle opprime.
    Quant à nos enfants déjà nés,
Nous souhaitons de voir leurs jours bientôt bornés :
Vos préteurs au malheur nous font joindre le crime.
    Retirez-les : ils ne nous apprendront
    Que la mollesse et que le vice ;
    Les Germains comme eux deviendront
    Gens de rapine et d'avarice.
C'est tout ce que j'ai vu dans Rome à mon abord.
    N'a-t-on point de présent à faire,
Point de pourpre à donner, c'est en vain qu'on espère
Quelque refuge aux lois : encor leur ministère
A-t-il mille longueurs. Ce discours, un peu fort,
    Doit commencer à vous déplaire.
    Je finis. Punissez de mort
    Une plainte un peu trop sincère.
A ces mots, il se couche ; et chacun, étonné,
Admire le grand cœur, le bon sens, l'éloquence
    Du sauvage ainsi prosterné.
On le créa patrice (1) ; et ce fut la vengeance
Qu'on crut qu'un tel discours méritait. On choisit
    D'autres préteurs ; et par écrit
Le sénat demanda ce qu'avait dit cet homme,
Pour servir de modèle aux parleurs à venir.
    On ne sut pas longtemps à Rome
    Cette éloquence entretenir (2).

---

(1) *Patrice* est ici dans le sens de *patricien*, car la dignité de *patrice* proprement dite ne fut créée que sous Constantin.

(2) Cet apologue est un des chefs-d'œuvre de notre littérature. On en peut dire autant de la fable suivante.

VII

Le Vieillard et les trois jeunes Hommes.

Un octogénaire plantait.
Passe encor de bâtir; mais planter à cet âge!
Disaient trois jouvenceaux enfants du voisinage:
 Assurément il radotait.
 Car, au nom des dieux, je vous prie,
Quel fruit de ce labeur pouvez-vous recueillir?
Autant qu'un patriarche il vous faudrait vieillir.
 A quoi bon charger votre vie
Des soins d'un avenir qui n'est pas fait pour vous?
Ne songez désormais qu'à vos erreurs passées:
Quittez le long espoir et les vastes pensées (1);
 Tout cela ne convient qu'à nous. —
 Il ne convient pas à vous-mêmes,
Repartit le vieillard. *Tout établissement*
Vient tard et dure peu. La main des Parques blêmes
De vos jours et des miens se joue également.
Nos termes sont pareils par leur courte durée.
Qui de nous des clartés de la voûte azurée
Doit jouir le dernier? Est-il aucun moment
Qui vous puisse assurer d'un second seulement?
Mes arrière-neveux me devront cet ombrage (2):
 Eh bien, défendez-vous au sage
De se donner des soins pour le plaisir d'autrui?
Cela même est un fruit que je goûte aujourd'hui:
J'en puis jouir demain et quelques jours encore;
 Je puis enfin compter l'aurore

---

(1) *Vitæ summa brevis spem nos vetat inchoare longam.*
 (Hor., *Od.* I, 4.)
(2) *Insere, Daphni, piros; carpent tua poma nepotes.*
 (Virg., *Buc.* IX.)
 Serit arbores quæ alteri sæculo prosint. Cæcilius, cité par Cicéron dans le livre *de Senectute.*

Plus d'une fois sur vos tombeaux.
Le vieillard eut raison : l'un des trois jouvenceaux
Se noya dès le port, allant à l'Amérique (1) ;
L'autre, afin de monter aux grandes dignités,
Dans les emplois de Mars servant la république,
Par un coup imprévu vit ses jours emportés ;
  Le troisième tomba d'un arbre
  Que lui-même il voulut enter ;
Et, pleurés du vieillard, il grava (2) sur leur marbre
  Ce que je viens de raconter.

VIII

Les Souris et le Chat-Huant.

Il ne faut jamais dire aux gens :
Écoutez un bon mot, oyez (3) *une merveille.*

(1) Il faut *en Amérique*.
(2) *Et pleurés... il grava sur leur marbre*, manque à la correction grammaticale.
(3) Impératif du verbe *ouïr*, qui n'est plus usité qu'à l'infinitif.

*Savez-vous si les écoutants
En feront une estime à la vôtre pareille?*

Voici pourtant un cas qui peut être excepté :
Je le maintiens prodige, et tel que d'une fable
Il a l'air et les traits, encor que véritable.
On abattit un pin pour son antiquité,
Vieux palais d'un hibou, triste et sombre retraite
De l'oiseau qu'Atropos (1) prend pour son interprète.
Dans son tronc caverneux et miné par le temps,
   Logeaient, entre autres habitants,
Force souris sans pieds, toutes rondes de graisse.
L'oiseau les nourrissait parmi des tas de blé,
Et de son bec avait leur troupeau mutilé.
Cet oiseau raisonnait, il faut qu'on le confesse.
En son temps, aux souris le compagnon chassa :
Les premières qu'il prit du logis échappées (2),
Pour y remédier, le drôle estropia
Tout ce qu'il prit ensuite; et leurs jambes coupées
Firent qu'il les mangeait à sa commodité,
  Aujourd'hui l'une, et demain l'autre.
Tout manger à la fois, l'impossibilité
S'y trouvait, joint aussi le soin de sa santé.
Sa prévoyance allait aussi loin que la nôtre :
   Elle allait jusqu'à leur porter
   Vivres et grains pour subsister.
   Puis qu'un cartésien (3) s'obstine
A traiter ce hibou de montre et de machine !
   Quel ressort lui pouvait donner
Le conseil de tronquer un peuple mis en mue (4)?
   Si ce n'est pas là raisonner,
   La raison m'est chose inconnue.
   Voyez que d'arguments il fit :
   Quand ce peuple est pris, il s'enfuit;

(1) La plus cruelle des trois Parques. C'est celle qui coupe le fil de la vie.
(2) Ellipse, pour *s'étant échappées*, comme dans Athalie : *huit ans déjà passés*.
(3) Un disciple de Descartes. Voyez la première fable du livre X.
(4) Cage où l'on met les volailles pour les engraisser.

Donc il faut le croquer aussitôt qu'on le happe.
Tout! il est impossible. Et puis pour le besoin
N'en dois-je point garder ? Donc il faut avoir soin
   De le nourrir sans qu'il échappe.
Mais comment? Otons-lui les pieds. Or trouvez-moi
Chose par les humains à sa fin mieux conduite!
Quel autre art de penser Aristote (1) et sa suite
   Enseignent-ils, par votre foi (2)?

Épilogue.

C'est ainsi que ma muse, aux bords d'une onde pure,
  Traduisait en langue des dieux
  Tout ce que disent sous les cieux
Tant d'êtres empruntant la voix de la nature.
  Truchement (3) de peuples divers,
Je les faisais servir d'acteurs en mon ouvrage :
  Car tout parle dans l'univers.
  Il n'est rien qui n'ait son langage.
Plus éloquents chez eux qu'ils ne sont dans mes vers,
Si ceux que j'introduis (4) me trouvent peu fidèle,
Si mon œuvre n'est pas un assez bon modèle,
  J'ai du moins ouvert le chemin :
D'autres pourront y mettre une dernière main.
Favoris des neuf Sœurs, achevez l'entreprise :
Donnez mainte leçon que j'ai sans doute omise;
Sous ces inventions il faut l'envelopper.
Mais vous n'avez que trop de quoi vous occuper :
Pendant le doux emploi de ma muse innocente,
Louis dompte l'Europe, et d'une main puissante

(1) Célèbre philosophe grec.
(2) « Ceci n'est point une fable, et la chose, quoique merveilleuse et presque incroyable, est véritablement arrivée. » (*Note de la Fontaine.*)
(3) Interprète.
(4) « Les hommes, sous la personne des animaux. » (Gérusez.)

Il conduit à leur fin les plus nobles projets
    Qu'ait jamais formés un monarque (1).
Favoris des neuf Sœurs, ce sont là des sujets
    Vainqueurs du temps et de la Parque.

(1) C'était en 1679 ; Louis XIV venait de dicter la paix de Nimègue.

FIN DU LIVRE ONZIÈME

A MONSEIGNEUR

LE DUC DE BOURGOGNE (1)

Monseigneur,

Je ne puis employer, pour mes fables, de protection qui me soit plus glorieuse que la vôtre. Ce goût exquis et ce jugement si solide que vous faites paraître dans toutes choses au delà d'un âge où à peine les autres princes sont-ils touchés de ce qui les environne avec le plus d'éclat, tout cela, joint au devoir de vous obéir et à la passion de vous plaire, m'a obligé de vous présenter un ouvrage dont l'original a été l'admiration de tous les siècles aussi bien que celle de tous les sages. Vous m'avez même ordonné de continuer, et si vous me permettez de le dire, il y a des sujets dont je vous suis redevable, et où vous avez jeté des grâces qui ont été admirées de tout le monde. Nous n'avons plus besoin de consulter ni Apollon, ni les Muses, ni aucune des divinités du Parnasse : elles se rencontrent toutes dans les présents que vous a faits la nature, et dans cette science de bien juger les ouvrages de l'esprit, à quoi vous joignez déjà celle de connaître toutes les règles qui y conviennent. Les fables d'Ésope sont une ample matière pour ces talents; elles embrassent toutes sortes d'événements et de caractères. Ces mensonges sont proprement une manière d'histoire où on ne flatte personne. Ce ne sont pas choses de peu d'importance que ces sujets : les animaux sont les précepteurs des hommes dans

(1) Petit-fils de Louis XIV et élève de Fénelon, né en 1682, mort en 1712. Il avait douze ans quand la Fontaine lui dédia le dernier livre de ses fables, et montrait un esprit bien au-dessus de son âge; mais la Fontaine va un peu loin dans les compliments qu'il lui adresse à cet égard.

mon ouvrage. Je ne m'étendrai pas davantage là-dessus : vous voyez mieux que moi le profit qu'on en peut tirer. Si vous vous connaissez maintenant en orateurs et en poëtes, vous vous connaîtrez encore mieux quelque jour en bons politiques et en bons généraux d'armée, et vous vous tromperez aussi peu au choix des personnes qu'au mérite des actions. Je ne suis pas d'un âge à espérer d'en être témoin (1) : il faut que je me contente de travailler sous vos ordres. L'envie de vous plaire me tiendra lieu d'une imagination que les ans ont affaiblie : quand vous souhaiterez quelque fable, je la trouverai dans ce fonds-là. Je voudrais bien que vous y pussiez trouver des louanges dignes du monarque qui fait maintenant le destin de tant de peuples et de nations, et qui rend toutes les parties du monde attentives à ses conquêtes, à ses victoires, et à la paix qui semble se rapprocher, et dont il impose les conditions avec toute la modération que peuvent souhaiter nos ennemis. Je me le figure comme un conquérant qui veut mettre des bornes à sa gloire et à sa puissance, et de qui on pourrait dire, à meilleur titre qu'on ne l'a dit d'Alexandre, qu'il va tenir les états de l'univers, en obligeant les ministres de tant de princes de s'assembler pour terminer une guerre qui ne peut être que ruineuse à leurs maîtres (2). Ce sont des sujets au-dessus de nos paroles, je les laisse à de meilleures plumes que la mienne, et suis, avec un profond respect,

Monseigneur,
Votre très-humble, très-obéissant
et très-fidèle serviteur,
De la Fontaine.

(1) La Fontaine avait alors 73 ans.
(2) A la suite des campagnes d'Italie et de Flandre, Louis XIV offrit à ses ennemis une paix qu'ils refusèrent.

LIVRE DOUZIÈME

Les Compagnons d'Ulysse.

A MONSEIGNEUR LE DUC DE BOURGOGNE

Les compagnons d'Ulysse, après dix ans d'alarmes
Erraient au gré du vent, de leur sort incertains.
      Ils abordèrent un rivage
      Où la fille du dieu du jour,
      Circé (1), tenait alors sa cour.
      Elle leur fit prendre un breuvage
Délicieux, mais plein d'un funeste poison.
      D'abord ils perdent la raison ;
Quelques moments après leur corps et leur visage

(1) Célèbre magicienne.

Prennent l'air et les traits d'animaux différents :
Les voilà devenus ours, lions, éléphants ;
    Les uns sous une masse énorme,
    Les autres sous une autre forme :
Il s'en vit de petits : EXEMPLUM UT TALPA (1).
    Le seul Ulysse en échappa ;
Il sut se défier de la liqueur traîtresse.
    Comme il joignait à la sagesse
La mine d'un héros et le doux entretien,
    Il fit tant que l'enchanteresse
Prit un autre poison peu différent du sien.
Une déesse dit tout ce qu'elle a dans l'âme (2) :
    Celle-ci déclara sa flamme.
Ulysse était trop fin pour ne pas profiter
    D'une pareille conjoncture :
Il obtint qu'on rendrait à ses Grecs leur figure :
Mais le voudront-ils bien, dit la nymphe, accepter ?
Allez le proposer de ce pas à la troupe.
Ulysse y court et dit : L'empoisonneuse coupe
A son remède encore, et je viens vous l'offrir :
Chers amis, voulez-vous hommes redevenir ?
    On vous rend déjà la parole.
    Le lion dit, pensant rugir :
    Je n'ai pas la tête si folle ;
Moi renoncer aux dons que je viens d'acquérir !
J'ai griffe et dents, et mets en pièces qui m'attaque.
Je suis roi : deviendrai-je un citadin d'Ithaque (3) ?
Tu me rendras peut-être encor simple soldat :
    Je ne veux point changer d'état.
Ulysse du lion court à l'ours : Eh ! mon frère,
Comme te voilà fait ! je t'ai vu si joli ! —
    Ah ! vraiment nous y voici,
    Reprit l'ours à sa manière :
Comme me voilà fait ! comme doit être un ours.
Qui t'a dit qu'une forme est plus belle qu'une autre ?

(1) Par exemple, la taupe ; *exemplum ut*, phrase usitée dans les argumentations scolastiques.
(2) « Tour ingénieux pour excuser Circé de parler la première. » (Ch. Nodier.)
(3) Petite île de la Méditerranée, dont Ulysse était roi. Elle se nomme maintenant *Théaki*. Le nom moderne est l'anagramme de l'ancien.

Est-ce à la tienne à juger de la nôtre?
Je m'en rapporte aux yeux d'une ourse mes amours.
Te déplais-je? va-t'en, suis ta route et me laisse.
Je vis libre, content, sans nul soin qui me presse;
　　Et te dis tout net et tout plat :
　　Je ne veux point changer d'état.
Le prince grec au loup va proposer l'affaire;
Il lui dit, au hasard d'un semblable refus :
　　Camarade, je suis confus
　　Qu'une jeune et belle bergère
　Conte aux échos les appétits gloutons
　　Qui t'ont fait manger ses moutons.
Autrefois on t'eût vu sauver sa bergerie :
　　Tu menais une honnête vie.
　　Quitte ces bois et redevien (1),
　　Au lieu de loup, homme de bien. —
En est-il? dit le loup : pour moi, je n'en vois guère.
Tu t'en viens me traiter de bête carnassière :
Toi qui parles, qu'es-tu? N'auriez-vous pas, sans moi,
Mangé ces animaux que plaint tout le village?
　　Si j'étais homme, par ta foi,
　　Aimerais-je moins le carnage?
Pour un mot quelquefois vous vous étranglez tous :
Ne vous êtes-vous pas l'un à l'autre des loups?
Tout bien considéré, je te soutiens en somme
　　Que, scélérat pour scélérat,
　　Il vaut mieux être un loup qu'un homme :
　　Je ne veux point changer d'état.
Ulysse fit à tous une même semonce :
　　Chacun d'eux fit même réponse,
　　Autant le grand que le petit.
La liberté, les bois, suivre leur appétit,
　　C'était leurs (2) délices suprêmes;
Tous renonçaient au los (3) des belles actions.
Ils croyaient s'affranchir suivant leurs passions :
　　Ils étaient esclaves d'eux-mêmes.
Prince, j'aurais voulu vous choisir un sujet

---

(1) La Fontaine a retranché l's par licence poétique.

(2) On écrirait maintenant c'étaient, parce que le sujet est au pluriel.

(3) Los, pour louange, du latin laus.

Où je pusse mêler le plaisant à l'utile (1) :
C'était sans doute un beau projet
Si ce choix eût été facile.
Les compagnons d'Ulysse enfin se sont offerts,
Ils ont force pareils en ce bas univers,
Gens à qui j'impose pour peine
Votre censure et votre haine.

II

Le Chat et les deux Moineaux.

A MONSEIGNEUR LE DUC DE BOURGOGNE

Un chat contemporain d'un fort jeune moineau
Fut logé près de lui dès l'âge du berceau :
La cage et le panier (2) avaient mêmes pénates.
Le chat était souvent agacé par l'oiseau :
L'un s'escrimait du bec, l'autre jouait des pattes.

(1) *Omne tulit punctum qui miscuit utile dulci.*
(Hor., *Art. poét.*)
(2) Figure hardie qu'on nomme *métonymie ;* elle prend le contenant pour le contenu : la cage pour l'oiseau, le panier pour le chat.

Ce dernier toutefois épargnait son ami,
  Ne le corrigeant qu'à demi :
  Il se fût fait un grand scrupule
  D'armer de pointes sa férule.
  Le passereau, moins circonspect,
  Lui donnait force coups de bec.
  En sage et discrète personne,
  Maître chat excusait ces jeux :
Entre amis, il ne faut jamais qu'on s'abandonne
  Aux traits d'un courroux sérieux.
Comme ils se connaissaient tous deux dès leur bas âge,
Une longue habitude en paix les maintenait ;
Jamais en vrai combat le jeu ne se tournait ;
  Quand un moineau du voisinage
S'en vint les visiter, et se fit compagnon
Du pétulant Pierrot (1) et du sage Raton.
Entre les deux oiseaux il arriva querelle ;
  Et Raton de prendre parti.
Cet inconnu, dit-il, nous la vient donner belle,
  D'insulter ainsi notre ami !
Le moineau du voisin viendra manger le nôtre !
Non, de par tous les chats ! Entrant lors au combat,
Il croque l'étranger. Vraiment, dit maître chat,
Les moineaux ont un goût exquis et délicat !
Cette réflexion fit aussi croquer l'autre.
Quelle morale puis-je inférer de ce fait ?
Sans cela toute fable est un œuvre imparfait.
J'en crois voir quelques traits ; mais leur ombre m'abuse.
Prince, vous les aurez incontinent trouvés.
Ce sont des jeux pour vous, et non point pour ma muse ;
Elle et ses sœurs n'ont pas l'esprit que vous avez.

(1) *Pierrot* est le nom du moineau, et *Raton* celui du chat.

III

Le Thésauriseur et le Singe.

Un homme accumulait. On sait que cette erreur
   Va souvent jusqu'à la fureur.
Celui-ci ne songeait que ducats et pistoles.
Quand ces biens sont oisifs, je tiens qu'ils sont frivoles.
   Pour sûreté de son trésor,
Notre avare habitait un lieu dont Amphitrite (1)
Défendait aux voleurs de toutes parts l'abord.
Là, d'une volupté selon moi fort petite,
Et selon lui fort grande, il entassait toujours :
   Il passait les nuits et les jours
A compter, calculer, supputer sans relâche,
Calculant, supputant, comptant comme à la tâche (2);
Car il trouvait toujours du mécompte à son fait.
Un gros singe, plus sage, à mon sens, que son maître,
Jetait quelque doublon (3) toujours par la fenêtre,
   Et rendait le compte imparfait :
   La chambre, bien cadenassée,
Permettait de laisser l'argent sur le comptoir.
Un beau jour dom Bertrand se mit dans la pensée
D'en faire un sacrifice au liquide manoir.
   Quant à moi, lorsque je compare
Les plaisirs de ce singe à ceux de cet avare,
Je ne sais bonnement auxquels (4) donner le prix :
Dom Bertrand gagnerait près de certains esprits;
Les raisons en seraient trop longues à déduire.
Un jour donc l'animal, qui ne songeait qu'à nuire,
Détachait du monceau tantôt quelque doublon,
   Un jacobus, un ducaton (5),

(1) Déesse de la mer, prise ici pour la mer elle-même.
(2) Ces infinitifs et ces participes répétés sont d'un heureux effet pour peindre l'action souvent renouvelée de l'avare.
(3) Le doublon est une monnaie d'Espagne qui vaut 80 fr.
(4) C'est-à-dire, auquel des plaisirs du singe ou de l'avare.
(5) *Ducaton*, monnaie d'argent valant un peu plus d'un écu.
 « *Le noble à la rose* et le *jacobus* étaient deux monnaies

LIVRE XII

Et puis quelque noble à la rose;
Éprouvait son adresse et sa force à jeter
Ces morceaux de métal qui se font souhaiter
　　Par les humains sur toute chose.
S'il n'avait entendu son compteur à la fin
　　Mettre la clef dans la serrure,
Les ducats auraient tous pris le même chemin,
　　Et couru la même aventure :
Il les aurait fait tous voler jusqu'au dernier
Dans le gouffre enrichi par maint et maint naufrage,

Dieu veuille préserver maint et maint financier
　　Qui n'en fait pas meilleur usage!

IV

Les deux Chèvres (1).

Dès que les chèvres ont brouté,
Certain esprit de liberté

d'or d'Angleterre, la première équivalant à la guinée, la dernière valant environ un septième de plus. » (Walckenaer.)

(1) Le sujet de cette fable avait été donné en quelques lignes de prose comme texte de thème au duc de Bourgogne par Fénelon.

Leur fait chercher fortune : elles vont en voyage
   Vers les endroits du pâturage
   Les moins fréquentés des humains.
Là, s'il est quelque lieu sans route et sans chemins,
Un rocher, quelque mont pendant en précipices (1),
C'est où ces dames vont promener leurs caprices.
Rien ne peut arrêter cet animal grimpant.
   Deux chèvres donc s'émancipant,
   Toutes deux ayant patte blanche (2),
Quittèrent les bas prés, chacune de sa part :
L'une vers l'autre allait pour quelque bon hasard.
Un ruisseau se rencontre, et pour pont une planche.
Deux belettes à peine auraient passé de front
   Sur ce pont :
D'ailleurs l'onde rapide et le ruisseau profond
Devaient faire trembler de peur ces amazones.
Malgré tant de dangers, l'une de ces personnes
Pose un pied sur la planche, et l'autre en fait autant (3) :
Je m'imagine voir, avec Louis le Grand,
   Philippe Quatre qui s'avance
   Dans l'île de la Conférence (4).
   Ainsi s'avançaient pas à pas,
   Nez à nez nos aventurières,
   Qui, toutes deux étant fort fières,
Vers le milieu du pont ne se voulurent pas
L'une à l'autre céder. Elles avaient la gloire
De compter dans leur race, à ce que dit l'histoire,
L'une certaine chèvre, au mérite sans pair,
Dont Polyphème (5) fit présent à Galatée,

---

(1) *Dumosa pendere procul de rupe videbo.*
          (Virg., *Buc.* I.)
(2) On se rappelle :
« Montrez-moi patte blanche, ou je n'ouvrirai point. »
         (Liv. IV, fab. 12.)
(3) « Il est impossible de mieux conter et de mieux peindre. » (Ch. Nodier.)
(4) Cette île, nommée aussi *l'île des Faisans*, est située sur la frontière de l'Espagne et de la France ; c'est là que se tinrent les conférences pour la paix des Pyrénées et le mariage de Louis XIV.
(5) Le plus célèbre des cyclopes, à qui Ulysse creva l'œil unique, après l'avoir enivré.

Et l'autre la chèvre Amalthée,
Par qui fut nourri Jupiter.
Faute de reculer, leur chute fut commune :
Toutes deux tombèrent dans l'eau.

*Cet accident n'est pas nouveau
Dans le chemin de la fortune.*

V

Le vieux Chat et la jeune Souris (1).

Une jeune souris de peu d'expérience
Crut fléchir un vieux chat, implorant (2) sa clémence,
Et payant de raisons le Rominagrobis :
      Laissez-moi vivre : une souris
      De ma taille et de ma dépense
      Est-elle à charge à ce logis ?
      Affamerais-je, à votre avis,
    L'hôte, l'hôtesse et tout leur monde ?

(1) Le duc de Bourgogne avait demandé à la Fontaine une fable de ce titre.
(2) *En implorant* serait plus correct.

D'un grain de blé je me nourris;
Une noix me rend toute ronde.
A présent je suis maigre; attendez quelque temps (1).
Réservez ce repas à messieurs vos enfants.
Ainsi parlait au chat la souris attrapée.
L'autre lui dit : Tu t'es trompée :
Est-ce à moi que l'on tient de semblables discours?
Tu gagnerais autant de parler à des sourds.
Chat, et vieux, pardonner! cela n'arrive guères (2).
Selon ces lois, descends là-bas,
Meurs, et va-t'en tout de ce pas
Haranguer les sœurs filandières (3) :
Mes enfants trouveront assez d'autres repas.
Il tint parole. Et pour ma fable,
Voici le sens moral qui peut y convenir :

La jeunesse se flatte, et croit tout obtenir :
La vieillesse est impitoyable (4).

(1) La souris tient au chat le même langage que le petit poisson au pêcheur, et avec aussi peu de succès.
(2) Trait plaisant, excellent vers!
(3) Les Parques, qui filent nos jours.
(4) Sentence trop absolue pour être vraie.

VI

Le Cerf malade.

En pays plein de cerfs, un cerf tomba malade.
    Incontinent maint camarade
Accourt à son grabat le voir, le secourir,
Le consoler du moins : multitude importune.
    Eh! Messieurs, laissez-moi mourir :
    Permettez qu'en forme commune
La Parque m'expédie, et finissez vos pleurs !
    Point du tout : les consolateurs
De ce triste devoir tout au long s'acquittèrent ;
    Quand il plut à Dieu s'en allèrent :
    Ce ne fut pas sans boire un coup,
C'est-à-dire sans prendre un droit de pâturage.
Tout se mit à brouter les bois du voisinage.
La pitance du cerf en déchut de beaucoup.
    Il ne trouva plus rien à frire (1) :
    D'un mal il tomba dans un pire,

(1) *Rien à frire*, locution proverbiale, pour *rien à manger*.

Et se vit réduit à la fin
A jeûner et mourir de faim.

Il en coûte à qui vous réclame,
Médecins du corps et de l'âme!
O temps! ô mœurs (1)! j'ai beau crier,
Tout le monde se fait payer.

VII

La Chauve-Souris, le Buisson et le Canard (2).

Le buisson, le canard et la chauve-souris,
　　　Voyant tous trois qu'en leur pays
　　　Ils faisaient petite fortune,
Vont trafiquer au loin et font bourse commune.
Ils avaient des comptoirs, des facteurs, des agents
　　　Non moins soigneux qu'intelligents,
Des registres exacts de mise et de recette.
　　　Tout allait bien; quand leur emplette,
　　　En passant par certains endroits
　　　Remplis d'écueils et fort étroits,
　　　Et de trajet très-difficile,
Alla tout emballée au fond des magasins
　　　Qui du Tartare sont voisins (3).
Notre trio poussa maint regret inutile,
　　　Ou plutôt il n'en poussa point:
Le plus petit marchand est savant sur ce point:
Pour sauver son crédit, il faut cacher sa perte.
Celle que par malheur nos gens avait soufferte
Ne put se réparer: le cas fut découvert.

(1) Exclamation empruntée au premier discours de Cicéron contre Catilina, et devenue maintenant moins solennelle.
(2) Cette alliance, imaginée par Ésope, est plus étrange encore que celle de la brebis, etc., avec le lion. Un buisson qui a des comptoirs!
(3) C'est-à-dire au fond des eaux.

Les voilà sans crédit, sans argent, sans ressource,
  Prêts à porter le bonnet vert (1).
  Aucun ne leur ouvrit sa bourse.
Et le sort principal, et les gros intérêts,
  Et les sergents, et les procès,
  Et le créancier à la porte
  Dès devant la pointe du jour,
N'occupaient le trio qu'à chercher maint détour
  Pour contenter cette cohorte.
Le buisson accrochait les passants à tous coups.
Messieurs, leur disait-il, de grâce, apprenez-nous
  En quel lieu sont les marchandises
  Que certains gouffres nous ont prises.
Le plongeon sous les eaux s'en allait les chercher.
L'oiseau chauve-souris n'osait plus approcher
  Pendant le jour nulle demeure;
  Suivi de sergents à toute heure,
  En des trous il s'allait cacher.

Je connais maint detteur (2) *qui n'est ni souris-chauve* (3),
Ni buisson, ni canard, ni dans tel cas tombé;
Mais simple grand seigneur, qui tous les jours se sauve
  Par un escalier dérobé (4).

VIII

La Querelle des Chiens et des Chats et celle des Chats et des Souris.

La discorde a toujours régné dans l'univers;
Notre monde en fournit mille exemples divers :

---

(1) Allusion à la coutume qui permettait à un débiteur insolvable de se libérer en se laissant mettre publiquement un bonnet vert sur la tête. Mais quelle invraisemblance encore!
(2) Ce mot n'est plus usité. Marot écrivait *debleur*.
(3) Une *souris-chauve*, pour une *chauve-souris*, est une transposition que le besoin ne saurait excuser.
(4) Très-médiocre apologue.

Chez nous cette déesse a plus d'un tributaire.
   Commençons par les éléments :
Vous serez étonné de voir qu'à tous moments
   Ils seront appointés contraire (1).
   Outre ces quatre potentats (2),
   Combien d'êtres de tous états
   Se font une guerre éternelle !

Autrefois un logis plein de chiens et de chats,
Par cent arrêts rendus en forme solennelle,
   Vit terminer tous leurs débats.
Le maître ayant réglé leurs emplois, leurs repas,
Et menacé du fouet quiconque aurait querelle,
Ces animaux vivaient entre eux comme cousins.
Cette union si douce, et presque fraternelle,
   Édifiait tous les voisins.
Enfin elle cessa. Quelque plat de potage,
Quelque os par préférence à quelqu'un d'eux donné,
Fit que l'autre parti s'en vint tout forcené
   Représenter un tel outrage.
J'ai vu des chroniqueurs (3) attribuer ce cas
Aux passe-droits qu'avait une chienne en gésine (4).
   Quoi qu'il en soit, cet altercas (5)
Mit en combustion la salle et la cuisine :
Chacun se déclara pour son chat, pour son chien.
On fit un règlement dont les chats se plaignirent
   Et tout le quartier étourdirent.
Leur avocat disait qu'il fallait bel et bien
Recourir aux arrêts. En vain ils les cherchèrent
Dans un coin où d'abord leurs agents les cachèrent :
   Les souris enfin les mangèrent.
Autre procès nouveau. Le peuple souriquois
En pâtit : maint vieux chat, fin, subtil et narquois,
Et d'ailleurs en voulant à toute cette race,
   Les guetta, les prit, fit main basse :

(1) *Appointés* est un terme de barreau. *Appointés contraire* signifie *opposés ennemis*.
(2) Les quatre éléments, l'eau, l'air, la terre et le feu.
(3) Les chroniqueurs que le poëte fait intervenir ici rehaussent l'importance du sujet.
(4) En couches.
(5) Altercation.

Le maître du logis ne s'en trouva que mieux.

J'en reviens à mon dire. *On ne voit sous les cieux*
Nul animal, nul être, aucune créature,
Qui n'ait son opposé : c'est la loi de nature.
D'en chercher la raison, ce sont soins superflus.
Dieu fit bien ce qu'il fit, et je n'en sais pas plus.
 Ce que je sais, c'est qu'aux grosses paroles
On en vient sur un rien plus des trois quarts du temps.
Humains, il vous faudrait encore à soixante ans
  Renvoyer chez les barbacoles (1).

IX

Le Loup et le Renard.

D'où vient que personne en la vie (2)
N'est satisfait de son état ?
Tel voudrait bien être soldat
A qui le soldat porte envie.

Certain renard voulut, dit-on,
Se faire loup. Eh ! qui peut dire
Que pour le métier de mouton
Jamais aucun loup ne soupire ?

Ce qui m'étonne est qu'à huit ans
Un prince (3) en fable ait mis la chose,

(1) « Terme plaisant et burlesque, emprunté des Italiens, qui l'ont inventé pour désigner un maître d'école qui, pour se rendre plus vénérable à ses écoliers, porte une longue barbe : *barbam colit.* » Coste.
(2) Imitation d'Horace :
  Qui fit, Mæcenas, ut nemo quam sibi sortem
  Seu ratio dederit, seu fors objecerit, illa
  Contentus vivat ?   (Sat. 1, liv. I.)
(3) Cette fable, composée en prose par Fénelon, avait servi de sujet de thème au duc de Bourgogne, à qui la Fontaine en fait un peu gratuitement honneur.

Pendant que sous mes cheveux blancs
Je fabrique à force de temps
Des vers moins sensés que sa prose.

Les traits dans sa fable semés
Ne sont en l'ouvrage du poëte
Ni tous ni si bien exprimés :
Sa louange en est plus complète.

De la chanter sur la musette,
C'est mon talent; mais je m'attends
Que mon héros, dans peu de temps,
Me fera prendre la trompette.

Je ne suis pas un grand prophète :
Cependant je lis dans les cieux
Que bientôt ses faits glorieux
Demanderont plusieurs Homères;
Et ce temps-ci n'en produit guères.
Laissant à part tous ces mystères,
Essayons de conter la fable avec succès.

Le renard dit au loup : Notre cher, pour tout mets,
J'ai souvent un vieux coq, ou de maigres poulets :
  C'est une viande qui me lasse.
Tu fais meilleure chère avec moins de hasard :
J'approche des maisons; tu te tiens à l'écart.
Apprends-moi ton métier, camarade, de grâce;
  Rends-moi le premier de ma race
Qui fournisse son croc de quelque mouton gras :
Tu ne me mettras point au nombre des ingrats. —
Je le veux, dit le loup : il m'est mort un mien frère :
Allons prendre sa peau, tu t'en revêtiras.
Il vint; et le loup dit: Voici comme il faut faire,
Si tu veux écarter les mâtins du troupeau.
  Le renard, ayant pris la peau,
Répétait les leçons que lui donnait son maître.
D'abord il s'y prit mal, puis un peu mieux, puis bien;
  Puis enfin il n'y manqua rien (1).
A peine il fut instruit autant qu'il pouvait l'être,

---

(1) « Modèle de gradation qui est devenu, pour ainsi dire, proverbial. » (Ch. Nodier.)

Qu'un troupeau s'approcha. Le nouveau loup y court
Et répand la terreur dans les lieux d'alentour.
　　　　Tel, vêtu des armes d'Achille (1),
Patrocle mit l'alarme au camp et dans la ville.
Mères, brus et vieillards, au temple couraient tous.
L'ost (2) du peuple bêlant crut voir cinquante loups :
Chien, berger et troupeau, tout fuit vers le village,
Et laisse seulement une brebis pour gage.
Le larron s'en saisit. A quelques pas de là
Il entendit chanter un coq du voisinage.
Le disciple aussitôt droit au coq s'en alla,
　　　　Jetant bas sa robe de classe,
Oubliant les brebis, les leçons, le régent,
　　　　Et courant d'un pas diligent.

　　　　Que sert-il qu'on se contrefasse ?
Prétendre ainsi changer est une illusion :
　　　　L'on reprend sa première trace
　　　　A la première occasion.

De votre esprit, que nul autre n'égale,
Prince, ma muse tient tout entier ce projet :
　　　　Vous m'avez donné le sujet,
　　　　Le dialogue et la morale (3).

(1) Le plus brave des guerriers grecs au siége de Troie. Patrocle était l'ami d'Achille.
(2) L'armée.
(3) Cette fable est digne du meilleur temps de la Fontaine.

X

L'Écrevisse et sa Fille.

Les sages quelquefois, ainsi que l'écrevisse,
Marchent à reculons (1), tournent le dos au port.
C'est l'art des matelots : c'est aussi l'artifice
De ceux qui, pour couvrir quelque puissant effort,
Envisagent un point directement contraire,
Et font vers ce lieu-là courir leur adversaire.
Mon sujet est petit, cet accessoire est grand :
Je pourrais l'appliquer à certain conquérant (2)
Qui tout seul déconcerte une ligue à cent têtes.
Ce qu'il n'entreprend pas, et ce qu'il entreprend,
N'est d'abord qu'un secret, puis devient des conquêtes (3).
En vain l'on a les yeux sur ce qu'il veut cacher,
Ce sont arrêts du Sort qu'on ne peut empêcher :
Le torrent à la fin devient insurmontable.
Cent dieux sont impuissants contre un seul Jupiter.

(1) On sait que c'est là une erreur d'histoire naturelle. L'écrevisse ne marche pas à reculons, mais de côté.
(2) Louis XIV qui tenait alors tête à presque toute l'Europe.
(3) « Vers d'un tour hardi et très-énergique. » (Ch. Nodier.)

Louis et le Destin me semblent de concert
Entraîner l'univers. Venons à notre fable.
Mère écrevisse un jour à sa fille disait :
Comme tu vas, bon dieu ! ne peux-tu marcher droit ? —
Et comme vous allez vous-même ! dit la fille :
Puis-je autrement marcher que ne fait ma famille ?
Veut-on que j'aille droit quand on y va tortu !

Elle avait raison: la vertu
De tout exemple domestique
Est universelle et s'applique
En bien, en mal, en tout, fait des sages, des sots,
Beaucoup plus de ceux-ci. Quant à tourner le dos
A son but, j'y reviens ; la méthode en est bonne,
Surtout au métier de Bellone (1) :
Mais il faut le faire à propos.

XI

L'Aigle et la Pie.

L'aigle, reine des airs, avec Margot la pie,
Différentes d'humeur, de langage et d'esprit,

(1) Déesse de la guerre.

Et d'habit,
Traversaient un bout de prairie.
Le hasard les assemble en un coin détourné.
L'agace (1) eut peur; mais l'aigle, ayant fort bien dîné,
La rassure, et lui dit : Allons de compagnie :
Si le maître des dieux assez souvent s'ennuie,
Lui qui gouverne l'univers,
J'en puis bien faire autant, moi qu'on sait qui le sers.
Entretenez-moi donc, et sans cérémonie.
Caquet-bon-bec alors de jaser au plus dru,
Sur ceci, sur cela, sur tout. L'homme d'Horace (2),
Disant le bien, le mal, à travers champs, n'eût su
Ce qu'en fait de babil y savait notre agace.
Elle offre d'avertir de tout ce qui se passe,
Sautant, allant de place en place (3),
Bon espion, Dieu sait. Son offre ayant déplu,
L'aigle lui dit tout en colère :
Ne quittez point votre séjour,
Caquet-bon-bec, ma mie : adieu, je n'ai que faire
D'une babillarde à ma cour :
C'est un fort méchant caractère.
Margot ne demandait pa mieux.

Ce n'est pas ce qu'on croit que d'entrer chez les dieux :
Cet honneur a souvent de mortelles angoisses.
Rediseurs, espions, gens à l'air gracieux,
Au cœur tout différent, s'y rendent odieux,
Quoique ainsi que la pie il faille dans ces lieux
Porter habit de deux paroisses (4).

(1) Mot tiré de l'italien, *la gazza*, d'où *la gasse*, puis *l'agace*, c'est-à-dire la pie.
(2) Cet homme est Vulteius Mena :
Dicenda, tacenda, locutus. (Ép. 7, liv. Ier.)
(3) Vers imitatif et pittoresque.
(4) C'est-à-dire de deux couleurs différentes; mais l'habit est ici pour le personnage.

XII

Le Milan, le Roi et le Chasseur.

A S. A. S. M. LE PRINCE DE CONTI (1)

Comme les dieux sont bons, ils veulent que les rois
    Le soient aussi (2) : c'est l'indulgence
    Qui fait le plus beau de leurs droits,
      Non les douceurs de la vengeance.
Prince, c'est votre avis. On sait que le courroux
S'éteint en votre cœur sitôt qu'on l'y voit naître
Achille, qui du sien ne put se rendre maître,
      Fut par là moins héros que vous (3).
Ce titre n'appartient qu'à ceux d'entre les hommes
Qui, comme en l'âge d'or, font cent biens ici-bas.
Peu de grands sont nés tels en cet âge où nous sommes;
L'univers leur sait gré du mal qu'ils ne font pas (4).
      Loin que vous suiviez ces exemples,
Mille actes généreux vous promettent des temples.
Apollon, citoyen de ces augustes lieux,
Prétend y célébrer votre nom sur sa lyre.
Je sais qu'on vous attend dans le palais des dieux :
Un siècle de séjour doit ici vous suffire.
Hymen veut séjourner tout un siècle chez vous (5).

(1) François-Louis, prince de la Roche-sur-Yon et de Conti, né en 1664, mort en 1701 ; c'était un des protecteurs de la Fontaine.

(2) « Dieu, dit Bossuet, en donnant aux rois la puissance, leur commande d'en user, comme il fait lui-même, pour le bien du monde. »

(3) Achille, irrité contre Agamemnon, resta dans sa tente, et retarda ainsi de plusieurs années la ruine de Troie. C'est le sujet de l'*Iliade* d'Homère.

(4) Montaigne avait dit déjà: Les grands me donnent prou (beaucoup) s'ils ne m'ôtent rien, et me font assez de bien quand ils ne me font pas de mal).

(5) Allusion au mariage du prince avec Marie-Thérèse de Bourbon, fille de Louis XIV.

Puissent ses plaisirs les plus doux
Vous composer des destinées
Par ce temps à peine bornées !
Et la princesse et vous n'en méritez pas moins.
J'en prends ses charmes pour témoins ;
Pour témoins j'en prends les merveilles
Par qui le Ciel, pour vous prodigue en ses présents,
De qualités qui n'ont qu'en vous seul leurs pareilles
Voulut orner vos jeunes ans.
Bourbon de son esprit ses grâces assaisonne :
Le Ciel joignit en sa personne
Ce qui sait se faire estimer
A ce qui sait se faire aimer :
Il ne m'appartient pas d'étaler votre joie ;
Je me tais donc, et vais rimer
Ce que fit un oiseau de proie.
Un milan, de son nid antique possesseur,
Etant pris vif par un chasseur,
D'en faire au prince un don cet homme se propose.
La rareté du fait donnait prix à la chose.
L'oiseau, par le chasseur humblement présenté,
Si ce conte n'est apocryphe,
Va tout droit imprimer sa griffe
Sur le nez de Sa Majesté. —
Quoi ! sur le nez du roi ? — Du roi même en personne. —
Il n'avait donc alors ni sceptre ni couronne ? —
Quand il en aurait eu, c'aurait été tout un :
Le nez royal fut pris comme un nez du commun.
Dire des courtisans les clameurs et la peine
Serait se consumer en efforts impuissants.
Le roi n'éclata point : les cris sont indécents
A la majesté souveraine.
L'oiseau garda son poste : on ne put seulement
Hâter son départ d'un moment.
Son maître le rappelle, et crie et se tourmente,
Lui présente le leurre (1), et le poing (2) ; mais en vain.
On crut que jusqu'au lendemain

---

(1) « Morceau de cuir rouge façonné en forme d'oiseau, auquel on attache de quoi manger, et dont les fauconniers se servent pour rappeler leurs oiseaux lorsqu'ils ne reviennent pas à la réclame. » (Walckenaer.)

(2) On lui présente le poing pour qu'il vienne s'y percher.

Le maudit animal à la serre insolente
  Nicherait là malgré le bruit,
Et sur le nez sacré voudrait passer la nuit.
Tâcher de l'en tirer irritait son caprice.
Il quitte enfin le roi, qui dit : Laissez aller
Ce milan, et celui qui m'a cru régaler.
Ils se sont acquittés tous deux de leur office,
L'un en milan, et l'autre en citoyen des bois :
Pour moi, qui sais comment doivent agir les rois,
  Je les affranchis du supplice.
Et la cour d'admirer. Les courtisans, ravis,
Élèvent de tels faits, par eux si mal suivis.
Bien peu, même des rois, prendraient un tel modèle,
  Et le veneur l'échappa belle ;
Coupables seulement, tant lui que l'animal,
D'ignorer le danger d'approcher trop du maître :
  Ils n'avaient appris à connaître
Que les hôtes des bois : était-ce un si grand mal ?
Pilpay (1) fait près du Gange arriver l'aventure.
  Là nulle humaine créature
Ne touche aux animaux pour leur sang épancher.
Le roi même ferait scrupule d'y toucher.
Savons-nous, disent-ils, si cet oiseau de proie
  N'était point au siége de Troie (2) ?
Peut-être y tient-il lieu d'un prince ou d'un héros
  Des plus huppés et des plus hauts :
Ce qu'il fut autrefois, il pourra l'être encore.
  Nous croyons, après Pythagore (3),
Qu'avec les animaux de forme nous changeons :
  Tantôt milans, tantôt pigeons,
  Tantôt humains, puis volatilles,
  Ayant dans les airs leurs familles.

  Comme l'on conte en deux façons
L'accident du chasseur, voici l'autre manière :
Un certain fauconnier ayant pris, ce dit-on,

(1) Fabuliste indien.
(2) Allusion à la prétention de Pythagore, qui, pour accréditer son système de la métempsycose, disait qu'il se souvenait d'avoir été Euphorbe au siége de Troie.
(3) C'est, au contraire, Pythagore qui devait sa doctrine aux Indiens.

A la chasse un milan (ce qui n'arrive guère),
  En voulut au roi faire un don,
  Comme de chose singulière :
Ce cas n'arrive pas quelquefois en cent ans :
C'est le NON PLUS ULTRA (1) de la fauconnerie.
Ce chasseur perce donc un gros de courtisans,
Plein de zèle, échauffé, s'il le fut de sa vie.
  Par ce parangon (2) des présents
  Il croyait sa fortune faite :
  Quand l'animal porte-sonnette (3),
  Sauvage encore et tout grossier,
  Avec ses ongles tout d'acier,
Prend le nez du chasseur, happe le pauvre sire.
  Lui de crier; chacun de rire,
Monarque et courtisans. Qui n'eût ri? Quant à moi,
Je n'en eusse quitté ma part pour un empire.
  Qu'un pape rie, en bonne foi
Je n'ose l'assurer; mais je tiendrais un roi
  Bien malheureux s'il n'osait rire :
C'est le plaisir des dieux. Malgré son noir sourcil,
Jupiter et le peuple immortel rit aussi :
Il en fit des éclats, à ce que dit l'histoire,
Quand Vulcain, clopinant, lui vint donner à boire (4).
Que le peuple immortel se montrât sage ou non,
J'ai changé mon sujet avec juste raison ;
  Car, puisqu'il s'agit de morale,
Que nous eût du chasseur l'aventure fatale
Enseigné de nouveau? *L'on a vu de tout temps*
Plus de sots fauconniers que de rois indulgents.

(1) Le cas le plus rare.
(2) Modèle.
(3) Le faucon, ainsi nommé parce qu'on lui attache des grelots aux pieds.
(4) Allusion au récit d'Homère. (*Iliad.* liv. Ier.)

XIII

Le Renard, les Mouches et le Hérisson.

Aux traces de son sang un vieux hôte des bois
    Renard fin, subtil et matois,
Blessé par des chasseurs et tombé dans la fange,
Autrefois attira ce parasite ailé
    Que nous avons mouche appelé.
Il accusait les dieux, et trouvait fort étrange
Que le sort à tel point le voulût affliger,
    Et le fît aux mouches manger.
Quoi! se jeter sur moi, sur moi le plus habile
    De tous les hôtes des forêts!
Depuis quand les renards sont-ils un si bon mets?
Et que me sert ma queue? est-ce un poids inutile?
Va, le ciel te confonde, animal importun!
    Que ne vis-tu sur le commun!
    Un hérisson du voisinage,
    Dans mes vers nouveau personnage,
Voulut le délivrer de l'importunité
    Du peuple plein d'avidité.

Je les vais de mes dards enfiler par centaines,
Voisin renard, dit-il, et terminer tes peines. —
Garde-t'en bien, dit l'autre ; ami, ne le fais pas :
Laisse-les, je te prie, achever leur repas.
Ces animaux sont soûls ; une troupe nouvelle
Viendrait fondre sur moi, plus âpre et plus cruelle.

Nous ne trouvons que trop de mangeurs ici-bas :
Ceux-ci sont courtisans, ceux-là sont magistrats.
Aristote appliquait cet apologue aux hommes.
Les exemples en sont communs,
Surtout au pays où nous sommes.
Plus telles gens sont pleins(1), *moins ils sont importuns.*

XIV

Le Corbeau, la Gazelle, la Tortue et le Rat.

A MADAME DE LA SABLIÈRE

La gazelle, le rat, le corbeau, la tortue,
Vivaient ensemble unis : douce société.
Le choix d'une demeure aux humains inconnue
    Assurait leur félicité.
Mais quoi, l'homme découvre enfin toutes retraites.
    Soyez au milieu des déserts,
    Au fond des eaux, au haut des airs,
Vous n'éviterez point ses embûches secrètes (2).
La gazelle s'allait ébattre innocemment,
    Quand un chien, maudit instrument

(1) *Plus telles gens sont pleins.* Cet hémistiche est une application remarquable de la règle qui dit que *gens* veut au féminin les adjectifs qui le précèdent, et au masculin ceux qui le suivent.

(2) La Fontaine semble se souvenir ici d'un chœur de l'*Antigone* de Sophocle.

Du plaisir barbare des hommes,
Vint sur l'herbe éventer les traces de ses pas.
Elle fuit, et le rat, à l'heure du repas,
Dit aux amis restants: D'où vient que nous ne sommes
            Aujourd'hui que trois conviés?
La gazelle déjà nous a-t-elle oubliés?
            A ces paroles la tortue
            S'écrie, et dit: Ah! si j'étais
            Comme un corbeau d'ailes pourvue,
            Tout de ce pas je m'en irais
            Apprendre au moins quelle contrée,
            Quel accident tient arrêtée
            Notre compagne au pied léger;
Car, à l'égard du cœur, il en faut mieux juger (1).
            Le corbeau part à tire-d'aile;
Il aperçoit de loin l'imprudente gazelle
            Prise au piége, et se tourmentant.
Il retourne avertir les autres à l'instant.
Car, de lui demander quand, pourquoi ni comment
            Ce malheur est tombé sur elle,
Et perdre en vains discours cet utile moment,
            Comme eût fait un maître d'école (2),
            Il avait trop de jugement.
            Le corbeau donc vole et revole.
            Sur son rapport les trois amis
            Tiennent conseil. Deux sont d'avis
            De se transporter sans remise
            Aux lieux où la gazelle est prise.
L'autre, dit le corbeau, gardera le logis:
Avec son marcher lent, quand arriverait-elle?
            Après la mort de la gazelle.
Ces mots à peine dits, ils s'en vont secourir
            Leur chère et fidèle compagne,
            Pauvre chevrette (3) de montagne.
            La tortue y voulut courir:
            La voilà comme eux en campagne,
Maudissant ses pieds courts avec juste raison,

(1) C'est-à-dire, il ne faut pas le croire léger, ni attribuer son éloignement à son inconstance.
(2) Allusion au maître d'école de la fable, liv. 1er.
(3) « Qu'il est gracieux ce diminutif! Pourquoi? c'est qu'il est à la fois un sentiment et une image. » (Guillon.)

Et la nécessité de porter sa maison.
Ronge-maille (le rat eut à bon droit ce nom)
Coupe les nœuds du lacs : on peut penser la joie.
Le chasseur vient et dit : Qui m'a ravi ma proie?
Rongemaille, à ces mots, se retire en un trou,
Le corbeau sur un arbre, en un bois la gazelle,
  Et le chasseur, à demi fou
  De n'en avoir nulle nouvelle,
Aperçoit la tortue, et retient son courroux.
  D'où vient, dit-il, que je m'effraie?
Je veux qu'à mon souper celle-ci me défraie.
Il la mit dans son sac. Elle eût payé pour tous
Si le corbeau n'en eût averti la chevrette.
  Celle-ci, quittant sa retraite,
Contrefait la boiteuse, et vient se présenter.
  L'homme de suivre, et de jeter
Tout ce qui lui pesait : si bien que Rongemaille
Autour des nœuds du sac tant opère et travaille,
  Qu'il délivre encor l'autre sœur,
Sur qui s'était fondé le souper du chasseur (1).

(1) Cette fable peut être mise au nombre des meilleures de la Fontaine, et il l'écrivait à 72 ans.

XV

La Forêt et le Bûcheron.

Un bûcheron venait de rompre ou d'égarer
Le bois dont il avait emmanché sa cognée.
Cette perte ne put sitôt se réparer
Que la forêt n'en fût quelque temps épargnée.
   L'homme enfin la prie humblement
   De lui laisser tout doucement
   Emporter une unique branche,
   Afin de faire un autre manche :
Il irait employer ailleurs son gagne-pain ;
Il laisserait debout maint chêne et maint sapin,
Dont chacun respectait la vieillesse et les charmes.
L'innocente forêt lui fournit d'autres armes.
Elle en eut du regret. Il emmanche son fer :
   Le misérable ne s'en sert
   Qu'à dépouiller sa bienfaitrice (1)
   De ses principaux ornements.

(1) C'est ainsi que, dans le livre V, le cerf broute sa *bienfaitrice*.

Elle gémit à tous moments :
Son propre don fait son supplice.

Voilà le train du monde et de ses sectateurs :
On s'y sert du bienfait contre les bienfaiteurs.
Je suis las d'en parler. Mais que de doux ombrages
Soient exposés à ces outrages,
Qui ne se plaindrait là-dessus (1)?
Hélas! j'ai beau crier et me rendre incommode,
L'ingratitude et les abus
N'en seront pas moins à la mode.

XVI

Le Renard, le Loup et le Cheval.

Un renard jeune encor, quoique des plus madrés (2),
Vit le premier cheval qu'il eût vu de sa vie.
Il dit à certain loup, franc novice : Accourez,
Un animal paît dans nos prés,
Beau, grand; j'en ai la vue encor toute ravie. —
Est-il plus fort que nous? dit le loup en riant :
Fais-moi son portrait, je te prie. —
Si j'étais quelque peintre ou quelque étudiant,
Repartit le renard, j'avancerais la joie
Que vous aurez en le voyant.
Mais venez. Que sait-on? peut-être est-ce une proie
Que la Fortune nous envoie.
Ils vont, et le cheval, qu'à l'herbe on avait mis,
Assez peu curieux de semblables amis,
Fut presque sur le point d'enfiler la venelle (3).
Seigneur, dit le renard, vos humbles serviteurs
Apprendraient volontiers comment on vous appelle.
Le cheval, qui n'était dépourvu de cervelle,
Leur dit: Lisez mon nom, vous le pouvez, Messieurs:
Mon cordonnier l'a mis autour de ma semelle.

---

(1) Ronsard déplore avec une sensibilité pareille la destruction de la forêt de Gastine.
(2) Rusés.
(3) Passage étroit, *enfiler la venelle*, prendre la fuite.

Le renard s'excusa sur son peu de savoir.
Mes parents, reprit-il, ne m'ont point fait instruire,
Ils sont pauvres, et n'ont qu'un trou pour tout avoir;
Ceux du loup, gros messieurs, l'ont fait apprendre à lire.
  Le loup, par ce discours flatté,
  S'approcha. Mais sa vanité
Lui coûta quatre dents : le cheval lui desserre
Un coup, et haut le pied. Voilà mon loup par terre,
  Mal en point (1), sanglant et gâté.
Frère, dit le renard, ceci nous justifie
  Ce que m'ont dit des gens d'esprit:
Cet animal vous a sur la mâchoire écrit

Que de tout inconnu le sage se défie (2).

XVII

Le Renard et les Poulets d'Inde.

  Contre les assauts d'un renard
Un arbre à des dindons servait de citadelle.

(1) Maltraité.
(2) Cette fable « est écrite avec une gaieté franche, un naturel inimitable, et une pureté qui devient plus rare dans les derniers ouvrages du poëte ». (Ch. Nodier.)

Le perfide, ayant fait tout le tour du rempart,
  Et vu chacun en sentinelle,
S'écria : Quoi! ces gens se moqueront de moi!
Eux seuls seront exempts de la commune loi!
Non, par tous les dieux! non. Il accomplit son dire.
La lune, alors luisant, semblait, contre le sire,
Vouloir favoriser la dindonnière gent (1).
Lui, qui n'était novice au métier d'assiégeant,
Eut recours à son sac de ruses scélérates,
Feignit vouloir (2) gravir, se guinda sur ses pattes;
Puis contrefit le mort, puis le ressuscité.
    Arlequin n'eût exécuté
    Tant de différents personnages.
Il élevait sa queue, il la faisait briller,
  Et cent mille autres badinages (3).
Pendant quoi nul dindon n'eût osé sommeiller.
L'ennemi les lassait en leur tenant la vue
    Sur même objet toujours tendue.
Les pauvres gens étant à la longue éblouis,
Toujours il en tombait quelqu'un ; autant de pris,
Autant de mis à part : près de moitié succombe.
Le compagnon les porte en son garde-manger.

Le trop d'attention qu'on a pour le danger
  Fait le plus souvent qu'on y tombe.

XVIII

Le Philosophe scythe.

Un philosophe austère et né dans la Scythie,
Se proposant de suivre une plus douce vie,
Voyagea chez les Grecs, et vit en certains lieux
Un sage assez semblable au vieillard de Virgile (4),

---

(1) Expression plaisante, particulière à la Fontaine.
(2) On dirait plutôt maintenant, *feignit de vouloir.*
(3) Détails fort agréablement exprimés.
(4) Le vieillard des bords du Galèse, dont Virgile a peint la vie simple et heureuse. (*Géorg.* IV, v: 125 et suiv.) La Fontaine s'approprie ici avec un art merveilleux les images du poète latin.

LIVRE XII

Homme égalant les rois, homme approchant des dieux,
Et, comme ces derniers, satisfait et tranquille.
Son bonheur consistait aux beautés d'un jardin.
Le Scythe l'y trouva qui, la serpe à la main,
De ses arbres à fruit retranchait l'inutile,
Ebranchait, émondait, ôtait ceci, cela,
     Corrigeant partout la nature,
Excessive à payer ses soins avec usure.
    Le Scythe alors lui demanda
Pourquoi cette ruine : était-il d'homme sage
De mutiler ainsi ces pauvres habitants (1)?
Quittez-moi votre serpe, instrument de dommage :
     Laissez agir la faux du Temps!
Ils iront assez tôt border le noir rivage (2). —
J'ôte le superflu, dit l'autre; et, l'abattant,
    Le reste en profite d'autant.
Le Scythe, retourné dans sa triste demeure,
Prend la serpe à son tour, coupe et taille à toute heure;
Conseille à ses voisins, prescrit à ses amis
     Un universel abatis.
Il ôte de chez lui les branches les plus belles,
Il tronque son verger contre toute raison,
    Sans observer temps ni saison,
    Lunes ni vieilles ni nouvelles.
Tout languit et tout meurt
          Ce Scythe exprime bien
    Un indiscret stoïcien (3) :
    Celui-ci retranche de l'âme
Désirs et passions, le bon et le mauvais,
    Jusqu'aux plus innocents souhaits.
Contre de telles gens, quant à moi, je réclame.
Ils ôtent à nos cœurs le principal ressort;
Ils font cesser de vivre avant que l'on soit mort.

(1) *Ces pauvres habitants.* On reconnaît ici toute la sensibilité du fabuliste.

(2) Passe encore pour les animaux; mais on se figure difficilement que les arbres descendent au noir rivage. Le vers toutefois est beau.

(3) Les stoïciens s'efforçaient de faire mourir en eux tous les sentiments, et affectaient une indifférence absolue pour tout ce qui n'était ni vice ni vertu : sous prétexte de rendre l'homme sage, ils lui ôtaient le cœur.

XIX

L'Éléphant et le Singe de Jupiter.

Autrefois l'éléphant et le rhinocéros,
En dispute du pas et des droits de l'empire,
Voulurent terminer la querelle en champ clos.
Le jour en était pris, quand quelqu'un vint leur dire
    Que le singe de Jupiter,
Portant un caducée, avait paru dans l'air (1).
Ce singe avait nom Gille, à ce que dit l'histoire.
    Aussitôt l'éléphant de croire
    Qu'en qualité d'ambassadeur
    Il venait trouver sa grandeur.
    Tout fier de ce sujet de gloire,
Il attend maître Gille, et le trouve un peu lent
    A lui présenter sa créance (2).
    Maître Gille enfin, en passant,
    Va saluer Son Excellence.

(1) Voilà le singe devenu, comme Mercure, un messager céleste.
(2) Ses lettres de créance, qui le font reconnaître comme envoyé de Jupiter.

L'autre était préparé sur la légation :
      Mais pas un mot. L'attention
Qu'il croyait que les dieux eussent à sa querelle
N'agitait pas encor chez eux cette nouvelle.
      Qu'importe à ceux du firmament
      Qu'on soit mouche ou bien éléphant?
Il se vit donc réduit à commencer lui-même.
Mon cousin Jupiter, dit-il, verra dans peu
Un assez beau combat de son trône suprême :
      Toute sa cour verra beau jeu. —
Quel combat? dit le singe avec un ton sévère.
L'éléphant repartit : Quoi! vous ne savez pas
    Que le rhinocéros me dispute le pas,
Qu'Éléphantide (1) a guerre avecque Rhinocère?
Vous connaissez ces lieux, ils ont quelque renom.
Vraiment je suis ravi d'en apprendre le nom,
Repartit maître Gille : on ne s'entretient guère
De semblables sujets dans nos vastes lambris.
      L'éléphant, honteux et surpris,
Lui dit : Eh! parmi nous que venez-vous donc faire?
Partager un brin d'herbe entre quelques fourmis :
Nous avons soin de tout. Et quant à votre affaire
On n'en dit rien encor dans le conseil des dieux :
Les petits et les grands sont égaux à leurs yeux.

XX

Un Fou et un Sage.

Certain fou poursuivait à coups de pierre un sage.
Le sage se retourne, et lui dit : Mon ami,
C'est fort bien fait à toi, reçois cet écu-ci.
Tu fatigues (2) assez pour gagner davantage;

---

(1) *Éléphantide*, capitale des éléphants; *Rhinocère*, celle des rhinocéros : noms inventés par la Fontaine, comme *Ratopolis*.

(2) Fatiguer est ici un verbe neutre qui a la force du réfléchi.

Toute peine, dit-on, est digne de loyer :
Vois cet homme qui passe, il a de quoi payer.
Adresse-lui tes dons, ils auront leur salaire.
Amorcé par le gain, notre fou s'en va faire
    Même insulte à l'autre bourgeois.
On ne le paya point en argent cette fois.
Maint estafier (1) accourt : on vous happe notre homme,
    On vous l'échine, on vous l'assomme.

Auprès des rois il est de pareils fous :
A vos dépens ils font rire le maître.
Pour réprimer leur babil, irez-vous
Les maltraiter ? Vous n'êtes pas peut-être
Assez puissant. Il faut les engager
A s'adresser à qui peut se venger.

XXI

Le Renard anglais.

A MADAME HARVEY (2)

Le bon cœur est chez vous compagnon du bon sens ;
Avec cent qualités trop longues à déduire,
Une noblesse d'âme, un talent pour conduire
    Et les affaires et les gens,
Une humeur franche et libre, et le don d'être amie
Malgré Jupiter même et les temps orageux,
Tout cela méritait un éloge pompeux :
Il en eût été moins selon votre génie,
La pompe vous déplaît, l'éloge vous ennuie.
J'ai donc fait celui-ci court et simple. Je veux
    Y coudre encore un mot ou deux
    En faveur de votre patrie :

(1) Nom donné en Italie à des domestiques armés.
(2) Dame anglaise, sœur de milord Montaigu, ambassadeur auprès de la cour de France, et chez qui notre poëte eut occasion de la voir. Elle fut une des protectrices de la Fontaine.

Vous l'aimez. Les Anglais pensent profondément;
Leur esprit, en cela, suit leur tempérament:
Creusant dans les sujets, et forts d'expériences,
Ils étendent partout l'empire des sciences.
Je ne dis point ceci pour vous faire ma cour:
Vos gens, à pénétrer (1), l'emportent sur les autres;
  Même les chiens de leur séjour
  Ont meilleur nez que n'ont les nôtres.
Vos renards sont plus fins; je m'en vais le prouver
  Par un d'eux qui, pour se sauver,
  Mit en usage un stratagème
Non encore pratiqué, des mieux imaginés.
Le scélérat, réduit en un péril extrême,
Et presque mis à bout par ces chiens au bon nez,
  Passa près d'un patibulaire (2).
  Là des animaux ravissants,
Blaireaux, renards, hiboux, race incline à mal faire,
Pour l'exemple pendus, instruisaient les passants.
Leur confrère, aux abois, entre ces morts s'arrange.
Je crois voir Annibal (3), qui, pressé des Romains,
Met leur chef en défaut, ou leur donne le change,
Et sait, en vieux renard, s'échapper de leurs mains.
  Les clefs de meute (4), parvenues
A l'endroit où pour mort le traître se pendit,
Remplirent l'air de cris; leur maître les rompit,
Bien que de leurs abois ils perçassent les nues.
Il ne put soupçonner ce tour assez plaisant.
Quelque terrier, dit-il, a sauvé mon galant;
Mes chiens n'appellent point au delà des colonnes (5)
  Où sont tant d'honnêtes personnes.
Il y viendra, le drôle. Il y vint, à son dam (6).
  Voilà maint basset clabaudant;
Voilà notre renard au charnier se guindant.

(1) Par la pénétration.
(2) Près d'une potence.
(3) Toujours le même art d'élever et d'agrandir les sujets les plus humbles par d'ingénieux rapprochements.
(4) « Terme de vénerie, pour désigner les chiens qui relèvent de défaut les autres chiens accoutumés à les suivre. » (Géruzez.)
(5) Fourches patibulaires, potences.
(6) Préjudice, dommage, du latin *damnum*.

Maître pendu croyait qu'il en irait de même
Que le jour qu'il tendit de semblables panneaux;
Mais le pauvret, ce coup, y laissa ses houseaux (1),
Tant il est vrai qu'il faut changer de stratagème!
Le chasseur, pour trouver sa propre sûreté,
N'aurait pas cependant un tel tour inventé :
Non point par peu d'esprit : est-il quelqu'un qui nie
Que tout Anglais n'en ait bonne provision?
   Mais le peu d'amour pour la vie
   Leur nuit en mainte occasion.

XXII

Le Soleil et les Grenouilles.

Les filles du limon (2) tiraient du roi des astres
   Assistance et protection :
Guerre ni pauvreté, ni semblables désastres,
Ne pouvaient approcher de cette nation;
Elle faisait valoir en cent lieux son empire.
Les reines des étangs, grenouilles, veux-je dire
  (Car que coûte-t-il d'appeler
  Les choses par noms honorables?),
Contre leur bienfaiteur osèrent cabaler,
  Et devinrent insupportables.
L'imprudence, l'orgueil, et l'oubli des bienfaits,
  Enfants de la bonne fortune,
Firent bientôt crier cette troupe importune :
  On ne pouvait dormir en paix.
   Si l'on eût cru leur murmure,
   Elles auraient, par leurs cris,
   Soulevé grands et petits
   Contre l'œil de la nature (3).
Le soleil, à leur dire, allait tout consumer,
  Il fallait promptement s'armer,

---

(1) Ses bottines, du vieux mot *house*, botte. Phrase proverbiale, pour dire : il y mourut.
(2) Les grenouilles.
(3) L'œil de la nature est le soleil.

Et lever des troupes puissantes.
Aussitôt qu'il faisait un pas,
Ambassades coassantes
Allaient dans tous les Etats :
A les ouïr, tout le monde,
Toute la machine ronde,
Roulait sur les intérêts
De quatre méchants marais.
Cette plainte téméraire
Dure toujours; et pourtant
Grenouilles doivent se taire,
Et ne murmurer pas tant :
Car si le soleil se pique,
Il le leur fera sentir;
La république aquatique
Pourrait bien s'en repentir (1).

XXIII

La Ligue des Rats.

Une souris craignait un chat
Qui dès longtemps la guettait au passage.

(1) Cette fable est une allégorie sous laquelle le poëte veut représenter les démêlés des Hollandais avec Louis XIV. Elle est d'ailleurs assez faible.

Que faire en cet état? Elle, prudente et sage,
Consulte son voisin : c'était un maître rat,
　　　　Dont la rateuse (1) seigneurie
　　　S'était logée en bonne hôtellerie,
　Et qui cent fois s'était vanté, dit-on,
　　　　De ne craindre ni chat, ni chatte,
　　　　Ni coup de dent, ni coup de patte.
　Dame souris, lui dit ce fanfaron,
　　　　　Ma foi! quoi que je fasse,
Seul je ne puis chasser le chat qui vous menace :
　Mais assemblons tous les rats d'alentour,
　Je lui pourrai jouer d'un mauvais tour.
　La souris fait une humble révérence;
　　　　Et le rat court en diligence
A l'office, qu'on nomme autrement la dépense,
　　　　Où maints rats assemblés
Faisaient, aux frais de l'hôte, une entière bombance.
　　　Il arrive les sens troublés,
　　　Et tous les poumons essoufflés.
Qu'avez-vous donc? lui dit un de ces rats; parlez. —
En deux mots, répondit-il, ce qui fait mon voyage,
C'est qu'il faut promptement secourir la souris,
　　　　　Car Raminagrobis
　Fait en tous lieux un étrange carnage.
　　　Ce chat, le plus diable des chats,
S'il manque de souris, voudra manger des rats.
Chacun dit: Il est vrai. Sus! sus! courons aux armes!
Quelques rates, dit-on, répandirent des larmes.
N'importe, rien n'arrête un si noble projet :
　　　　Chacun se met en équipage,
Chacun met en son sac un morceau de fromage;
Chacun promet enfin de risquer le paquet.
　　　　Ils allaient tous comme à la fête,
　　　　L'esprit content, le cœur joyeux.
　　　　Cependant le chat, plus fin qu'eux,
　Tenait déjà la souris par la tête.
　　　　Ils s'avancèrent à grands pas
　　　　Pour secourir leur bonne amie :
　　　　Mais le chat, qui n'en démord pas,

(1) *Rateuse* est un mot de la famille de *rateusement* qui se trouve dans Clément Marot. *Rates* se trouve aussi dans Marot.

Gronde et marche au-devant de la troupe ennemie.
A ce bruit, nos très-prudents rats,
Craignant mauvaise destinée,
Font, sans pousser plus loin leur prétendu fracas,
Une retraite fortunée.
Chaque rat rentre dans son trou;
Et si quelqu'un en sort, gare encor le matou (1)!

XXIV

Le Juge arbitre, l'Hospitalier et le Solitaire.

Trois saints également jaloux de leur salut,
Portés d'un même esprit, tendaient à même but.
Ils s'y prirent tous trois par des routes diverses :
Tous chemins vont à Rome (2); ainsi nos concurrents
Crurent pouvoir choisir des sentiers différents.
L'un, touché des soucis, des longueurs, des traverses
Qu'en apanage on voit aux procès attachés,
S'offrit de les juger sans récompense aucune,
Peu soigneux d'établir ici-bas sa fortune.
Depuis qu'il est des lois, l'homme, pour ses péchés,
Se condamne à plaider la moitié de sa vie.
La moitié! les trois quarts, et bien souvent le tout.
Le conciliateur (3) crut qu'il viendrait à bout
De guérir cette folle et détestable envie.
Le second de nos saints choisit les hôpitaux.
Je le loue; et le soin de soulager les maux
Est une charité que je préfère aux autres.
Les malades d'alors, étant tels que les nôtres,
Donnaient de l'exercice au pauvre hospitalier;
Chagrins, impatients, et se plaignant sans cesse :

(1) Encore une fable allégorique du même sens que la précédente, et qui ne vaut pas beaucoup mieux.
(2) Mot proverbial, qui a ici un sens particulier parce qu'il est appliqué à la canonisation.
(3) Celui qui accommode, qui décide les procès.

« Il a pour tels et tels un soin particulier.
 « Ce sont ses amis; il nous laisse. »
Ces plaintes n'étaient rien au prix de l'embarras
Où se trouva réduit l'appointeur de débats :
Aucun n'était content; la sentence arbitrale
 A nul des deux ne convenait :
 Jamais le juge ne tenait
 A leur gré la balance égale.
De semblables discours rebutaient l'appointeur :
Il court aux hôpitaux, va voir leur directeur.
Tous deux ne recueillant que plainte et que murmure,
Affligés et contraints de quitter ces emplois,
Vont confier leur peine au silence des bois.
Là, sous d'âpres rochers, près d'une source pure,
Lieu respecté des vents, ignoré du soleil,
Ils trouvent l'autre saint, lui demandent conseil.
Il faut, dit leur ami, le prendre de soi-même.
 Qui mieux que vous sait vos besoins?
Apprendre à se connaître (1) est le premier des soins
Qu'impose à tout mortel la Majesté suprême.
Vous êtes-vous connus dans le monde habité?
L'on ne le peut qu'aux lieux pleins de tranquillité :
Chercher ailleurs ce bien est une erreur extrême.
 Troublez l'eau : vous y voyez-vous?
Agitez celle-ci. — Comment nous verrions-nous?
 La vase est un épais nuage
Qu'aux effets du cristal nous venons d'opposer.
Mes frères, dit le saint, laissez-la reposer,
 Vous verrez alors votre image.
Pour vous mieux contempler demeurez au désert.
 Ainsi parla le solitaire.
Il fut cru; l'on suivit ce conseil salutaire.

Ce n'est pas qu'un emploi ne doive être souffert.
Puisqu'on plaide et qu'on meurt, et qu'on devient ma-
Il faut des médecins, il faut des avocats; [lade,
Ces secours, grâce à Dieu, ne nous manqueront pas :
Les honneurs et le gain, tout nie le persuade.
Cependant on s'oublie en ces communs besoins.

(1) C'est l'inscription que Socrate prétendait avoir lue sur le frontispice du temple de Delphes : « Connais-toi toi-même. »

O vous dont le public emporte tous les soins,
    Magistrats, princes et ministres,
Vous que doivent troubler mille accidents sinistres,
Que le malheur abat, que le bonheur corrompt,
Vous ne vous voyez point, vous ne voyez personne.
Si quelque bon moment à ces pensers vous donne,
    Quelque flatteur vous interrompt.

Cette leçon sera la fin de ces ouvrages :
Puisse-t-elle être utile aux siècles à venir !
Je la présente aux rois, je la propose aux sages :
    Par où saurais-je mieux finir (1) ?

---

(1) « Cet apologue est un des plus parfaits qui soient sortis de la plume de la Fontaine, quant à l'importance du sens, à la beauté de la poésie et à la pureté du style. Le discours du solitaire est sublime de philosophie, de noblesse, de simplicité... La Fontaine avait entendu de son temps cette fameuse objection contre la vie solitaire, si souvent répétée du nôtre : *L'homme se doit à la société,* comme si l'on ne pouvait servir ses semblables de toutes les facultés de son esprit et de tout le dévouement de son cœur que sur les bancs des écoles et dans les débats des tribunaux ; et il y répond par un argument que l'observation justifie tous les jours :

    Ces secours, grâce à Dieu, ne nous manqueront pas :
    Les honneurs et le gain, tout me le persuade.

Ensuite son style se relève pour des idées plus graves, et se soutient jusqu'à la fin à une hauteur que nos meilleurs écrivains ont rarement pu atteindre dans les genres les plus éminents de la poésie. Telle est cette fable, qui n'offre pas une faiblesse, pas une impropriété de termes, pas une négligence de versification ; et il faut convenir avec la Fontaine qu'il ne pouvait mieux finir. » (Ch. Nodier.)

FIN

TABLE ALPHABÉTIQUE

(*N. B.* — Le chiffre romain indique le *livre*, et le chiffre arabe la *fable.*)

L'Aigle et l'Escarbot. II, 7.
L'Aigle et le Hibou, V, 18.
L'Aigle, la Laie et la Chatte. III, 6.
L'Aigle et la Pie. XII, 11.
L'Alouette et ses Petits, avec le Maître d'un champ. IV, 19.
Les deux Amis. VIII, 11.
L'Ane chargé d'éponges et l'Ane chargé de sel. II, 9.
L'Ane et le Chien. VIII, 16.
L'Ane et le petit Chien. IV, 2.
L'Ane et ses Maîtres. VI, 11.
L'Ane portant des reliques. V, 14.
L'Ane vêtu de la peau du Lion. V, 21.
Un Animal dans la Lune. VII, 14.
Les Animaux malades de la peste. VII, 1.
L'Araignée et l'Hirondelle. X, 7.
L'Astrologue qui se laisse tomber dans un puits. II, 12.
L'Avantage de la science. VIII, 18.
L'Avare qui a perdu son trésor. IV, 17.
Les deux Aventuriers et le Talisman. X, 13.
Le Bassa et le Marchand. VIII, 17.
La Belette entrée dans un grenier. III, 16.

Le Berger et la Mer. IV, 1.
Le Berger et le Roi. X, 10.
Le Berger et son Troupeau. IX, 17.
La Besace. I, 7.
Le Bûcheron et Mercure. V, 1.
Le Cerf malade. XII, 6.
Le Cerf se voyant dans l'eau. VI, 9.
Le Cerf et la Vigne. V, 15.
Le Chameau et les Bâtons flottants. IV, 7.
Le Charlatan. VI, 19.
Le Chartier embourbé. VI, 18.
Le Chat, la Belette et le petit Lapin. VII, 12.
Le Chat et les deux Moineaux. XII, 2.
Le Chat et le vieux Rat. III, 17.
Le Chat et le Rat. VIII, 21.
Le Chat et le Renard. IX, 13.
Le vieux Chat et la jeune Souris. XII, 5.
La Chauve-Souris et les deux Belettes. II, 4.
La Chauve-Souris, le Buisson et le Canard. XII, 7.
Le Chêne et le Roseau. I, 21.
Le Cheval s'étant voulu venger du Cerf. IV, 10.
Le Cheval et l'Ane. VI, 16.
Le Cheval et le Loup. V, 8.
Les deux Chèvres. XII, 4.
Le Chien à qui on a coupé les oreilles. X, 9.

Le Chien qui lâche sa proie pour l'ombre. VI, 17.
Le Chien qui porte à son cou le dîner de son maître. VIII, 7.
Les deux Chiens et l'Ane mort. VIII, 24.
Le Cierge. IX, 11.
La Cigale et la Fourmi. I, 1.
Le Coche et la Mouche. VII, 7.
Le Cochet, le Chat et le Souriceau. VI, 5.
Le Cochon, la Chèvre et le Mouton. VIII, 12.
La Colombe et la Fourmi. II, 11.
Le Combat des Rats et des Belettes. IV, 3.
Les Compagnons d'Ulysse. XII, 1.
Conseil tenu par les Rats. II, 1.
Le Coq et la Perle. I, 19.
Le Coq et le Renard. II, 14.
Le Corbeau, la Gazelle, la Tortue et le Rat. XII, 14.
Le Corbeau voulant imiter l'Aigle. II, 15.
Le Corbeau et le Renard. I, 2.
La Cour du Lion. VII, 5.
Le Cygne et le Cuisinier. III, 12.
Démocrite et les Abdéritains. VIII, 25.
Le Dépositaire infidèle. IX, 1.
Les Devineresses. VII, 11.
La Discorde. VI, 20.
Le Dragon à plusieurs têtes et le Dragon à plusieurs queues. I, 12.
L'Ecolier, le Pédant et le Maître d'un jardin. IX, 5.
L'Ecrevisse et sa Fille. XII, 10.
L'Education. VIII, 23.
L'Eléphant et le Singe de Jupiter. XII, 21.
L'Enfant et le Maître d'école. I, 18.
L'Enfouisseur et son Compère. X, 5.

Le Faucon et le Chapon. VIII, 20.
Les Femmes et le Secret. VIII, 6.
Le Fermier, le Chien et le Renard. XI, 2.
La Forêt et le Bûcheron. XII, 16.
La Fortune et le jeune Enfant. V, 11.
Le Fou qui vend la Sagesse. IX, 7.
Un Fou et un Sage. XII, 20.
Les Frelons et les Mouches à miel. I, 20.
Le Geai paré des plumes du Paon. IV, 6.
La Génisse, la Chèvre et la Brebis en société avec le Lion. I, 6.
Le Gland et la Citrouille. IX, 4.
La Goutte et l'Araignée. III, 8.
La Grenouille qui se veut faire aussi grosse que le Bœuf. I, 3.
La Grenouille et le Rat. IV, 8.
Les Grenouilles qui demandent un Roi. III, 4.
Le Héron. VII, 3.
L'Hirondelle et les petits Oiseaux. I, 8.
L'Homme et la Couleuvre. X, 2.
L'Homme et la Puce. VIII, 5.
L'Homme et son Image. I, 11.
L'Homme et l'Idole de bois. IV, 5.
L'Homme qui court après la Fortune, et l'Homme qui l'attend dans son lit. VII, 9.
L'Horoscope. VIII, 15.
L'Huître et les Plaideurs. IX, 8.
L'Ingratitude et l'Injustice des Hommes envers la Fortune. VII, 10.
L'Ivrogne et sa Femme. III, 7.

TABLE

Le Juge arbitre, l'Hospitalier et le Solitaire. XII, 24.
Jupiter et le Métayer. VI, 4.
Jupiter et le Passager. IX, 12.
Jupiter et les Tonnerres. VIII, 19.
Le Laboureur et ses Enfants. V, 9.
La Laitière et le Pot au lait. VII, 8.
Les Lapins. X, 14.
La Lice et sa Compagne. II, 6.
Le Lièvre et les Grenouilles. II, 13.
Le Lièvre et la Perdrix. V, 17.
Le Lièvre et la Tortue. VI, 10.
La Ligue des Rats. XII, 23.
Le Lion. XI, 1.
Le Lion abattu par l'Homme. III, 10.
Le Lion devenu vieux. III, 14.
Le Lion malade et le Renard. VI, 14.
Le Lion s'en allant en guerre. V. 19.
Le Lion et l'Ane chassants. II, 17.
Le Lion et le Chasseur. VI, 2.
Le Lion, le Loup et le Renard. VIII, 3.
Le Lion et le Moucheron. II, 8.
Le Lion et le Rat. II, 10.
Le Lion, le Singe et les deux Anes. XI, 4.
La Lionne et l'Ourse. X, 12.
Le Loup et l'Agneau I, 10.
Le Loup devenu Berger. III, 3.
Le Loup et les Bergers. X, 6.
Le Loup et le Chasseur. VIII, 26.
Le Loup et le Chien. I, 5.
Le Loup et le Chien maigre. IX, 9.
Le Loup, la Chèvre et le Chevreau. IV, 12.
Le Loup et la Cigogne. III, 9.
Le Loup, la Mère et l'Enfant. IV, 13.
Le Loup plaidant contre le Renard par-devant le Singe. II, 2.
Le Loup et le Renard. XI, 5. XII, 9.
Les Loups et les Brebis. III, 13.
Le Marchand, le Gentilhomme, le Pâtre et le Fils de Roi. X, 15.
Les Médecins. V, 12.
Les Membres et l'Estomac. III, 2.
Le Meunier, son Fils et l'Ane. III, 1.
Le Milan et le Rossignol. IX, 16.
Le Milan, le Roi et le Chasseur. XII, 12.
La Montagne qui accouche. V, 10.
La Mort et le Bûcheron. I, 16.
La Mort et le Malheureux. I, 15.
La Mort et le Mourant. VIII, 1.
Le Mulet se vantant de sa généalogie. VI, 7.
Les deux Mulets. I, 4.
Les Obsèques de la Lionne. VIII, 13.
L'Œil du Maître. IV, 18.
L'Oiseau blessé d'une flèche. II, 5.
L'Oiseleur, l'Autour et l'Alouette. VI, 15.
L'Oracle et l'Impie. IV, 16.
Les Oreilles du Lièvre. V, 4.
L'Ours et l'Amateur des jardins. VIII, 10.
L'Ours et les deux Compagnons. V, 20.
Le Paon se plaignant à Junon. II, 16.
Parole de Socrate. IV, 14.
Le Pâtre et le Lion. VI, 1.
Le Paysan du Danube. XI, 6.
Le petit Poisson et le Pêcheur. V, 3.
La Perdrix et les Coqs. X, 8.
Les deux Perroquets, le Roi et son Fils. X, 11.

Phébus et Borée. VI, 3.
Philomèle et Progné. III, 15.
Le Philosophe scythe. XII, 18.
Les deux Pigeons. IX, 2.
Les Poissons et le Cormoran. X, 4.
Le Pot de terre et le Pot de fer. V, 2.
La Poule aux œufs d'or. V, 13.
Le Pouvoir des Fables. VIII, 4.
La Querelle des Chiens et des Chats, et celle des Chats et des Souris. XII, 8.
Le Rat qui s'est retiré du monde. VII, 2.
Le Rat et l'Eléphant. VIII, 14.
Le Rat et l'Huître. VIII, 9.
Le Rat de ville et le Rat des champs. I, 9.
Les deux Rats, le Renard et l'Œuf. X, 1.
Le Renard ayant la queue coupée. V, 5.
Le Renard anglais. XII, 21.
Le Renard et le Bouc. III, 5.
Le Renard et le Buste. IV, 11.
Le Renard et la Cigogne. I, 17.
Le Renard, le Loup et le Cheval. XII, 16.
Le Renard, les Mouches et le Hérisson. XII, 13.
Le Renard et les Poulets d'Inde. XII, 18.
Le Renard et les Raisins. III, 11.
Le Renard, le Singe et les Animaux. VI, 6.
Rien de trop. IX, 10.
Le Rieur et les Poissons. VIII, 8.
Le Satyre et le Passant. V, 7.
Le Savetier et le Financier. VIII, 2.
Le Serpent et la Lime. V, 16.
Simonide préservé par les dieux. I, 14.
Le Singe et le Chat. IX, 15.
Le Singe et le Dauphin. IV, 4.
Le Singe et le Léopard. IX, 3.
Le Soleil et les Grenouilles. VI, 12 ; XII, 22.
Le Songe d'un habitant du Mogol. XI, 3.
Les Souhaits. VII, 4.
Les Souris et le Chat-Huant. XI, 8.
Le Statuaire et la Statue de Jupiter. IX, 6.
Les deux Taureaux et la Grenouille. II, 3.
Testament expliqué par Esope. II, 18.
La Tête et la Queue du Serpent. VII, 13.
Le Thésauriseur et le Singe. XII, 3.
Le Torrent et la Rivière. VIII, 22.
La Tortue et les deux Canards. X, 3.
Le Trésor et les deux Hommes. IX, 14.
Tribut envoyé par les animaux à Alexandre. IV, 9.
Les Vautours et les Pigeons. VII, 6.
Le Vieillard et l'Ane. VI, 8.
Le Vieillard et ses Enfants. IV, 15.
Le Vieillard et les trois jeunes Hommes. XI, 7.
La Vieille et les deux Servantes. V, 6.
Le Villageois et le Serpent. VI, 13.
Les Voleurs et l'Ane. I, 13.

5803. — Tours, impr. Mame.